书山有路勤为径,优质资源伴你行
注册世纪波学院会员,享精品图书增值服务

U0521560

领导力

如何在组织中成就卓越
（第7版）

[美] 詹姆斯·M. 库泽斯　巴　里·Z. 波斯纳　著
　　　(James M. Kouzes)　(Barry Z. Posner)

徐中　沈小滨　译　　杨斌　审校

THE LEADERSHIP CHALLENGE
How to Make Extraordinary Things Happen in Organizations
7th Edition

电子工业出版社
Publishing House of Electronics Industry
北京·BEIJING

The Leadership Challenge: How to Make Extraordinary Things Happen in Organizations, 7th Edition
by James M.Kouzes and Barry Z.Posner
ISBN: 9781119736127 / 1119736129

Copyright © 2023 by John Wiley & Sons, Inc.

"AUTHORIZED TRANSLATION OF THE EDITION PUBLISHED BY JOHN WILEY & SONS, New York, Chichester, Brisbane, Singapore AND Toronto. No part of this book may be reproduced in any form without the written permission of John Wiley & Sons, Inc. Copies of this book sold without a Wiley sticker on the cover are unauthorized and illegal. Simplified Chinese translation edition copyrights © 2024 by Publishing House of Electronics Industry Co., Ltd.

本书中文简体字版经由 John Wiley & Sons, Inc. 授权电子工业出版社独家出版发行。John Wiley & Sons 纽约、奇切斯特、布里斯班、新加坡及多伦多公司出版的原版本的授权译本。未经 John Wiley & Sons, Inc. 书面同意，不得以任何形式复制本书的任何部分。若此书出售时封面没有 Wiley 的标签，则此书是未经授权且非法的。

版权贸易合同登记号 图字：01-2023-1198

图书在版编目（CIP）数据

领导力：如何在组织中成就卓越：第 7 版 /（美）詹姆斯·M. 库泽斯（James M. Kouzes），（美）巴里·Z. 波斯纳（Barry Z. Posner）著；徐中，沈小滨译 .—北京：电子工业出版社，2024.1（2025.9重印）
书名原文：The Leadership Challenge: How to Make Extraordinary Things Happen in Organizations, 7th Edition
ISBN 978-7-121-46694-6

Ⅰ.①领… Ⅱ.①詹… ②巴… ③徐… ④沈… Ⅲ.①领导学 Ⅳ.① C933

中国国家版本馆 CIP 数据核字（2023）第 241875 号

责任编辑：刘淑敏
印　　刷：天津千鹤文化传播有限公司
装　　订：天津千鹤文化传播有限公司
出版发行：电子工业出版社
　　　　　北京市海淀区万寿路 173 信箱　邮编 100036
开　　本：720×1000　1/16　印张：24　字数：341 千字
版　　次：2004 年 4 月第 1 版（原著第 3 版）
　　　　　2024 年 1 月第 5 版（原著第 7 版）
印　　次：2025 年 9 月第 4 次印刷
定　　价：98.00 元

凡所购买电子工业出版社图书有缺损问题，请向购买书店调换。若书店售缺，请与本社发行部联系，联系及邮购电话：(010) 88254888，88258888。
质量投诉请发邮件至 zlts@phei.com.cn，盗版侵权举报请发邮件至 dbqq@phei.com.cn。
本书咨询联系方式：(010) 88254199，sjb@phei.com.cn。

好评如潮

在过去的 30 多年里,库泽斯和波斯纳的工作改变了我们对卓越领导力的认知。这部著作为我们提供了关于如何识别和培养杰出领导者的深刻洞察。

——雪莉·赫尔格森,*How Women Rise* 和
The Web of Inclusion 的作者

近 25 年来,我一直是《领导力》一书的粉丝和追随者,领导力的原则在今天和过去一样,从来没有改变。在这部经典的领导力著作中,库泽斯和波斯纳发现的卓越领导者的五种习惯行为,对现实生活具有重要的指导意义,不仅实际,而且深刻。

——帕特里克·兰西奥尼,The Table Group 总裁
畅销书《团队协作的五大障碍》和《优势》的作者

我是库泽斯和波斯纳的狂热粉丝。在领导力领域,没有多少人能超越他们二人的成就。如果你不相信,请阅读他们的经典著作《领导力》。在该书的每一版中,都会运用新的研究成果和现实案例对内容进行更新。本书一直是学习领导力的必读之作!

——肯·布兰佳,《一分钟经理》和
《领导力的简单真相》的合著者

根据我的经验，许多公司低估了领导力的重要性。在我看来，领导力是很多大公司的通用素质能力。《领导力》一书和配套的领越LPI®评测创造了一种共同的语言，帮助领导者做好组织与团队的领导，不仅可以用它们讨论组织与团队中的战略问题，也可以讨论日常的运营问题。受人尊敬的领导者的特征，本身就为所有领导者树立了一个标准。《领导力》一书中的教诲，对我们的成功具有重要的指导作用。

——吉姆·克尔，D.A.Davidson 公司执行主席

库泽斯和波斯纳将卓越领导力的概念归结为一些简单易用的原则。我向我的专业团队分享了这本书。本书是我的"首选"资源，能够真正帮助人们在职业生涯中更好地成长。

——杰奎琳·麦考密克，伯克利市长办公室主任

库泽斯和波斯纳又更新了《领导力》！《领导力》一书是该领域的经典之作，它不断与时俱进，为应对当今快速变化的领导力环境，为我们提供了宝贵的知识财富。这本书充满了引人入胜的实战案例和最新研究成果，对那些希望提高个人领导力、团队领导力、组织领导力的人来说，是一部必读的书籍。

——马歇尔·戈德史密斯，Thinkers 50 排名第一的高管教练；
《纽约时报》多本畅销书的作者

卓越领导者的五种习惯行为经受了时间的考验，这次修订和更新也证明了这一点。在这个动荡和不确定的时代，需要培养出更多的领导者，以应对领导力的挑战。

——大卫·伯库斯，*Leading from Anywhere* 的作者

好评如潮

领导力是每个人的事。《领导力》一书对于任何想成为卓越领导者的人来说，都是必不可少的读物。库泽斯和波斯纳相信，每一次挑战都是一次机会，同时促使你采取行动，以确保取得领导力的成功。书中展示了各种实际场景，告诉我们如何成为一名最好的领导者。

——伊莱恩·碧珂，2022 ISA 思想领袖，
Skills for Career Success 和 *The New Business of Consulting* 的作者

2020 年，职场从面对面的交流转变为虚拟会议的沟通。虽然这一变化使领导者面临全新的挑战，但领导力的基本原则仍然保持不变。库泽斯和波斯纳在《领导力》（第 7 版）一书中直面现实，在第 6 版的基础上，为我们驾驭新常态的变化，提供了基于案例的实证指导。

——吉姆·汉考克，旧金山航海科学中心总裁兼创始人

库泽斯和波斯纳在《领导力》（第 7 版）中再次为领导者提供了一份绝佳的礼物。卓越领导者的五种习惯行为经历了时间的考验，为来自世界各地和各级的领导者提供指导和服务，为我们做出了积极的贡献。这本书不仅充满了伟大领导者如何做事的各种引人入胜的故事，而且分享了众多的案例，阐述领导者如何自我发展，最终对身边一起工作的人和所在的组织产生积极和重大的影响。

——布伦特·康德里茨，代顿大学领导力中心执行主任

卓越领导者的五种习惯行为不是一些随机的规则集合，而是一个具有充分科学研究基础的系统框架。在那些艰难的时期，我有一些个人的亲身经历，应用卓越领导者的五种习惯行为，让我成为一名更好的领导者。

——梅纳克·帕拉，AGTEK 公司全球发展高级项目经理

卓越领导者的五种习惯行为是一个经受了时间考验的、全方位的领导力系统。它不仅在平稳发展的时期有效，在今天这样的充满不确定性的时期也同样有效，它是一套实用的、可以学习的、可衡量的和高效的领导力系统。实践证明，卓越领导者的五种习惯行为是一套有效的领导力工具，可以为我们培养出更好的领导者。

——玛丽亚·海伦苏卡，Xilinx 公司高级经理

当卓越领导者的五种习惯行为被理解、采纳并付诸实践时，任何人都可以成为一名更好的领导者。这不仅仅是一个理论系统，也是一套领导力实践指南。本指南为读者提供了一系列的资源，在面临领导力挑战的时候，能帮助你将困难转化为机遇。

——鲁斯蒂·史蒂文森，美国退伍军人事务部高级合同官员

新冠疫情给领导者增加了许多新的变量和挑战，但我发现，当我再次应用卓越领导者的五种习惯行为寻求指导和提升领导力时，它为我提供了很多的帮助。

——威廉·袁，西部数据公司总监

在我面临的许多挑战中，我发现可以应用卓越领导者的五种习惯行为改变游戏规则。我鼓励各级领导者学习卓越领导者的五种习惯行为，用领导力应对各种现实中的挑战。

——普拉什纳特·坦达瓦穆赛，Juniper 网络公司项目组合管理与战略总监

通过应用卓越领导者的五种习惯行为，每个人都可以在工作场所、家庭和社区工作中成为一名更好的领导者。

——詹妮弗·李，Provident Credit Union 高级副总裁

好评如潮

从个人经验来看，卓越领导者的五种习惯行为是一套非常实用的领导力体系，它聚焦于如何发展和提升有效的领导力，成为一名卓越的领导者。在过去的大约 20 个月里，我在组织中系统地实施了这套"操作系统"，看到了团队的显著变化，团队成员的参与度、工作热情、主人翁精神和责任感都不断提升。

——埃德温·哈纳扎里，杰克逊实验室主任

每个人都可以通过卓越领导者的五种习惯行为模型成为一名更好的领导者。它是一套操作系统，为培养未来的领导者提供了方向。

——洪璐，思科公司经理

我最喜欢的就是卓越领导者的五种习惯行为。本书强调的不是步骤和方法——只要你按照这些步骤就可以取得成功，而是如何遵循这些步骤——不断重复这些行为，同时在实践中不断调整和改变，以便找到一种更好的方式，不断成功和进步。

——戴维·马哈尔，Flex 公司高级全球销售总监

译者序

经营梦想　成就非凡
——掌握基于最佳实践的领导力操作系统

2023年是我从事高管教育的第20年。在这20年里,几乎每个星期都会有企业家、经理人员或学生问:"我们都想提升领导力,可是,领导力可以教吗?乔布斯、马斯克、任正非等企业家的领导力是谁教的?"

这些问题很好,但很难直接回答。它促使我努力通过面对面交流和阅读各类名著向古今中外的学者与领导者请教,在学习德鲁克、本尼斯、沙因、马奇、查兰、科特、尤里奇、戈德史密斯、库泽斯、波斯纳和刘峰等众多学者的书籍,以及听过数百场领导者演讲和访谈之后,我和很多同行一样,越来越认同沃伦·本尼斯给领导力的定义所打的一个比方:在某种程度上,领导力就像美,你很难定义它,但当你看到它时,你就知道那是美!

那么,一个人的"美"(在领导学中是指"受人尊敬和值得追随")是天生的还是后天培养的?实际上,我们都知道,一个人的品格、知识和能力不可能是天生的,一定是后天习得的。卓越的领导者都是卓越的学习者。在众多研究中,库泽斯和波斯纳自1982年以来持续40多年、基于数百万份领导力360度测评的实证研究可谓独树一帜,这项研究通过数以万计的最佳领导力实践和数据证明:**领导力是一组可以习得的技能和行为。领导力就是动员大家为了共同愿景而努力奋斗的艺术。**信誉是领导力的基石,那些具有信誉的领导者都拥有"诚实的、有胜任力的、能激发人的"特质。

译者序

卓越领导者都在践行五种习惯行为——**以身作则、共启愿景、挑战现状、使众人行、激励人心**。研究发现，在过去几年里由于环境的急剧变化，卓越领导者的五种习惯行为对员工敬业度的影响更是上升到42%。这五种习惯行为也被誉为"领导力发展的黄金标准"和"操作系统"。

40多年来，库泽斯和波斯纳的研究得到不断验证和深化，在国际上赢得了广泛的赞誉，可谓"畅销全球三十年，影响领导数百万"。《领导力》一书自1987年第一版上市以来，平均每5年更新一版，2023年推出了最新的第7版。那么，《领导力》第7版有何新意呢？两位作者说：四十多年来，我们一直在研究典范领导的最佳实践。每当我们撰写《领导力》的新一版时，人们都会询问："这一版有什么新的不同吗？自从你们四十年前开始研究以来，领导力发生了哪些新的变化？"这些问题都是自然而然的，而且自第6版发布以来，世界确实发生了一些重大的变化。

在第7版中，两位作者对过去5年的全球重大变化进行了系统梳理，找出了领导情境中的变与不变，我在此不做剧透。作为译者和这门课的授课导师，我感到《领导力》第7版的突出新意有以下三点：

第一是在时代新背景方面，更加强调巨变和数智时代的领导力新趋势，通过长达40多年的持续实证研究，两位大师更加坚信：在数智时代，领导力是每个人的事，人人都是领导者，人人都需要提升领导力。领导力源自自我、领导力由内而外。卓越是一种习惯。领导力发展需要刻意实践，"日拱一卒，功不唐捐"。

第二是在全书的结构和内容方面，第7版也持续更新了内容框架、语言和观点，尤其是整合最近几年领导学、管理学、心理学、社会学等领域的研究成果，使本书与时俱进，保持前瞻性。本书把第6版的第2章"信誉是领导力的基石"并入了第1章"领导者的最佳状态"，并对领导者的四个主要品质——**诚实的、有胜任力的、能激发人的、有前瞻性**进行了全面的阐释，有利于我们更加深入地理解这四个领导者最重要的品质。**最后一章的题目改为"视挑战为机会"**，更加凸显了巨变时代的领导力特征。

同时，全书中的100多个案例和故事更新了90%以上，反映了组织中最新的领导场景和最佳实践。

第三是**在每一章都增加了基于最新的数百万份LPI评测数据的证据，通过大数据再次证明，**领导者的每一项行为都对人们的工作投入、动机、工作绩效，以及组织成功产生深刻而积极的影响。

回顾过去50年领导科学的兴起，领导力与使命、创新、变革、人本主义相伴而生，使命导向的领导者充分激发人才潜能，推动驱动创新、引领变革，未来更是如此。

20世纪90年代，有一句流行歌词："不是我不明白，这世界变化快！"如果说这首歌反映的是当时中国10多亿人走在希望的田野上，迅速摆脱短缺经济、实现工业化和全球化的喜悦心情。那么，最近几年，新冠疫情、俄乌冲突、人工智能和全球政经格局重构等所带来的百年未有之大变局，则给我们带来了巨大的不确定性和动荡，同样是变化快，一个似"百舸争流"，另一个则似"雾中航行"！

改革开放45年，技术和全球化带给中国人的改变可能比任何人的预测都要大，我们45年经历的变化可能超过过去1000年经历的变化。未来45年，人类将进入一个全新的超级人机共生时代，无限的想象力和创造力将得以激发，无限的美好和风险共存。苹果CEO库克在MIT毕业典礼的演讲中说："我不担心人工智能能够让计算机像人类一样思考，我更担心人类像计算机一样思考——没有价值观，没有怜悯心，全然不顾后果，而这些也正是我需要你们去捍卫的东西。"

2003年，被誉为"领导学之父"的沃伦·本尼斯在《成为领导者》这部名著中感慨地写到："1989年年初，全世界接触互联网的用户只有400余人，他们只在少数大学和政府机构工作；即使最乐观的预言家也无法预见，互联网将彻底地改变一切——从全球经济到恐怖分子策划袭击的方式。1989年，美国人已经用上了无绳电话和录像机，但手机和DVD还仅仅存在于人们的想象之中。"

译者序

2016年，哈佛商学院著名教授约翰·科特在《变革加速器》一书的开篇写到："我们正在穿越一条边界进入一个充满难以预测的混乱和指数级变化的世界，我们对此尚未做好准备。"2022年，科特教授在新著《变革正道》一书中提出了影响变革的三个根科学：脑科学、组织科学和领导科学。科特指出：成功的组织变革需要70%~90%的领导和10%~30%的管理。组织变革的核心是人的改变，这是领导工作的重点和难点。

2023年将因ChatGPT的诞生而成为人类发展史上的一个重大里程碑。很多学者和企业家认为AI远比互联网更快、更大和更深地影响我们的生活和工作，未来十年，很多行业和工作场景都会被颠覆，我们每个人都必须学会与AI这个超级伙伴共创，就像驾驶汽车一样，让自己成为"超人"，让自己的团队成为拥有企业家精神的"超级创业团队"！每个人的成长、成功路径可能都会发生颠覆性改变。我们正在加速从市场驱动转型为创新驱动和领导力驱动，未来，每个人都是自己的CEO，每个人都有机会成就自己梦想的事业。

过去十年，领导力的挑战日益增长，很多行业和企业面临着从高速增长转变为低速增长，甚至负增长，如何逆流而上、寻找蓝海和第二曲线，迫切需要企业家精神和各级干部的领导力提升。在我参与的领导力咨询和培训工作中，有三类领导者的挑战给我留下了十分深刻的印象：

第一类是学生干部，在全国学联主席团成员领导力培训班和清华大学的"创业领导力"课堂，有同学说："现在的大学生都比较有主见，也比较多样化，3~4岁的差距就有代沟了""现在上课缺勤和低头的现象越来越严重""班干部和学生会干部想要统一大家的思想，组织一个集体活动，挑战越来越大"……尤其是学生干部缺乏领导经验、手里缺乏资源，没有硬权力，完全靠非职影响力，这是极大的领导力挑战！同时，他们还缺乏领导力的培训和指导，干工作常常是凭良心去做事，内心有很多的迷茫、纠结和焦虑！

第二类是创业者，尤其是抖音、美团、拼多多、滴滴、快手、知乎等独角兽公司的创始人,他们在短短的几年中,打造出雇用几千人、几万人的公司,客户达到数千万、数亿个,市值达到几十亿、几百亿美元,而他们仅仅30岁出头,员工平均年龄只有20多岁,他们如何带领公司穿越逆境、从优秀到卓越,前面的挑战可谓"关山重重"!

第三类是中国电信、中国银行等国有大型企业的中高层领导,他们的组织面临着激发员工活力和实现创新增长的转型升级,面临着经济增速降低、AI等新技术带来的冲击、体制机制的束缚、职工平均年龄超过40岁等挑战,需要积极探索高质量发展下的领导之道。

领导力的挑战自古就有,有人的地方就需要领导力。那么,什么是领导力呢?著名学者达夫特的研究表明:关于领导力的概念,学者们已经赋予"领导"这个术语多达350种定义,莫衷一是。领导力教育排名第一的CCL提出,各种定义都包含三个共同要素:**领导力本质上是一种影响他人的社会过程;领导者的性格决定领导风格;情境影响领导力的发挥。**

从人才的培养来说,儒家倡导的"诚意、正心、修身、齐家、治国、平天下",就是一个很完善的领导力发展体系(培养"君子",其实就是一类领导者),在中国过去2500多年发挥了重要的作用。

从胜任力标准来看,伟大的军事家孙子在《孙子兵法》中指出"将者,智、信、仁、勇、严也",这五条标准对于今天的领导者仍然非常适用。

从领导者的职责来看,毛泽东指出:"领导者的责任,归结起来,主要的是出主意、用干部两件事。"所谓"出主意",可以理解为前瞻未来、做出正确的判断和决策,"用干部"就是知人善任、使众人行。

在学习、教授、实践和翻译《领导力》的过程中,我们深深地感到,卓越领导者的五种习惯行为有很强的普适性,与绝大多数组织的领导力模型都是匹配的,也与其他的领导力课程(例如,情境领导、高效能人士的七个习惯、4D卓越团队等)都有很好的契合关系。

《领导力》(*The Leadership Challenge*)这本书的英文名字直译是"领导者的挑战",它的突出价值在于库泽斯和波斯纳两位大师在1982年就抓

译者序

准了"挑战"这个核心要义,领导工作的本质是:"经营梦想、创领变革、直面挑战、成就非凡!"他们的研究就是针对面临挑战的领导者,如何在挑战中发挥最佳状态,在组织中成就非凡!

为了帮助中国的领导者更好地理解和实践卓越领导者的五种习惯行为,我们从"领导自我、领导团队、领导业务"三个方面,做了一些本土化的演绎,获得了学员们的认可和好评,现简要分享如下:

- **以身作则我是谁?** 这是领导的起点和基础,领导力由内而外,领导者首先是领导自己、自强不息,通过澄清自己的领导哲学,尤其是价值观,言行一致、知行合一、真实领导,来回答追随者最关心的问题"你是谁?你要带我们去哪里?如何去?",并且树立榜样、建立信誉、赢得大家的追随。

- **共启愿景去哪里?** 是前瞻未来、憧憬梦想,一起去寻找那个激动人心和富有吸引力的奋斗目标,生动描绘那个理想化的美好的成功画面,让人们心驰神往、全情投入,形成强烈的共识和共鸣。

- **挑战现状怎么去?** 是寻找创新和变革的机会,以成长型思维去打破藩篱、寻求突破,冲破旧有的观念、制度、惯例和行为等约束,开放思维、勇敢创新、鼓励冒险,积小胜为大胜,从错误和失败中学习成长。

- **使众人行一起去?** 是充分调动团队中每个人的积极性、参与感和合作意识,通过加深信任、增进关系、团结协作、授权赋能和增强自信,打造一个利益共同体、事业共同体和命运共同体。

- **激励人心快乐去!** 是要克服前进中的困难、挫折和失败带来的心理压抑,通过对团队成员的努力与贡献给予真诚的认可来为心灵加氧,不断激发人们的工作意愿和激情。通过多种富有创造性的激励方式,有效认可、表彰人们的进步和成绩,经常庆祝小小胜利,营造一种乐观向上、鼓舞人心的氛围。

在课堂上，为了让学员更好地理解领导力的要义，我们常邀请学员们一起朗读库泽斯和波斯纳在第 5 版导论中的的领导力金句，让大家很快产生醍醐灌顶的强烈感受：

领导者带动他人，他们精力充沛、行动积极。他们带领个人和组织到达从未到过的地方。领导力并不是昙花一现的时尚，领导力的挑战从未远离。

在不确定和动荡的时代，勇敢迎接领导力的挑战是应对混乱、停滞和分裂的唯一良方。时代在变，问题在变，技术在变，人们也在变，但是，只有领导力永恒不变。团队、组织和社区都需要人们站出来，勇敢地承担起领导的责任。

领导变革是领导者的职责。领导者必须激发人们创造与众不同的伟业，领导人们克服不确定性，坚韧不拔地迈向理想的未来。没有卓越的领导力，就不会产生解决现有问题和实现未来美好愿景的巨大动力。关于未来，我们今天最多也只有一些微弱和模糊的线索，但是，我们坚信，没有卓越的领导力，我们就不可能去大胆设想美好的未来，更不用说去实现它。

2011 年以来，我们在 223 个领越®领导力工作坊、讲座、论坛等活动中调查"受人尊敬的领导者的七个特征"。截至 2021 年 9 月中旬，收集了来自中国的金融公司、互联网公司、电信公司、能源公司、汽车公司、地产公司、创业公司和清华 MBA 等领域 10863 名参与者的回答，我们发现，在中国，"有前瞻性"最近上升到了第一位（66.1%），"心胸宽广"从第一位变成了"第二位"（66%），这说明中国近些年的变化太快，大家对领导者的前瞻性期待越来越高。而在西方国家，排在第一位的是"诚实正直"（87%），"有前瞻性"从 1995 年的第二位（75%）降低到第四位（54%）。这个调研的中西方比较还在进行中，我们将在后续陆续和大家分享。

所谓"知易行难"，领导力提升是一个艰苦的、无止境的过程，尤其需要在逆境的"熔炉"中锤炼，方能修成正果。知行合一要经历四个阶段"知

译者序

信行习"——知道、相信、行为、习惯，一位领导者自身要经历这样的过程，一个组织的领导力品牌也需要经历这样的过程。领导力的本质是赢得他人的信任、尊敬和自愿追随，自强容易，厚德难，一个人没有强大的自我觉察能力和精神富足，没有足够的欣赏、感激、包容、乐观、坚韧和承诺，卓越领导力也只是"空中楼阁"。

翻译本书是一个团队合作的过程。首先感谢电子社付豫波总经理和刘淑敏编辑的信任和支持，邀请沈小滨老师和我一同再次翻译本书。其次，特别感谢清华大学杨斌教授 20 年来对本书翻译的支持，他在 2003 年指导翻译的卓越领导者的五种习惯行为"以身作则、共启愿景、挑战现状、使众人行、激励人心"，充分体现了"信雅达"，让广大中文读者易学易记易用，杨老师撰写的推荐序和审校指导，也给予了我们极大的鼓舞，为本书增色不少！

此外，我们还要特别感谢中国领导科学研究会原常务副会长刘峰教授长期以来对本书翻译的关心和多次撰写推荐序。令人万般遗憾的是，尊敬的刘峰教授于 2022 年 2 月因病永远离开了我们，让业界同行和万千学生深感悲痛。希望《领导力》第 7 版能够继续弘扬刘老师倡导的领导力思想，更好地服务于广大读者。

徐中翻译了本书的导论、第 1 ~ 7 章，沈小滨老师翻译了第 8 ~ 12 章，由于译者水平有限，错误在所难免，敬请读者批评指正。

徐中 博士
领导力学者，高管教练
北京智学明德国际领导力中心创始人
领越®领导力高级认证导师（Master Facilitator）
2023 年 12 月于北京清华科技园学研大厦

第6版推荐序一

领导力要真实可信

利用寒假我轻松而又愉悦地读完了徐中和沈小滨翻译的库泽斯和波斯纳两位领导力大师合著的《领导力》(第6版)。受电子社付豫波总经理和两位译者之邀,在这里谈谈自己读后的感受并与读者分享交流。

给我印象最深的感觉有两点:一是两位译者毕竟是国内领导力研究和培训的行家里手,加上厉害的翻译功夫,又长期与该书作者进行学术上的交流切磋,所以感觉面前新版的《领导力》既是英文译本又像中文原著,颇有翻阅一本本土化著作之感,至少读起来不那么费劲。二是新版《领导力》强调全球化和数字革命的新时代给这个世界方方面面带来的变化,给领导者带来的前所未有的新挑战。基于对数百万的被调查者和数百名学者的调查问卷和访谈观察进行的数据分析和实证研究,再次证明卓越领导者的五种习惯行为对于领导力提升依然有效。姜还是老的辣,库泽斯和波斯纳千锤百炼,潜心打磨,使《领导力》多次再版,成为研究和传播领导力的经典之作。

在这里我想结合《领导力》(第6版)就何谓真实可信的领导力重点谈谈以下几方面的体会。

1. 领导力或领导科学最基本的理论是领导行为理论。《领导力》(第6版)第1章开宗明义,明确告诉我们领导力是研究有效领导行为的学问。

作者的数据分析和实证研究就是要回答下述问题：领导者应该干什么？怎样干才能事业成功？才能在组织中成就卓越？新版《领导力》再次毫不犹豫地给出了答案。任何一个普普通通的人，只要养成以身作则、共启愿景、挑战现状、使众人行和激励人心这五种习惯行为，成为卓越领导者将是大概率事件，形成的卓越领导力将是真实可信的。

领导行为理论是领导科学的基石。古今中外皆然。比如，毛泽东认为领导工作千头万绪，但只有两件大事，一是出主意，二是用干部。换言之，决策行为和用人行为就是卓越领导不可或缺的两大行为。决策行为就是要共启愿景、挑战现状；用人行为则要以身作则、使众人行和激励人心。

该书强调领导者在自己最佳状态时做对了什么，换言之，这五种习惯行为成就了卓越领导，使得组织成员能够自觉追随并愿为共同愿景奋斗。正因为把领导行为作为全书的研究重点，作者所言的领导力才真实可信，《领导力》这部著作才有很强的预见性和解释力，从而有了很高的学科价值和实用价值。

2. 领导力和领导科学第二个基本理论就是领导品质理论。如果说《领导力》前5版重在强调卓越领导者的五种习惯行为，那么第6版则特别突出了卓越领导者的四项品质。为此，第6版专门增加了第2章"信誉是领导力的基石"，并对四个主要品质进行了全面阐释。《领导力》的重点在于研究领导者品质。作者每年持续跟踪研究几十万份样本，并借助互联网技术和大数据分析，在20项品质中被不同人选中的前四项始终较为稳定。不同的民族和国度、不同的文化和性别、不同的组织和层级几乎都是这种结果。具备诚实的、有前瞻性、有胜任力的和能激发人的这四项品质的人容易具备领导力，容易成为卓越领导者，从而为领导力的真实可信、为《领导力》的科学严谨再次背书。

"信誉是领导力的基石"是该书的主要观点。领导力不能强制命令，只能靠追随者自觉认同。没有诚信就没有领导力。被领导者只有信任了领导者这个人，才能信任领导者所说的话，才能自觉为共同愿景努力奋斗，才能成为自觉的追随者。没有信任就没有领导力。有了信任和信誉，就有了真实可信的领导力。

3. 不论是领导行为还是领导品质，是否卓越都必须由追随者而不是领导者说了算。从追随者的角度来观察领导者并研究领导力是本书的真正亮点。我历来认为，领导科学的研究范式由以领导者为中心转到以追随者为中心几乎等同于天文学研究中由"地心说"到"日心说"的巨大转变。尽管作者从第1版就有这种清醒认识，但第6版把这一观点论述得更加清晰。卓越领导者不是自我标榜的，不是上级任命的，不是继承就可得到的。领导者诚信才会赢得追随者的信任和自觉拥戴。只有领导者的愿景和价值观与追随者一样，追随者才可能为之奋斗。

在中国的语境中更是如此。共产党的领导力是从群众中来到群众中去的，始终是以人民为中心的。领导就是服务。群众需要什么服务，你就应提供什么服务；需要什么时候服务，你就应什么时候服务；需要以什么方式服务，你就应以什么方式服务。从本质上说，领导者是负责任的值得信赖的公仆。

使众人行告诉我们，领导者不能独舞，而只能共舞。使众人行就要激励人心。激励人心形成了动力，使众人行才能形成合力。以追随者为中心的观点告诉我们，领导力是由领导者和追随者共同决定的，领导者绝不可能不顾追随者而单独决定自己领导力的方向和大小。

4. **领导力就是主动的负责任的行动力。** 小微的、具体的领导力更真实、更有用，它普普通通，随时随地，没那么神秘，却更加真实可信。库泽斯和波斯纳的过人之处在于特别强调领导者的自觉行动、负责任的行动。善实证和重实践是本书的最大优点。第6版的每章都增加了一个基于几百万份的领越LPI®评测问卷，有图片、有问卷、有分析、有工具，可读性强，可操作性更强，便于读者学习应用。

中国传统文化特别强调知行合一。他山之石，可以攻玉。那些比较喜欢说教的学者更应该借鉴本书。领导力不能只说不练。提升领导力就要按照习近平总书记的要求：坚持学习，学习，再学习；坚持实践，实践，再实践。实践不仅是检验真理的唯一标准，更是检验领导力的唯一标准。只有经过实践检验的领导力才是真实可信的。

5. 任何时候，任何话都不能说过了头。阅读《领导力》（第6版）时读者一定要清醒地认识到，库泽斯和波斯纳强调的具有五种习惯行为和四项品质的领导力并不能包打天下。"时来天地皆同力，运去英雄不自由。"卓越领导力需要天时、地利、人和诸多因素的配合，库泽斯和波斯纳的著作明显偏重领导行为理论和领导特质理论，而对领导情境理论和领导权变艺术的关注似乎不够。此外，《领导力》的视角一直过于微观，关注个人的领导力较多，关注组织的领导力不够，而且有意无意地忽视了领导情境和领导体制等更为宏观、更为根本的因素对领导力的影响。

"古为今用，洋为中用。"立足国情，结合实际，在领导力的中国化方面多下功夫才是我们学习和研究领导力的不二法门。

国家行政学院一级教授
中国领导科学研究中心原主任
中国领导科学研究会原常务副会长兼学术委员会原主任

第6版推荐序二

与时俱进又一脉相承的领导经典

库泽斯与波斯纳的《领导力》是摆在我案头的一本书，开始是1995年的英文第2版，现在已是2017年的第6版了。这倒不是因为我的研究兴趣在领导力方面，而是这本书给了我很多处理人生、工作上难题的启发。不夸张地说，我每过一段时间就会拿起来翻读其中若干篇章，有时候甚至只是想在书中优美的文字和流淌出的智慧中徜徉。

每次读到新版时，首先做的就是比较一下与上一版的不同，结果总是令我惊喜。作为经典，书的结构更加大气，逻辑更加严密，案例更加时新。增加了副标题——如何在组织中成就卓越，更添"王者不言"之魅力。无怪乎有人评论说："如果你只读一本领导力的书，就读这本。"因为领导力是与情境密切相关的实践，这样的与时俱进，是非常必要的：不仅仅是新的案例对读者更有说服力、吸引力（其实经典案例也不会"死去"），更重要的是政治、社会、文化的变迁提出了很多新的领导力挑战，作为这样一本名门正派的大作，无法不给予必要的回应和关照。

但是，一脉相承而历久弥新的是其核心，正如两位作者在书中反复强调的，"领导"这个在历史发展中扮演着重要角色的人类行为，其内核始终如一，万变不离其宗。卓越领导者的五种习惯行为——以身作则、共启愿景、挑战现状、使众人行、激励人心——仍然在库泽斯和波斯纳两人长年研究的基础上,闪烁着与时俱进的光芒。在第 3 版中,作者有意识地将五种习惯行为的顺序与以前做了改变,将在第 2 版中排在倒数第二的"以身作则"列在了新次序的第一位。这种调整绝非一时的兴趣所致,而是体现了作者对于如何有效领导的新发现和新思考。中国人说"领导与管理"时常说是"带人、做事",但是传统智慧让我们非常理解在这之前其实一定还包括"正己"这一步。人无信不立,库泽斯与波斯纳的另一本畅销书《信誉》通篇讲的就是这个道理。在第 6 版中,作者已经把"信誉是领导力的基石"作为单独的第 2 章,可见"信誉"对于当今领导者的极端重要性!

为什么这本书有着这么大的影响力?为什么每次出新版,《商业周刊》等书榜必然把它列入重点推荐,而最终也都在畅销书榜前列?说到根子上,我觉得主要是三条。

一是两位作者的研究基于 30 多年的大量实证案例和测评数据,明确扎实,有说服力。研究领导之道的学者们通常喜欢走"伟人论"的路子,发掘领袖们身上所展现出来的领导风范,从中总结领导的模式和方法。这样做,尽管作者们一再声明,每个平凡的个人都存在领导的问题,都需要具有领导能力,但是由研究方法所带来的认知倾向,使读者或者受众不知不觉地就"欣赏"起领导之道来了——啊哈,这个真是精彩,那个实在愚蠢。而这其实是领导学问的大忌,因为它从来不该是用来"欣赏把玩"的,而应是"起而行之"的,否则只会落得"如人说食,终不能饱"的下场。库泽斯与波斯纳两个人认识到这一点之后,他们就选择了我认为是关键性的一个"差异化"——选择平凡人的卓越行为,换句话说,总结普通人中的普通领导行为中的最佳实践(Best Practice),从中总结出规律来,就形成了"卓越领导者的五种习惯行为"。这意味着,你如果照着这样去做,也能够实现领导之道,成为更为有效的领导者!这显然具有更强的说服力和更好的操作性。

二是两位作者的表达清晰明确,有传播力。研究与写作,终归是希望被更多的读者所"接受",那首先就是要送达更多人。许多研究者的成果也相当出色,但是疏于梳理,终不及五步之远。好的模式如果不能以好的表达为载体,实在是一件令人可惜的事情。而本书的两位作者,恰恰在这方面下了功夫,动了脑筋,做了尝试,终成正果。五种习惯行为与十大承诺,前面强调领导必须以信誉为基础,后面的点睛之笔则推衍到领导是每个人都要做的"本分",架构再清晰不过,如果你是一个教授这门课程的讲师,就更容易明白这样的条理为什么讨人喜欢。两位作者在挑选什么样的词汇概括这五种习惯行为时,一定受尽了"推敲"之苦。最后展现给读者的这五个词组,应当说都具备成为专门"术语"的潜力,换句话说,就是足以成为作者所创立的独特品牌。当然,我能够理解这样一来给翻译者所带来的苦楚,所以,我也很高兴自己在第2版把这五个术语译成中文时帮了点儿忙,找到了五个上口的四字短语,并被编者完全采纳。

三是两位作者的学问有了越来越多的实践者的亲历作为基础和延伸。作者在进一步研究和完善理论的同时,开发了相应的"领越®领导力"研修项目教学培训工具体系,并在很多管理者开发项目中获得了诸多好评,得到了面对面来自现实的反馈,既有满意的,也有挑剔和挑战的——这正给作者持续不断的理论提升和案例扬弃提供了可能性。我个人在领导力教学中越来越多地加入行动学习(Action Learning)的元素,就是不愿意用讲座式的领导力灌输,带给学习者背道而驰的领导力体验,并将灌输的内容都遗留在教室座位上,而没有投射、应用到工作岗位和实际生活中,哪怕只是一部分、一点点。用不正确的方式教授领导力,对于有修养的领导力学者和开发者来说,要清醒地理解这当中的害处。所以,这本书与较为规范、完整的教学培训工具,是值得作为一个整体来认真对待的,也是这本书长销、畅销并持续好口碑涟漪的一个优势。

理论是灰色的,而生命之树常青。《领导力》到了第6版,吸收了来自数字时代和全球化背景下鲜活的领导实践中的营养,继续成为指导人们践行领导行为的经典。查查图书网站，你会发现一年会出版上千本领导类书籍，这真让人有点目不暇接。也许该换个思路——也许好书是该反复读的，也许一本好书应该陪伴我们一生，也许我们不该那么喜新厌旧，更何况，经典本身也在一脉相承中与时俱进。

杨 斌

清华大学经济管理学院教授

领导力研究中心主任

目　录

导论　在组织中成就卓越 　　　　　　　　XXVII

第 1 章　领导者的最佳状态　　　　　　　1
卓越领导者的五种习惯行为　　　　　　　　3
五种习惯行为成就非凡　　　　　　　　　　14
领导力是一种关系　　　　　　　　　　　　16
信誉是领导力的基石　　　　　　　　　　　22

习惯行为 1　以身作则　　　　　　　　27

第 2 章　明确价值观　　　　　　　　　28
找到自己的心声　　　　　　　　　　　　　30
明确共同的价值观　　　　　　　　　　　　41

第 3 章　树立榜样　　　　　　　　　　52
践行共同价值观　　　　　　　　　　　　　54
教导他人践行共同价值观　　　　　　　　　64

习惯行为 2 共启愿景　　　　　　　75

第 4 章 展望未来　　　　　　　76
想象未来各种可能的美好图景　　　79
找到共同的使命　　　　　　　　　88

第 5 章 感召他人　　　　　　　98
描绘共同的理想　　　　　　　　　100
使愿景形象化　　　　　　　　　　110

习惯行为 3 挑战现状　　　　　　123

第 6 章 寻找机会　　　　　　　124
积极主动　　　　　　　　　　　　126
洞察外界　　　　　　　　　　　　136

第 7 章 试验并承担风险　　　　146
赢取小小胜利　　　　　　　　　　149
从经历中学习　　　　　　　　　　156

习惯行为 4 使众人行　　　　　　169

第 8 章 促进协作　　　　　　　170
营造信任氛围　　　　　　　　　　173
增进相互关系　　　　　　　　　　183

第 9 章 赋能他人　　　　　　　195
增强自主意识　　　　　　　　　　198
培养胜任力和自信心　　　　　　　208

习惯行为 5 激励人心   221

第 10 章 认可他人的贡献   222

期待最佳表现   225

个性化认可   233

第 11 章 庆祝价值观的实现和胜利   247

创造集体主义精神   249

亲自参与庆祝活动   260

第 12 章 视挑战为机会   272

领导力很重要   274

人人都是领导者   277

每个人都可以学会领导力   280

做最好的自己   284

你不会总是正确的   286

培养日常习惯，让自己成为一名更好的领导者   288

人生成功的秘诀   290

关于作者   292

致谢   295

注释   298

导 论
在组织中成就卓越

领导者的挑战在于如何动员大家在组织中成就卓越。本书讨论的是领导者如何通过实际行动，把价值观化为行动，把愿景化为现实，把障碍化为创新，把分裂化为团结，把冒险化为奖励；讨论的是领导者要创造一种氛围来激发人们抓住挑战性的机会，取得非凡的成功。

本书的根本目的是帮助人们提高带领他人成就卓越的能力。无论你任职于私营部门还是公共部门，是雇员还是志愿者，是经理还是个人贡献者，是学生、老师还是家长，你都可以通过学习本书进一步发展你的领导力，带领他人到达他们从未去过的地方。

《领导力》第7版有何新意？

四十多年来，我们一直在研究卓越领导的最佳实践。每过 5 年，我们就会撰写《领导力》的新一版，人们总会询问："这一版有什么新的变化吗？自从你们四十多年前开始研究以来，领导力发生了哪些新的变化？"这些问题都是会被问到的，而且自《领导力》第6版在2017年出版以来，世界确实发生了一些重大的变化，领导力也需要与时俱进。

在过去几年的巨变中，新冠疫情名列前茅。在2017年，没有任何人能够预料到新冠疫情的暴发，但在2020年，新冠疫情已经蔓延到全世界，扰乱了我们每个人的日常生活。这是我们一生中从未经历过的重大危机。新冠疫情影响了我们的生活、工作、看病、购物、吃饭、学习和娱乐等。大量的患者让全球的医院不堪重负，医护人员疲于奔命、应接不暇，每个人都变得越来越焦虑。除必要的生产和服务之外，全球大多数的生产企业和商业服务都不同程度地经历了关闭、恢复、再关闭、再恢复的起伏不定的历程。所有的组织不得不改变他们的经营方式来应对不确定的变化。全球数百万人也因此失去了工作，很多个人和企业不得不利用政府的贷款和资助来维持生计。员工们在家里办公，孩子们在家上网课。人们的归属感下降，许多人感到孤立无援。人们不得不戴上口罩排长队进入商场购物，希望有幸能在货架上找到卫生纸和消毒纸巾。大量的船只在港口等待，全球供应链接近崩溃。政治家们公开争论如何做出最好的反应，错误的信息像病毒一样广泛传播。民众的各种发言变得粗鲁和不理性。

在这个过程中，全世界惊恐地看到了美国黑人乔治·弗洛伊德（George Floyd）被一名警察杀害。"我喘不过气来"成为那些数十年来深感社会不公的人们的战斗口号。抗议活动不仅在美国爆发，而且在世界各地的许多城市爆发。成千上万充满怨恨的人们挤满了城市的大街小巷。人们长期以来的不满情绪日益高涨，文化和政治分歧不断扩大。意识形态的分歧变得更加严重。人们对组织领导者的信任和信心跌至历史最低点，而且目前看来还没有多少好转。

在美国，总统换届时的权力交接被一场暴力示威所破坏。数千人冲进国会大厅，数百人与警察发生冲突，许多人甚至威胁要绑架并杀害当选的总统。一场关于总统选举结果的激烈辩论随之而来。政治分歧扩大了，对组织的信任度也持续下降。

在强制戴口罩、保持社交距离和待在家里两年多后，疫苗帮助人们解除了出行限制，人们开始冒险外出并重返工作岗位。但随后发生了一些闻所未闻的事情。在幻灭、不满和不稳定的驱使下，很多人自愿决定不再回去工作，至少不再为原来的雇主工作。所谓的"大辞职"（或大改组、大探索、大想象）是经济复苏和组织承诺的另一种变化。

然而，就在世界似乎刚刚摆脱疫情之际，爆发了一场全球性军事冲突，威胁着欧洲乃至整个世界的和平与安全。数以百万计的难民被迫只携带简单的生存物品逃离家园。随着燃料价格的飙升，通货膨胀也成为一个令人担忧的问题。

此外，年轻人对气候变化的担忧日益加剧。随着失控的野火、飓风、洪水和其他自然灾害在全球各地肆虐，他们对自己所继承的世界及其对他们未来生活和生计的影响感到悲观。本世纪第三个十年似乎是在一种普遍存在的不确定性中拉开序幕的，它让个人、组织、社区和国家都面临着新挑战。不确定成为这个时代的主题。

在充满悲伤与艰辛、不和谐与不满足的情绪中，个人和组织都在挣扎与适应。人们大量转向网上购物，送货卡车随处可见。在家工作的人也适应了Zoom远程会议，孩子们适应了在线上课。

政府和企业（通常是竞争对手）以创纪录的速度合作开发疫苗。餐厅找到了满足外卖和户外就餐需求的方法。流媒体服务提供了大量在线点播内容。家庭成员学会了通过视频聊天进行交流。各种组织越来越重视多样性、公平和包容，并努力解决不平等问题。人们把身心健康列为优先事项，普遍在家增加锻炼。越来越多的人开始更好地理解工作的意义。一些人决定改变之前的职业道路，另一些人希望组织提供更多的工作弹性。人们开始重新思考他们的工作方式和生活方式。

在接下来的章节中，我们将讨论这些问题和其他问题。我们将从人们讲述的故事、这一时期的学者研究、我们收集的有关领导者行为的数据，以及他们的行为对员工敬业度和工作表现的影响等方面进行讨论。

现在，我们想先分享一些我们观察到的其他事情。在过去几年里，我们获得了一个更重要的结论。

挑战是成就卓越的机会

《领导力》这本书源自我们40多年前开始的一个研究项目。我们想知道当人们处于"个人最佳领导状态"时做了什么。这些个人最佳表现是人们树立自己的卓越领导标准的经历。可以说，那是他们的"奥运金牌"获得时刻。

当我们回顾收集到的大量的"个人最佳领导经历"案例时，很显然，每个案例都包含着某种挑战。这些挑战可能是一场自然灾害、一次健康危机、一项顶级服务、一项开创性的立法、一场让青少年加入环保项目的鼓舞人心的运动、一项官僚政府项目的革命性变革、一名儿童遭受了令人心碎的伤害、一份成为第一个登上世界最高峰的女性团队的倡议、一个为急救人员和一线工作人员提供食物的本地紧急项目、一个新工厂的启用、一个新产品的上市、一个新市场的打开、一次新的创业，或者一个失败企业的扭亏为盈。无论是什么情况，所有的案例都是关于克服巨大逆境的。当人们谈到想要成就卓越之时，他们谈论的是如何应对障碍、阻力、反对者、强硬的态度、看似不可能的机会、不确定性、困难、挫折或其他逆境。换言之，挑战是成就卓越的共同起点。正是在这样的挑战下，人们的最佳领导状态被激发出来，带领大家一起创造了非凡。

请记住，我们并没有让人们讲述他们的挑战。我们请他们谈论自己的个人最佳领导经历。他们本可以讲述一些一帆风顺、马到成功和捷报频传的故事。但他们没有讲述那样的故事。轻而易举取得的成功与最佳领导状态无关。他们讲述的是一个充满挑战的故事。直到今天，我们仍在向世界各地的人们询问他们的个人最佳领导经历，我们得到的答案依然如故：**挑战成就卓越！！！**

这是我们回顾40多年来成千上万的个人最佳领导经历时得出的重要结论。挑战是领导力的熔炉，是成就卓越的机会。挑战塑造我们，挑战为我们打开机会的大门。

领导者必须致力于解决组织和社会当下面临的重大问题。过去如此，现在如此，将来也是如此。当下的困境，包括我们在导论中所提到的那些困境，是领导者议事日程的重点。同样，我们未来还会面临其他的新挑战，也许比现在的挑战更加令人生畏。

领导力的挑战永无止境，只要你愿意迎接挑战，领导的机会就会扑面而来。这正是我们从一开始就把这本书命名为 *The Leadership Challenge*（直译是"领导者的挑战"）的原因所在。

领导力研究的是领导者如何带领他人穿越逆境、不确定和动荡，克服巨大的困难取得胜利，积极主动和抓住机会挑战现状、打破僵化与惯性，激励个人和组织迎难而上、百折不挠。本书描述了领导者迎接挑战的五种习惯行为，以及如何学习和实践这些领导行为，从而成就卓越。

基于最佳实践的领导力操作系统

今天，我们持续询问1982年我们开始研究"卓越领导"（Exemplary Leadership，也译作典范领导）时同样的基本问题：当你作为一名领导者处于个人最佳领导状态时，你做了什么？我们访谈了世界各地的各类组织、组织中的各个层级和各个部门的不同年龄、不同教育水平、不同种族的各类人。他们的故事、他们所描述的行为和行动，促成了"卓越领导者的五种习惯行为"框架的发现，这是卓越领导力的操作系统。当领导者展现卓越领导力时，他们都在践行这五种习惯行为——以身作则、共启愿景、挑战现状、使众人行、激励人心。在接下来的章节中，我们将从概念和实践两大方面深入探讨这些领导行为。

本书是长期的科学实证研究的结晶。我们从严谨的研究中得出了卓越领导者的五种习惯行为，并将用真人真事来进行说明。在本书中，我们将使用更新的故事、案例和例子，阐明领导者在处于最佳领导状态时做了什么。他们的名字、故事和观点是真实的。但是，考虑到两个原因，我们没有提及他们的组织。首先，很多人可能已经离开了原来的组织，或者不在原来的岗位了。其次，我们关注的是他们做了什么，而不是他们的组织和职位。

在本书的每一版中，我们都会更新大量的定量研究成果——包括我们的发现和全球其他学者的发现。在这方面，领导者习惯行为调查问卷（LPI）——我们设计的，用来衡量领导者践行这五种习惯行为的频率，以及他们的行为频率如何对他们的团队和组织产生影响的工具——提供了持续的实证研究数据，证明了卓越领导者的五种习惯行为操作系统的有效性。LPI评测领导者展现五种习惯行为的频率——从领导者自己的角度，从他们的上级领导、下属、同事和其他人的观察角度。我们的LPI数据库中有超过500万名调查对象的数据。调查对象还回答了对工作场所和领导者的附加开放式问题。例如，他们会回答有关自己的工作投入和激励水平、告诉他人自己在这家组织工作有多自豪，以及是否会主动向他人夸赞自己的领导者等问题。他们还提供了年龄、教育程度、性别、种族、任期、部门、行业、职级、组织规模和国籍等人口统计数据。这个强大的数据库使我们能够进行深入的统计分析，验证我们的主张：**领导力成就卓越**。

在每一版中，我们都会重申那些不变的要领，放弃那些过时的观点，并添加新的内容。我们持续更新内容框架、语言和观点，使本书与时俱进、保持前瞻。基于长期的经验、丰富的案例和大量的数据，我们就能够进一步证明卓越领导者的五种习惯行为的有效性和合理性。实证表明,个人成就和职业成功与你实践这五种领导行为的频率呈正相关。你的成就主要取决于你的行为,而非你的头衔、职位、部门、年龄、性别、教育水平、国籍或任何其他人口统计学变量。我们坚信,卓越领导力是每个人都可以习得的,领导的机会无处不在、无时不在。

我们希望你在阅读本书时获得的不仅是增加提升领导力的紧迫感,而且要求你更加自觉和认真地践行卓越领导者的五种习惯行为。你还可以帮助他人弄清楚自己应该做什么,以及如何才能把自己培养成领导者。你不仅要全力以赴成为最好的领导者,还要帮助他人成为最好的领导者。你可能不知道,人们都希望你做到最好。

领导者的实战指南

你可以把《领导力》这本书当作你领导之旅的实战指南,也可以把它看作一本指导你的团队或组织成就卓越的参考手册。这本书的目的是描述卓越领导者的习惯行为和他们的领导力原则,并通过真实人物的实际案例来展示每种行为,你可以学习他们的这些习惯行为,成为更好的自己和更好的领导者。

在第1章中,我们阐明了领导力的基本观点。领导力是一组技能和能力,任何渴望学习和坚持实践这些技能的人都可以掌握它。我们简要介绍了五种习惯行为的基本情况,总结了四十多年来关于领导者在最佳领导状态下做什么的实证研究结果,并证明这些领导行为的有效性。我们认为,要想全面理解领导力,先要认识到领导力在本质上是领导者和追随者之间的一种关系,因此,认识到人们希望在他们愿意追随的领导者身上看到什么是很重要的。

接下来的10章描述了人们成就卓越的五种习惯行为和十项承诺,每种习惯行为对应两项承诺。

我们通过真实案例来展示每种领导行为、承诺和具体行为。我们还从我们的研究和其他学者的研究中提供证据来支持这些概念，以及描述如何应用，并就你可以做些什么来实践每种行为和成为更好的领导者给出具体的建议。

每一章的最后都有一个行动指南，告诉你需要做什么才能使这些领导行为成为你的习惯行为。无论是你自己学习，还是你的同事学习，都可以按照这个行动指南采取行动。践行这些领导行为不需要预算，也不需要得到最高管理层或其他任何人的批准。它只需要你个人的承诺和自律。你需要至少选择一种行为立刻去践行，通过刻意练习来增强自己的能力。此外，我们还建议你和身边的人谈论领导力话题，通过对话来培育和加强团队的领导力文化，并强调人人都要像领导者一样思考和行动的重要性。

在第12章中，我们呼吁每个人都承担起成为一名卓越领导者的重任。在本书的修订过程中，我们不断重新认识和提醒自己与他人，领导力是每个人的事。领导力源自自我。领导力发展需要不断实践、反思，需要谦逊和努力追求卓越。最后，我们的结论是：**领导力不是头脑中的事，而是内心中的爱！**

我们建议你先阅读第1章，之后的章节并没有严格的先后顺序，你可以翻到感兴趣的章节去阅读。我们写本书是为了支持你的领导力发展。请记住，卓越领导者的五种习惯行为中的每一种都很关键。你可以跳跃着阅读本书，但不能忽略领导力的这些基本要素。

领导者的挑战

挑战是成就伟大的机会，领导者做出的最大贡献不是实现了今天的业绩目标，而是实现了人和组织的长期发展，使得他们能够在未来适应、改变、成功和成长。我们一直希望这本书有助于组织的振兴、新企业的创建、健康社区的传承，以及世界各地区人们更加相互尊重和相互理解。我们热切地希望本书能够使得你、你的社区和你的家庭生活更加丰富多彩。

领导力日益重要，它不仅体现在你的职业发展和组织发展中，还体现在每个行业、每个社区和每个国家的发展中。我们需要更多的卓越领导者，我们比以往任何时候都更需要他们。这个世界有无数伟大的工作在召唤我们。我们需要那些能够团结我们、激励我们的领导者站出来。

对于我们每个人来说，我们每天都在迎接领导力的挑战。我们知道，如果你愿意并且知道如何领导，那么，你就能够更好地领导。你要迈出这一步，我们将竭尽全力为你的领导力发展和成功提供最大的支持！

詹姆斯·M. 库泽斯

巴里·Z. 波斯纳

第 1 章
领导者的最佳状态

> 领导力是创造一种方式让人们成就卓越。
> ——艾伦·基斯

领导力就像生活中的大多数事情一样，我们往往是从经历中学习到的。我们通过自己的尝试和观察他人来学习该做什么与如何做。这里的问题在于，我们的尝试和观察到的领导行为并非都是有效的或恰当的。在向领导者建议他们应该做什么和不应该做什么时，我们必须将其建立在人们所做和所观察到的最佳领导行为的基础之上——这些行为代表了卓越领导的最高标准。

这是我们自 1982 年开始研究领导力时的目标。我们想要回答一个简单的问题：当人们作为领导者处于最佳领导状态时，他们做了什么？

为了回答这个问题，我们设计了一个"个人最佳领导经历"调查问卷来进行案例研究。这些案例讲述的是领导者处于最佳领导状态时的行为。他们可以选择最近的经历或过去的经历。他们可能是正式的领导者，也可能是非正式的领导者。他们可能在正式的组织场合或非正式的组织场合，是员工或志愿者。他们可能在公司、组织、社区团体、专业协会、运动队或学校等场景中发挥领导作用。无论何时何地，只要他们认为这段经历能够体现他们的最佳领导表现就行。

"个人最佳领导经历"调查问卷共有12页，包含38个开放式问题，通常需要1~2小时才能完成。我们最初收集到了550多个案例，如今，我们已经收集了超过5000个领导力案例。此外，我们还就这个主题进行了数百次的深度访谈。

在这些访谈和案例研究中，我们提出了以下问题：你的个人最佳领导经历发生在什么场景中？是什么时候发生的？从开始到结束持续了多长时间？那是一个什么样的项目或工作？你在这个项目中扮演的具体角色是什么？你曾面临哪些外部或内部的挑战？哪个词最能描述你刚开始时的感受？你会如何描述你在这次经历中的感受？是谁发起了这个项目？你希望在这个过程中实现什么？谁参与了这个项目？你采取了什么行动让人们朝着正确的方向前进？你是如何克服挫折和失败的？你做了什么来保持人们的积极性？你从这次经历中学到了什么？在这段经历中，你会和他人分享哪些领导力的经验教训？

无论在什么地方，我们都能找到卓越领导的例子。我们可以在营利性组织和非营利组织、农业和矿业、制造业和公用事业、技术和金融服务、教育和医疗保健、政府和军事、艺术和社区服务等领域发现他们的身影。这些领导者既有组织中的管理者，也有非管理者、个人贡献者和志愿者。有年轻人也有年长者，有男有女，来自各类组织和各个层级、部门，以及各个种族、民族、宗教和文化团体。每个城市、每个国家和每个民族都有领导者。直到今天，我们发现这种多样性依然存在。

我们通过分析数以千计的个人最佳领导经历，得出了以下的结论：(a)每个人都有一个最佳领导力故事；(b)领导力是一组人人都可以习得的技能和能力。这些发现挑战了一些神话，即领导力只存在于组织和社会的最高层，只属于少数有胜任力的人，是普通人学不会的。所以，那种认为只有少数伟人才能带领他人成就卓越的观点是完全错误的。

我们从访谈和案例的故事中，发现了一种领导行为模式。领导者在处于最佳领导状态时展现了一些共同的行为，这给我们提供了一个卓越领导的行为框架。我们对这些发现进行了一系列的实证检验。在最初的研究中，我们请3000多名经理评估自己践行这些领导行为的程度。他们的下属则被要求回答观察到的经理践行这些领导行为的频率，以及自己的工作动力、团队精神、工作投入、生产率和其他衡量敬业度的指标等。多年来，这项研究一直在持续深入进行，随着领导者习惯行为调查问卷的创建和发展，我们积累了一个包括来自120多个不同国家的460多万人的数据库。

40多年来的一致研究结果验证了这个模型的有效性，并得出了另一个必然的结论：**领导力至关重要**。领导者践行这些领导行为的频率直接关系到团队工作绩效和领导力有效性的评估。从下属的报告中得知，领导者的效能与下属感知到他们践行领导行为的频率存在直接的正相关关系，而且这种正相关在疫情期间人们经历的前所未有的动荡、模糊和不确定环境中增加了。也就是说，在面临极端挑战的时候，卓越领导力变得更加重要。

卓越领导者的五种习惯行为

成为优秀的领导者是不容易的。

它需要深入的思考、爱心、洞见、投入和精力。

——玛丽·戈德温

我们仔细回顾了数千个个人最佳领导案例，从中得到的重要经验是，无论是在什么背景下，人们为成就卓越所采取的行动，相同点远远多于不同点。我们不断发现，那些引导他人开拓前进的人，无论在什么时代或背景下，都遵循着惊人的相似行为。

我们发现，不管时代和环境如何不同，那些能够领导他人开创出一条新路的人都具有相似的经历。虽然每位领导者的经历各有特点，但都拥有一些共同的习惯行为。我们把这些共同的习惯行为提炼出来形成了"卓越领导者的五种习惯行为"。领导者要带领组织创造卓越成就，就需要展现出以下五种习惯行为：

- 以身作则
- 共启愿景
- 挑战现状
- 使众人行
- 激励人心

这五种习惯行为不是我们的研究对象或某些精心挑选的明星才拥有的专属特质。领导力不是取决于性格，而是取决于行为。任何人在面对领导力挑战的时候都可以展现出这五种习惯行为。领导力是带领他人和组织到达从未到过的地方。挑战让人们超越平凡，成就卓越。

这五种习惯行为并不是领导者在某个特殊时刻的偶然行为的总结。它经受住了时间的考验。30多年来，领导的情境发生了巨大的变化，但领导力的内涵没有改变。今天的卓越领导者与我们1982年开始研究时的结果比较，他们的基本行为和行动也没有改变。每个最佳领导经历的故事，数百万被调查者和数百名学者基于实证的研究，都一再证明了卓越领导者的五种习惯行为是全球领导者的"操作系统"。

在本章的后续部分，我们将简要介绍"卓越领导者的五种习惯行为"中的每一种行为，并给出一些简短的案例来说明领导者在各种不同的情况下是如何展现这些行为以成就卓越的。你在本书第2～11章深度探索这五种习惯行为的过程中，将会看到100多位领导者应对现实挑战的真实案例。

以身作则

职务可以任命，尊重要靠赢得。文斯·布朗是一项大型军事项目的副经理，他的个人最佳经历是"我为团队树立行为榜样"。他说："这对建立团队信任至关重要。赢得信任需要以身作则，我要确保自己说到做到。我不会要求团队成员去做我自己都没有做到的事情。"同样，布洛克·加斯是一个骑兵排的排长，他说："我让团队成员看到我在工作中总是全力以赴，因此，当我要求他们付出额外的努力时，他们就会心甘情愿地去做。"卓越领导者知道，如果他们希望他人投入并达到最高标准，他们就必须成为行为榜样。

你如果想以身作则，就必须先明确自己的指导原则。你必须澄清自己的价值观，找到自己的心声。个人最佳领导经历研究表明，你要坚守自己的信念，首先必须明确自己的信念。当你明白你是谁，你相信什么，你就能诚实地表达你的价值观。

阿帕纳·蒂瓦丽是世界上最大的电子商务零售商之一的高级经理，她在个人最佳领导经历中发现："当我更多地和别人谈论我的价值观时，我就能更好地理解这些价值观。"当然，她也意识到她的价值观并不是唯一重要的，团队中的每个人都有指导他们行动的原则，每个人都有自己珍视的价值观。因此，领导者必须和所有团队成员明确大家践行的共同价值观。这需要让每个人都参与创建共同的价值观，并就某些价值观的重要性达成一致。阿帕纳说："人们更容易践行自己认同的价值观。"另一个好处是，"当有人做出不一致的决定时，处理起来也就容易一些。当有人违背某个价值观时，领导者就必须纠正，否则他们就有可能传递出一个错误的信息：违背价值观也无所谓"。领导者只是滔滔不绝地宣贯价值观是远远不够的。领导者的行为比语言更重要，它能够反映出领导者是否认真对待自己所说的话。言行必须保持一致。卓越领导者还必须树立榜样，与团队的共同价值观保持一致。他们要通过日常行动展示他们对自己和组织价值观的坚定承诺。

个人的最佳成就都是通过坚持不懈、坚定不移、努力胜任和兢兢业业而获得的。让我们感到震惊的是，领导者往往是通过简单的小事来树立榜样的。这些小事可能包括与他人休闲聊天、并肩工作，讲述让价值观变得鲜活的故事，在不确定的时刻站出来，或者提出问题让人们思考价值观和优先事项。"以身作则"的本质是领导者通过躬身入局、率先垂范的行动来赢得领导的权利与尊重。人们首先追随的是你这个人，然后才是你的工作计划。

研究表明，如果领导者真的能够做到"以身作则"，那么，99%的下属就会向他人夸赞他是一位好领导，从而口碑相传，形成领导者的信誉。在"以身作则"这种行为的践行中，领导者获得的评分只要高于平均数，下属认为你是一位好领导的比例就比那些低于平均数的领导者高出28%。对于那些很少践行以身作则的领导者来说，被下属评分认为是高效领导者的可能性只有大约4%。

共启愿景

当人们向我们描述他们的个人最佳领导经历时，他们讲述的总是那些他们为组织描绘了激动人心、富有吸引力的未来的时刻。他们对未来充满憧憬和梦想。他们绝对相信这些梦想，并且相信他们一定能够成就卓越、实现这些梦想。每个组织、每次社会运动都始于一个愿景。愿景是创造未来的力量。

领导者展望未来，想象令人激动的、崇高的各种可能图景。你需要带来改变，创造一些他人之前没有创造过的东西。在开始一个新项目之前，你需要对过去有清醒的认识，并对未来成功的样子有一个清晰的愿景。领导者从组织的历史中吸取教训，他们对组织的未来表现出独特而乐观的看法。普吉·班纳吉是一家提供全方位人力资源解决方案公司的产品经理，她在回顾个人最佳领导经历中意识到,"我的责任始终是向我的团队和所有利益相关者传达组织的全局和愿景",因为人们需要知道他们"为什么"要做这些事情。

很多人认为描绘愿景是领导者的专属工作,而现实是人们想要参与描绘愿景,你不能命令他人做出承诺,你必须激发他们做出承诺。你必须通过描绘共同的愿景来感召他人想要为共同的愿景努力奋斗。普吉说,她在项目的"发起、设计、开发到最终发布"的每个步骤中都确保自己向团队成员传达了"我们正在做的每件事都是在朝着一个共同的愿景努力,我们的交付成果与愿景相一致"。领导者要确保和团队成员一起看到工作的意义,团队的贡献是全局的一部分。这种群策群力的参与比领导者宣扬自己的愿景要有效得多。

在这个快速变化和不确定的时代,人们想要追随那些能够克服今天的困难,想象一个更加美好的明天的人。为了拥抱愿景并将其变成自己的愿景,人们必须将自己视为愿景的一部分,并能够为实现这一愿景做出贡献。领导者通过向下属展示什么是共同的梦想,以及如何实现共同的利益来建立共同的使命感。

领导者通过表达出对愿景的热情和兴奋来点燃他人身上的激情。高级客户经理艾米·麦特森·德洛汉在个人最佳领导经历中描述道:"你不可能全身心地投入一个自己不相信的愿景。领导者对愿景的激情会感染整个团队,使团队相信这个愿景值得他们全力以赴去追求。"

实证研究数据也支持了艾米的观点。对于那些在 LPI 问卷测评得分排在后五分之一的领导者,只有 3% 的下属认为他是高效的。相比之下,对于那些践行共启愿景行为的频率排在前五分之一的领导者,有超过二分之一的下属认为他们是高效的领导者。

挑战现状

挑战是成就伟大的熔炉。每个最佳领导经历案例都包含了一次改变现状的经历。没有人能在保持现状的前提下成就卓越。不管具体情况如何，你都需要通过战胜逆境、拥抱机会来实现成长、创新和改进。这一点的重要性在 LPI 调查中下属给予领导者的评价那里得到了证实。对于那些很少挑战现状的领导者，很少有下属（不到十分之一）认为他们是优秀的领导者，这是因为当领导者没有创造创新的氛围时，团队就不可能成就卓越。那些经常挑战现状的领导者相比于那些很少挑战现状的领导者，有超过 4 倍的下属强烈向他人夸赞他们。

普通团队和卓越团队的区别在于他们如何应对挑战与挫折。如果你总是积极主动，你就会专注于未雨绸缪；如果你总是被动反应，你就只能当一个救火队长。领导者不会消极等待幸运女神的眷顾，他们选择冒险进取。

斯里纳特·瑟萨哈里·那加拉杰回顾自己在印度一家跨国电子产品制造公司时的最佳（也是第一次）领导经历时说："当事情同预期发展不一样的时候，我们继续进行试验，挑战彼此的想法。我们允许不同、宽容失败，更重要的是有机会从失败中学习。"他通过主动尝试和从经历中学习，推动项目持续向前发展。

领导者是开拓者，渴望迈向未知的世界。但是领导者并不是新产品、新服务或新流程的唯一创造者和创意来源。创新更多地来自客户、供应商、实验室和一线的人员，而不是来自领导者。有时，正如我们在新冠疫情最黑暗的日子里所了解到的那样，戏剧性的外部事件可以将个人和组织推向全新的环境，迫使他们以新的方式思考、创造和行动。创新更多地来自倾听而不是告知，你必须不断地留意自身和组织之外的世界，注意到其他组织开发的新的、创新的产品、流程和服务。领导者需要通过积极主动和从外部获取创新的方法来寻找改进的机会。

创新和改变意味着要不断试验和冒险，所以，领导者的主要贡献在于营造一种大胆尝试的氛围，识别好创意，支持那些愿意挑战和改变现有组织的创意，并愿意为此承担失败的风险。那些认为多次失败的人就能成为领导者的观点也是荒谬的。任何成功都不是类似于买足够多的彩票。有一种应对尝试过程中潜在的风险和失败的方法，就是不断取得小小的胜利，从经历中学习。大卫·奥贾基安在亚美尼亚慈善联盟的筹款经历说明了这种"小小的胜利"方法的重要性。

2020 年 10 月，亚美尼亚慈善联盟发起了"援助阿尔萨赫"活动来帮助亚美尼亚因被袭击而流离失所的家庭。作为当地"青年职业人士"分会的主席，大卫与亚美尼亚慈善联盟办公室和全球许多其他分会一起成功组织了这项募捐活动。他认为活动成功的关键在于将项目分解，这有助于让大规模的人道主义倡议活动更易于管理和实施，"允许每个分会因地制宜地采用他们认为合适的工作方法，而不是让他们在实施过程中感到不堪重负"。这个分散实现"小小的胜利"的方法，让每个分会都可以尽其所能，有序实施。通过这种方式，每个分会都可以在当地社区启动提高人们对援助活动认识的最佳方式，总结自己在实施中可以学到什么，并与其他分会分享最佳做法。尽管他们面临各种挑战，最终各个分会都找到了筹集资金的创新方法，这极大地增强了每个人对项目的信心，并愿意继续参与其中。

学习方法和领导者成就卓越所采取的方法密切相关。领导者总是从错误和失败中吸取经验教训。生活就是领导者的实验室，卓越领导者会利用它尽可能多地进行各种实验。最好的领导者都是最好的学习者。他们从失败和成功中学习。

使众人行

单靠一个人的力量，伟大的梦想无法变成现实。实现梦想要靠团队的努力，要依靠精诚的团结和持久的关系，要有非凡的能力和沉着的决心，还要有团队协作和个人的担当。我们在回顾了数千个个人最佳领导经历案例后发现，判断一个人是否走在成为领导者的正道上的一个简单方法是，看他使用"我们"这个词的频率。这些领导者在谈论自己的个人最佳领导经历时，他们使用"我们"这个词的频率是"我"的三到四倍。就像许多人在回顾自己的个人经历时一样，Stealth Technology 创业公司的联合创始人苏什玛·波普说："领导者需要授权给下属。没有人可以独自工作。领导力的根本在于保持开放、集思广益，并在决策过程中给予每个人发言权。一个基本的指导原则是，团队比任何个人都要重要。"

领导者通过建立信任和增进关系来促进协作。这种团队协作意识远远不只是让几个下属或亲密的知己参与其中。你必须让每个事关项目成功的人都参与进来，让每个人都与项目结果息息相关。未来，随着人们越来越需要更多的包容以及"随处办公"，卓越领导者需要找到创造性的方式与更多样化的员工建立关系。

领导者清楚地知道，如果追随者感到自己弱小、依赖他人或者被疏远，他们就不会尽其所能，或者长时间留在组织中。领导者要通过**增强自主意识和发展能力来增强他人的实力**，让人们全力以赴，甚至超出自己的预期。领导者要激发他人做到最好。领导者知道，当人们感到有自主权和主人翁意识时，他们更有可能投入工作，并产生非凡的成果。领导者的工作是要让人们感到强大、有胜任力和有责任感。卓越领导者不会大权在握；他们懂得授权，让每个人都承担责任，从而成就卓越。

领导者要把注意力放在满足他人的需要而不是自己的需要上，才能建立起大家对自己的信任。人们越信任自己的领导者和同事，就越敢于冒险、愿意改变，不断继续前进。安克·杰斯瓦尔是一家跨国科技公司的项目经理，他在个人最佳领导经历中解释了他如何"努力建设具有创造性和支持性的工作环境，让大家认同团队的成功优先于个人的成功，培养相互信任的关系"。他认识到"授权下属，使他们能够参与领导和取得成功"是多么重要。当人们获得信任，并拥有更多的信息和自主权时，他们更有可能全力以赴地创造非凡的成果。LPI 调查数据支持了这一结论。研究表明，下属的工作动力与上级领导者给予他们完成工作的自主权成正比。

激励人心

攀登顶峰的路程艰辛而漫长，人们会感到筋疲力尽、充满挫折感，不想再往前走，总是想要放弃。领导者要用真诚的关心鼓舞他们奋发向前。安妮·莫泽是一家公司的高级副总裁，她在个人最佳领导经历中认识到了这些行为是多么重要："领导者要庆祝并给予团队和个人恰当的认可。认可是证明团队和个人贡献的价值的一种好方法。这增强了他们的信心，使他们愿意在未来更加努力。"

领导者通过表彰个人的卓越表现来认可他人的贡献。认可他人可以是一对一的，也可以是大家一起的；可以是很有戏剧性的表达，也可以是简单的点赞；可以是非正式的活动，也可以是非常正式的表彰大会。认可员工的贡献并创造一种庆祝文化，是领导者工作的一部分。在我们收集的案例中，有成千上万的个人认可和集体庆祝的案例——从手写的感谢信到精心策划的"This Is Your Life"庆祝仪式。全球医疗设备公司资深临床助理研究员伊可塔·马力克注意到，许多人都感到没有得到足够的重视和缺乏团队凝聚力，因此，她组织了一些公司出资的欢乐时光和团队活动，以实现"让团队成员放松，增进相互了解和打造团队精神"的目的。她解释说，她在每两周的会议上公开表扬她的队友们的辛勤工作："这真的能让他们心情愉悦。我过去常常认为，项目总监或者经理的表扬会让一个项目做得更好，但我后来认识到，表扬并不一定来自上级领导者，同事之间的相互认可也非常鼓舞人心。"

领导者工作的一部分就是要赞赏人们的贡献，在组织中创造一种庆祝文化，让大家一起庆祝价值观的践行和取得的胜利。认可和庆祝不同于娱乐和游戏，尽管庆祝过程中有很多的乐趣，也有很多游戏是非常鼓励人的。

激励人心是一件充满趣味和严肃的事情，让大家看见组织重视论功行赏、弘扬先进。当组织以一种发自内心的、真诚的方式来举办庆祝会和表彰仪式时，就会在员工中建立起一种强烈的集体认同感和团队精神，从而帮助团队度过艰难的时期。在实现一个关键的里程碑目标之后，领导者把团队成员聚集在一起进行总结和表彰，可以强化这样一个事实，即团队比个人能够取得更大的成就。在工作之余进行人际互动，能够强化团队的人际关系，从而增进信任，改善沟通，增强团队内部的联系。

认可和庆祝需要有针对性和富有个性化。正如一家全球房地产公司的项目总监艾迪·泰所认识到的："你不能装模作样地进行认可和举办庆祝活动。激励人心可能是所有领导者面临的最困难的工作，它需要你展现出最大程度的诚实和真诚。"

他认为，真诚的认可和庆祝"会对那些被感动和激发的人产生最重大、最持久的影响"。很多领导者很重视完成任务，却不愿花时间去认可他人的贡献。如果你不能激励人心，就不要指望你的同事会说你是一个好的领导者。LPI测评的数据表明，那些认为他们的领导者经常激励人心的下属与那些认为领导者很少激励人心的下属相比，说你是一个好领导者的比例相差四倍以上。

这五种领导者的习惯行为——以身作则、共启愿景、挑战现状、使众人行、激励人心——为那些想要在领导岗位上做到最好的领导者提供了一个操作系统，并且有大量有力的证据表明，这五种习惯行为对于领导者至关重要。卓越领导者的五种习惯行为中包含了成为卓越领导的基本行为。我们称之为卓越领导者的十项承诺，它们和五种习惯行为一起展示在表1.1中。

这十项承诺是解释、理解、欣赏和学习领导者如何在组织中成就卓越的模板，它们定义了领导者需要展示的行为和养成的习惯行为。第2章至第11章将对每个问题都进行深入讨论。数百项研究报告表明，卓越领导者的五种习惯行为对人们和组织的敬业度与绩效产生了重要的积极影响。

我们将在下一章重点介绍这些研究。在接下来的章节中，我们将通过大量的例子阐明这个领导力操作系统的价值。

表 1.1 卓越领导者的五种习惯行为与十项承诺

五种习惯行为	十项承诺
以身作则	1. 找到自己的心声，明确共同的价值观 2. 使行动与共同的价值观保持一致，为他人树立榜样
共启愿景	3. 展望未来，想象令人激动的、崇高的各种可能 4. 描绘共同愿景，感召他人为共同的愿望去奋斗
挑战现状	5. 通过积极主动和从外部获取创新的方法来寻找改进的机会 6. 进行试验和冒险，不断取得小小胜利，从经历中学习
使众人行	7. 通过建立信任和增进关系来促进协作 8. 通过增强自主意识和发展能力来增强他人的实力
激励人心	9. 通过表彰个人的卓越表现来认可他人的贡献 10. 通过创造一种集体主义精神来庆祝价值观的实现和胜利

五种习惯行为成就非凡

卓越领导者的行为对人们的投入、动机、工作绩效，以及组织成功产生深刻而积极的影响。这个重要结论是从全球近 500 万名使用领导者习惯行为清单评价他们的领导者践行五种习惯行为的频率所得出来的。

在这些研究中，我们通过下属对领导者践行五种习惯行为的频繁程度的反馈，进一步完善了 LPI 测评。此外，他们还回答了对于工作场所的感受，例如：

- 告诉他人自己为这个组织工作是多么自豪。
- 他们全力以赴实现组织成功。
- 如果工作需要，他们愿意更努力、更长时间地工作。
- 他们的工作有效性如何。
- 他们有多信任管理层。
- 他们感觉被重视的程度。
- 他们的团队精神的力量。

他们还评价了领导者的整体有效性和工作绩效，他们是否会向同事称赞这个人是一个好的领导者？他是否胜任，以及他与先前的其他领导者相比有多好？

在对最敬业的下属与最不敬业的下属（前 20% 或后 20%）进行比较时发现，他们的领导者在践行这五种习惯行为的频率方面存在明显差异。数据显示，那些敬业度最高的下属的领导者比敬业度最低的下属的领导者践行这五种习惯行为的频率高出 50%。同样，当下属被问及"你会把现任领导者放在与其他领导者比较的哪个位置区间？"时，在组织内部和外部，由于领导者践行五种习惯行为的差异，下属的回答有明显不同，如图 1.1 所示。很明显，除非你经常展示这五种习惯行为，否则你不太可能被你的下属认为是最好的领导者之一。

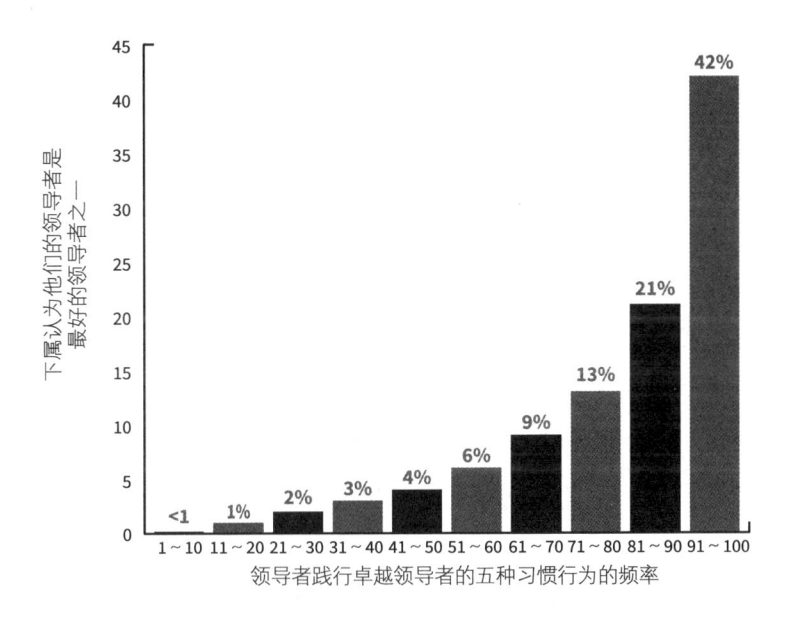

图 1.1 被认为是最好的领导者之一的人数随着卓越领导者的
五种习惯行为被践行的频率增加而增加

多元回归分析清楚地表明，领导者的行为对下属在工作场所的敬业度有着重大影响。另一种假设认为个人特征（如年龄、性别、教育水平、工作年限和民族等）和组织因素（如职能部门、工作岗位、行业和组织规模等）影响员工的敬业度，但在实证数据方面没有得到支持。所有这些个人特征和组织因素加在一起对员工敬业度的影响不到 0.3%。相比之下，**领导者的五种习惯行为对员工敬业度的影响达到 33% 以上。在过去几年里，由于环境的变化，它对员工敬业度的影响更是高达 42%。**在解释员工的敬业度方面，没有任何其他变量或因素比领导力更加重要。无论下属是谁或他们的工作环境如何，领导者的行为都是影响员工敬业度的最重要因素。

领导者越是频繁地践行五种习惯行为，就越有可能对他人和组织产生积极的影响。这就是所有数据分析得出的结论：如果你想要对他人、组织和社会产生重大影响，最明智的投资就是学习和改善那些能够让你成为最好的领导者的行为。

*请注意,在社会科学中,我们永远无法解释100%的统计方差,而在自然科学或物理科学中通常可以解释。例如,两个氢原子和一个氧原子结合可以产生水。未考虑的方差被称为"噪声",是与测量工具和人类反应的可变性或缺乏稳定性有关的误差造成的。

此外,在关于卓越领导带来的财务绩效的研究中。研究人员回顾了组织在五年内的财务表现,并将那些下属认为领导者积极践行五种习惯行为的组织与下属认为领导者很少践行五种习惯行为的组织进行比较,其结论是:**在上市公司中,前者的净利润增长大约是后者的18倍,股价增长大约是后者的3倍。**

卓越领导者的五种习惯行为创造非凡。然而,它们只是描绘了领导力的一部分图景。完整的领导力图景需要理解追随者对领导者的期望。领导地位不是被授予的,而是从那些渴望追随你的人那里赢得的。他们每天都在选择是否追随并充分投入自己的才能、时间和精力。最终,决定谁是领导者的不是领导者,而是追随者。从追随者的角度考虑领导力,你可以获得更多的见解,了解什么对他们最重要。他们想要在领导者身上寻找什么?他们想从一个愿意追随的人那里得到什么?

领导力是一种关系

领导力来自他人把你当成领导者。
——卡丽·吉尔斯特拉普

我们在各种情境和行为的研究中发现,个人最佳领导经历从来不是一种个人行为。领导者从来都不是单靠自己来创造非凡的。领导力是动员大家想要为共同的愿景努力奋斗的行为艺术。所以，从本质上来说，领导力是一种人与人之间的关系，是领导者与追随者之间的关系。这种关系的好坏在组织创造非凡成就的过程中影响重大。如果领导者和追随者之间的关系是充满恐惧和不信任的，追随者就不会做出任何有持久价值的成就；如果领导者和追随者之间的关系是相互尊重和信任的，追随者将能够一起应对最严重的灾难，给后世留下宝贵的财富。

卓越领导者把注意力放在他人而不是自己身上，无论何时，领导的成功、经营的成功与生活的成功都有赖人们是否能很好地在一起工作和生活。领导的成功取决于能否建立和维持某种良好的人际关系。因为领导力是领导者和追随者之间的互动过程，任何关于领导力的讨论都必须关注这种动态关系。如果领导者不能理解连接领导者和追随者的根本愿望，任何战略、战术、技能和行为都是纸上谈兵。

领导力是你和他人在互动过程中的一种体验。随着领导者的不同、追随者的不同和时间的不同，人们的体验是不一样的。没有完全一样的两个领导者，也没有完全一样的两个团队，领导者和团队在每一天的体验也是不同的。当你试图理解追随者的愿望和期望时，当你展现出他们认同的卓越领导者的准则和形象时，你就能发现并释放出自己伟大的领导潜能。比领导者说自己做了什么来满足他人期望更重要的是，追随者说他们想要什么以及领导者如何满足他们的期望。"共同事业"的创始人、六任美国总统的顾问、受人尊敬的作家和学者约翰·加德纳说："当人们有意或无意地认为领导者有能力解决他们的问题并满足他们的需求时，当领导者被视为他们理想的行为规范的象征时，当追随者认为领导者的形象（无论是否符合现实）与他们的理想形象一致时，领导者就赢得了追随者的忠诚。"领导者只有了解人们的期望，才能全面了解如何建立和维持关系，从而成就卓越。

人们希望从领导者身上看到的和敬佩的特征

为了理解领导力是一种关系,我们调查了追随者对领导者的期望。这些年来,我们调查了几千名企业和政府的管理者,了解他们作为追随者对领导者的期望是什么。在回答"你们愿意追随的人具有哪些特征"的开放式问题时,他们的回答提到了几百种不同的价值观、性格和特征。我们对这些结果进行了独立的分析,以及进一步的实证分析,将这些条目简化为20个品质的检查表,我们称为受人尊敬的领导者的特征(Characteristics of Admired Leaders,CAL)。通过使用CAL调查问卷,我们请人们选择"在你们愿意追随的领导者身上最希望看到和最敬佩的7种品质、特质或特征"。这里的关键词是"心甘情愿"。你认为"我得"追随某人是一回事,而"我愿"追随某个领导者是另一回事。

全球有超过15万人填写了CAL。正如表1.2中数据所显示的那样,多年来的调查结果是一致的。一个人在赢得他人自愿追随之前都要通过这个"领导者特征测试"。

尽管表中所有的特征都有人选择,这说明每种特征都有一些人觉得它很重要,但是,最引人注目的是,仍然有4种特征总是得到大多数人的投票。人们希望在领导者身上寻找的是**诚实的、有胜任力的、能激发人的和有前瞻性**。尽管40多年来世界发生了巨大变化,但人们所看重的领导者最重要的特征依然是稳定的。此外,这4种特征在不同的国家中排名一致,如表1.2中的数据所示。我们还发现,在不同的文化、民族、职能部门和组织层级、性别、教育水平和年龄组(我们稍后会详细介绍),排名并没有明显的变化。

第一章 领导者的最佳状态

表 1.2 受人尊敬的领导者的特征

品　质	选择该种特征的被调查者的百分比（%）						
	1987年	1995年	2002年	2007年	2012年	2017年	2023年
诚实的（Honest）	83	88	88	89	89	84	87
有胜任力的（Competent）	67	63	66	68	69	66	68
能激发人的（Inspiring）	58	68	65	69	69	66	54
有前瞻性（Forwardlooking）	62	75	71	71	71	62	53
可靠的（Dependable）	33	32	33	34	35	39	46
能支持别人（Supportive）	32	41	35	35	35	37	45
聪明的（Intelligent）	43	40	47	48	45	47	41
心胸宽广（Broad-minded）	37	40	40	35	38	40	38
合作的（Cooperative）	25	28	28	25	27	31	36
公平的（Fair-minded）	40	49	42	39	37	35	36
有雄心的（Ambitious）	21	13	17	16	21	28	33
坦率的（Straightforward）	34	33	34	36	32	32	30
关心别人的（Caring）	26	23	20	22	21	23	29
忠诚的（Loyal）	11	11	14	18	19	18	21
有主见的（Determined）	17	17	23	25	26	22	19
成熟的（Mature）	23	13	21	5	14	17	17
有想象力的（Imaginative）	34	28	23	17	16	17	14
勇敢的（Courageous）	27	29	20	25	22	22	13
有自制力的（Self-controlled）	13	5	8	10	11	10	12
独立的（Independent）	10	5	6	4	5	5	6

注：由于每人可选 7 种，因此总百分比超过 100%。

让我们来分析一下为什么这些特征对于那些愿意追随的人和那些渴望领导他人的人之间建立一种可持续的关系至关重要。我们还会在这个过程中发现，领导者必须建立起可持续的关系。

诚实的

在我们所做的每次调查中，"诚实的"一项获得了最多的选择，比其他任何领导者的品质都要高。总而言之，它是领导者—追随者关系中最重要的因素。虽然在过去30多年中其百分比有所变化，但始终排名第一。最重要的是，人们想要追随一位诚实的领导者。当然，这并不是说每位领导者都是诚实的，但人们最想看到的品质是诚实。你知道，当你发现领导者在撒谎或欺骗时，你会感到对当前和未来的工作缺乏动力、缺乏热情、缺乏信心，而且其趋势往往是急剧下降的。

显然，如果人们愿意追随某个人，他们首先要确定这个人是否值得信任。他们想要知道这个人是否诚实、有道德、有原则。当人们和我们谈论他们欣赏的领导者的品质时，他们经常用"正直诚实"（integrity）和"真实"（authentic）作为诚实的同义词。无论在什么情况下，人们都希望领导者值得信赖，并且相信领导者拥有真诚的品格和可靠的诚信。

有胜任力的

人们要追随领导者，就必须相信他能够带领大家沿着通往未来的道路前进。他们必须看到领导者是有胜任力的和卓有成效的。如果他们怀疑领导者的胜任力，他们就不会轻易加入这场奋斗之旅。研究表明，当他们认为领导者不胜任时，他们就会拒绝接受他和他的观点。

领导者的胜任力是指领导者的业绩记录和完成任务的能力。这种能力可以激发大家的信心——相信领导者可以带领组织朝着它需要的方向前进。当人们谈论一位领导者的胜任力时，他们并不是特别在意领导者要精通组织中所有部门的专业能力。人们确实想要了解领导者是否对行业、市场或专业服务有基本的了解和相关的经历，但人们也知道，当领导者在组织中不断晋升时，他们不可能成为最具有专业能力的专家，也不需要。没有人期望领导者是一个超人，无所不知。领导者的胜任力会因职位和组织环境而有所不同。

能激发人的

人们期望领导者对未来充满激情、充满活力、积极乐观。一个对未来的可能性充满热情和激情的人会比一个缺乏激情的人更能向他人传达出对实现目标的坚定信念。因为你的坚信，人们最可能相信你所说的是真的。

如果领导者对一项事业都没有表现出足够的热情，他人为什么要全力以赴呢？此外，领导者的追求卓越、积极主动、乐观豁达，会让人们对美好的未来更加充满希望。这在任何时候都是至关重要的，尤其是在充满不确定性的时代，领导者的积极情绪是激励人们向上和向前的根本动力！

领导者需要的不仅仅是一个梦想。你必须能够以一种激励人心的方式激发他人长期投入来实现愿景。人们渴望在日常工作生活中找到更大的意义感和价值感。虽然领导者的热情、活力和积极的态度不会改变工作的内容，但它们能够使平凡的工作变得更加有意义。无论在什么情况下，当领导者为梦想和愿景全力以赴时，人们会更愿意加入这个共同的事业。

有前瞻性

人们期望领导者有方向感，关注组织的未来。毕竟，如果愿景只是一成不变的现状，那么领导者的使命到底是什么呢？领导者不会满足于现状；他们关注的是组织未来应该如何变得更好，并指明一条前进的道路。

无论你把未来看成愿景、梦想、召唤、目标、使命，还是个人计划，其含义都是不言自明的：如果你希望他人自愿加入旅程，你就必须清楚要去哪里；你就必须对组织的未来愿景有一个明确的表达，以便和追随者的希望和梦想连接起来。你不能让自己总是事必躬亲、沉浸在工作的细节中，却不能看到更宏大的未来图景。当你要求他人一起踏上未知的旅程时，就必须在心中有一个最终目标。

信誉是领导力的基石

不论时空如何变幻，这些基本的领导者的特征仍保持不变，它揭示了领导力的核心要义，展示了领导者吸引和留住追随者的本质。在评估信息源的可信度时，无论他们是新闻记者、销售人员、心理学家，还是牧师、商人、军官、政客，抑或是群众领袖，研究者一般用 3 个标准来评估：**他们值得信赖的程度、专长和活力**。在这些方面得高分的人被认为是更可靠的信息源。这 3 个标准与受人尊敬的领导者的关键品质（**诚实的、有胜任力的、能激发人的**）高度一致。

当我们将信息源的可信度概念与令人尊敬的领导者的特征相关数据联系起来，就得出了一个惊人的结论：**人们最想追随诚实可信的领导者。信誉是领导力的基石**。最重要的是，追随者必须能够信任他们的领导者。他们必须相信领导者的话是可信的，领导者有胜任领导工作的知识和技能。当你考虑是否加入领导者展望的未知之旅时，他的可信度就显得尤为重要。这也是为什么"有前瞻性"也是那些渴望领导他人的领导者的基本愿望。追随者要心甘情愿地追随，就必须相信领导者知道要去哪里，并且有能力把他们带到那里。

这些关于受人尊敬的领导者（人们愿意追随的领导者）的特征的研究结果的一致性和普遍性形成了"库泽斯—波斯纳领导力第一法则"：**如果**

你不相信传递信息的人，你也不会相信他所传递的信息。人们在相信你所说的话之前，要先相信你这个人。

领导者必须始终努力维护自己的信誉。领导者的高信誉度有助于他们坚定立场、挑战现状，并带领大家迈向未来。你不能理所当然地认为领导者自然就有信誉。你要让人们相信你所描绘的令人兴奋的未来可能图景，就必须先让他们相信你。如果你要让别人跟随你去到不确定的未来——一个在他们的一生中都可能无法实现的未来，如果这段旅程需要做出牺牲，那么就需要人们相信这是值得的。

信誉至关重要

你可能会质疑："有些人身居要职，有些人非常富有，但人们并不认为他们有信誉。信誉真的很重要吗？信誉会带来什么不同吗？"这些都是很好的问题，为了回答这些问题，我们决定询问那些认为信誉很重要的人——领导者的下属，通过对信誉的行为测量，我们让被调查者思考他们的直接领导者在多大程度上表现出了增强信誉度的行为。我们发现，当人们认为他们的直接领导者有很高的信誉度时，他们就更有可能：

- 自豪地告诉别人他们是某个组织的成员。
- 有强烈的团队精神。
- 认为自己的个人价值观与组织的价值观相一致。
- 热爱和忠诚于组织。
- 有主人翁意识。

当人们认为他们的直接领导者信誉度低时，他们更有可能：

- 只有在严格监管下才努力工作。
- 工作的积极性主要由金钱驱动。
- 阳奉阴违，在公开场合说组织好话，但私下里则反之。
- 如果组织遇到问题，就会马上考虑找另一份工作。

- 感觉不被支持,不受赏识。

领导者的信誉对员工态度和行为有显著影响,领导者的信誉要靠自己长期努力去赢得。领导者的信誉决定了员工的忠诚、投入和生产率。

领导者的信誉不仅影响员工的敬业度。它还影响客户和投资者的忠诚度,影响员工的忠诚度。在对企业忠诚度的经济价值的广泛研究中,研究人员发现:"无论是顾客、员工、投资者、供应商还是经销商,他们对企业忠诚度的核心是源自高管团队的诚实正直以及言行一致。"他们的研究发现强调了领导力第一法则的重要性。

什么行为能够产生信誉呢?

什么行为能够产生信誉呢?我们询问了全球成千上万的人,他们的回答基本上是一样的,不管他们在什么公司、国家和地区。他们经常使用以下观点来描述领导者的可信行为:

- "他们践行他们宣扬的观点。"
- "他们按说的去做。"
- "他们言行一致。"
- "他们对承诺的事情投入足够的金钱和资源。"
- "他们兑现承诺。"
- "他们说到做到。"

最后一句是最常见的回答。在判断领导者是否可信的时候,人们首先要听你说什么,然后观察你的行动。他们倾听你的讲话,然后看你做了什么。他们听见你承诺支持某项创新活动,会提供资源,然后看你是否把资金和物资投入这项活动中。他们倾听你做出的承诺,然后观察你是否履行了承诺。当你总是言行一致的时候,他们就会认为你"可信",有信誉。

如果他们看到你言行不一,他们会认为你最起码是不认真的,或者,最坏的情况是,认为你很虚伪。如果你说的是一套,做的又是另一套,他们会觉得你口是心非、不诚实。如果你总是言行一致，他们就更愿意长期追随。这就得出了领导者建立信誉的关键，也就是库泽斯-波斯纳领导力第二法则：**做你所说，说你将做（DWYSYWD）**。

这种对信誉的定义直接对应于在个人最佳领导经历案例中发现的卓越领导者的五种习惯行为中的一种。DWYSYWD（Do What You Say You Will Do）有两个基本要素：**说和做**。要使行动可信，你就必须清楚自己的信念；你就必须知道自己的立场。这就是"说"的部分。然后，你还必须把你所说的付诸实践，你必须按照自己的信念行事并"做到"。

信誉与卓越领导者的五种习惯行为的关系

以身作则这一习惯行为直接与信誉的定义的两个维度联系起来。以身作则包括明确自己的价值观，并成为践行这些价值观的榜样。这种基于价值观的言行一致就是最真实的，是一种表现诚实和值得信赖的行为方式。人们相信且更愿意追随那些言行一致的领导者。

你要想获得并维持领导者的道德权威，就必须以身作则。鉴于言行一致之间的重要联系，我们现在开始全面深入讨论卓越领导者的五种习惯行为，首先从第一种行为——以身作则开始。

习惯行为1
以身作则

- 找到自己的心声,明确共同的价值观
- 使行动与共同的价值观保持一致,为他人树立榜样

第 2 章
明确价值观

对自己坚信的原则和信念的信心给了我克服困难的勇气。
—— 萨利·D. 阿莫卡尔

当亚历克斯·安瓦尔被任命为一家医疗设备公司的新业务部门主管时，公司内部的许多人都对他不满，他们认为他太年轻，经验不足，无法管理如此多样化的团队和产品组合。由于公司内部的许多团队都是相互独立的，差异极大，他能否团结大家朝着一个共同的目标前进是一个重大挑战。亚历克斯的第一步行动是向团队阐明他的价值观。他在发给大家的电子邮件中表示自己的角色不是管理者，而是公司负责一项艰巨任务的同事。他没有告诉每位同事他想要他们做什么，而是清楚地陈述了他每天工作中践行的价值观和行为标准。他对自己价值观的阐释，让大家更容易理解他的行为和决定背后的原因。他们能够把结果与价值观联系起来，例如，艰苦奋斗。

在发出邮件那一周的一次全体会议上，亚历克斯讲述了几个阐明他的诚实和真诚的核心价值观的案例，他分享了他是如何与客户一起处理一个特别具有挑战性的问题的。他像讲故事一样娓娓道来。亚历克斯后来每次都用这种讲故事的方式来说明大家应该如何处理面临的挑战性情境。亚历克斯通过亲身经历的以价值观为中心的经验教训,帮助他人理解、记住和实践这些价值观。他的一位下属说:"亚历克斯通过清晰的沟通和描述践行价值观的情境,让大家深刻理解了他的价值观。他用自己的语言来描述对价值观的理解,让我们清楚地了解到他是一个什么样的人。"

我们所收集的个人最佳领导经历案例都是这样的领导者的故事,他们清楚自己的价值观,了解自己的价值观是如何给予自己面对困难做出坚定选择的勇气的。经验丰富的数字产品经理帕特里克·奥利里回忆说:"相信自己的价值观会在艰难时刻指引我前进,这给了我一种坚持下去的信心。当我不清楚自己的价值观时,我的自信心就会降低,工作质量也会下降。"人们希望领导者表明自己的价值观。但是你要表明自己的观点,就需要知道自己想要说什么。你要捍卫自己的信念,你必须知道你坚守的信念是什么。要说到做到就必须清楚你想要说什么。

在开始你的领导之旅时,你必须努力明确共同的价值观。卓越领导者知道必须做到:

- 找到自己的心声。
- 明确共同的价值观。

你必须充分认识你的自驱力来源——那些藏在内心深处的根深蒂固的价值观。你必须自由而诚实地选择你将用来指导自己决策和行动的原则。你必须表达真实的自我,用你独特的方式真诚地表达你的信念。

然而,你在谈论工作中的指导决策和行动价值观时,不仅仅是在代表自己说话,而是整个团队和组织。你不仅要清楚自己的个人价值观,还要澄清团队和组织的共同价值观,让所有人践行这些共同的价值观。

找到自己的心声

> 当我走上这个领导岗位时，我必须弄清楚做好这份工作最重要的是什么以及它们为什么重要。
> ——杰森·廷

你是谁？这是下属希望你回答的第一个问题。领导力不是由外而内的，而是由内而外的。请想象这样一个场景：有人走进你的办公室，对你和同事们宣布："嗨，我是你们的新任领导者。"那一刻，你最想从他那里知道什么？哪些问题会立即涌现在你的脑海中？我们问过很多人这个问题，他们的回答几乎都是一样的。人们说，他们想问这位新任领导者：

- 你的价值观是什么？
- 你在业余时间喜欢做什么？
- 你的立场和信仰是什么？
- 你如何做决策？
- 你为什么要做这份工作？
- 你有什么资格来做好这份工作？
- 你相信什么（例如，关于这个行业，这个时代；你会如何对待他人，对待家庭、健康、财富等）？

这样的问题直指领导力的核心。人们在追随你之前，总是想要了解你是一个什么样的人。他们想要知道是什么在激励你，是什么在驱动你，是什么在影响你的决策，是什么在赋予你力量，是什么造就了你。他们想要知道这个领导职位背后的人是谁。苏玛亚·沙基尔是一家客运铁路服务公司的IT战略总监，她在回顾个人最佳领导经历时说："当我踏上领导者之旅时，我需要问自己我的信念是什么，对我来说什么是重要的，我将要去向何方，我将要沟通什么，以及我的期望是什么。我必须首先了解并相信自己。我的脑子里一下子冒出了很多的想法，但我必须先专注于我想要表达的核心价值观。"

在成为一位值得信赖的领导者之前，你要把"说"和"做"结合起来——首先要找到自己的心声。如果你无法找到自己的心声，你就只能模仿他人的语言，或者读秘书写的稿子，或者鹦鹉学舌般模仿与你毫不相关的某位领导者的讲话。如果你总是言不由衷，从长远来看，你就不可能做到言行一致，因而也就不能进行真诚的领导。

请看一位下属是如何描述他的上级领导者的。这在很大程度上解释了为什么这家初创公司从未真正起步：

> 首先，我们的 CEO 从来没有进行真实的表达，除我们三位总监勇于提出建议和决策之外，他从来没有勇气提出解决方案或建议。他给人的感觉就像一个信息管道……他没有自己的心声，他不能为我们指明一条清晰的前进道路。这使得团队很难统一目标、全力以赴。

> 其次，我们没有明确的组织价值观。当然，我们都知道公司的使命，但他制定的公司价值观平淡无味。看似简单的价值观没有清晰的定义，导致众说纷纭，不能协同。

缺乏价值观的清晰度与一致性导致团队凝聚力低和工作不聚焦，因此不能产生良好的客户体验和积极的业务成果。相比之下，当朱莉安娜·莫雷诺-拉米雷斯被任命为一家大学教学医院的临床研究经理时，她上任的第一步是"审视自己，了解自己想要如何领导。更具体地说，我需要反思我是谁，我的价值观是什么，我要找到自己的心声和指导原则，我只有弄清楚这些才能自信地领导这个项目。我花了一段时间才厘清我的价值观，实话实说，我之前作为一个个人贡献者，从来没有花时间去厘清它们。现在，我知道我的决定和行动会影响他人，这让我有一种责任感，我需要明白我想成为一个什么样的领导者"。朱莉安娜说这"可能是成为一名有效领导者需要采取的最关键的一步，你要找到自己的心声，弄清楚你是谁。如果你只是装腔作势地表演，你的团队成员会一眼看穿你，认为你不适合领导他们"。

阐明你的领导哲学

你要找到自己的心声，就必须深入探索自己的内心。你必须明确自己真正关心的是什么。是什么让你与他人区别开来，成为你自己？你只能在你信守的原则指导下才能够进行真诚领导，否则，你只会敷衍了事。当你不能用语言和行动表达你的领导理念时，你就削弱了自己和团队的敬业度与有效性。卓越领导者清晰地知道这一点。当我们要求领导者描述他们对自己的领导哲学有多清楚时，那些认为自己总是很清楚自己的领导哲学的领导者比那些表示自己偶尔清楚自己的领导哲学的领导者的有效性高出128%。此外，你在图2.1中可以看到，那些被下属认为对自己的领导哲学非常清楚的领导者相比于那些不清楚的领导者，下属认为他们是高效领导者的比例要高出很多（高达数十倍）。事实上，如果领导者没有明确的领导哲学，很少有下属认为他们是高效的。

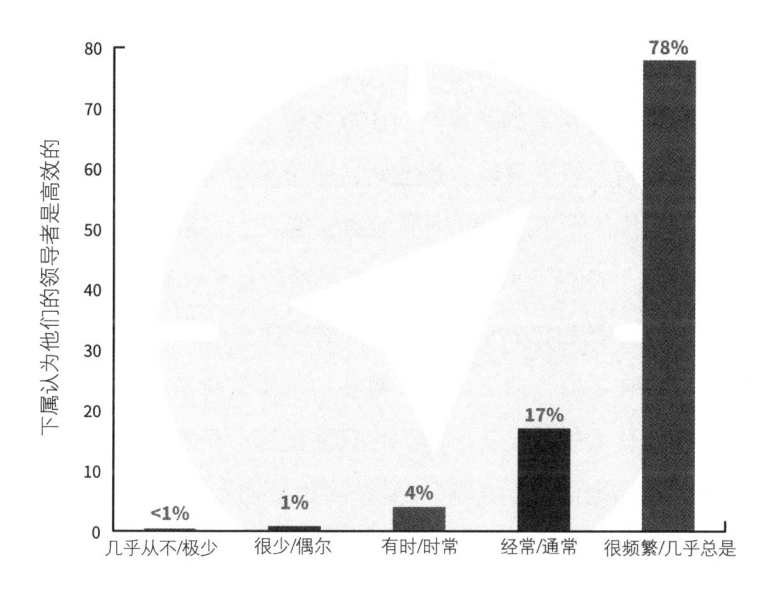

图 2.1 最高效的领导者都有明确的领导哲学

当贾里德·史密斯成为美国中西部一个学区（K-12）的负责人时，他与 250 多名工作人员分享了一份题为《领导原则与核心价值观》的文件。他说："花时间来明确我的领导原则是非常有益的，因为它迫使我在日常工作中遵守这些原则。"贾里德寻找机会在各种场合与员工和学生家长分享这份文件，他说这种让大家知晓的信息透明方式不仅受到了赞赏，而且让"人们发现我们有很多共同的信念"。本·史蒂文森是一位经验丰富的设备管理经理，他明确了自己的核心价值观，并将其张贴在办公室的墙上，以提醒自己和他人他最珍视的价值观——他以此作为工作的准则。

大量证据表明，你要提高工作效能，就必须学会找到能代表你自己的心声。**领导他人要从领导自己开始，在你能够回答你是谁这个基本问题之前，你无法领导他人。**当你明确了自己的价值观，找到了自己的心声，你也就找到了掌控自己生活所必需的内在自信。

让价值观指引方向

一项具有里程碑意义的研究是对 100 多位 CEO 和 8000 多名员工的观察结果进行了分析,研究发现,那些对自己价值观清楚的领导者为公司带来的回报是那些价值观不清楚的领导者的 5 倍以上。这一发现与考特尼·巴拉告诉我们的观点产生了共鸣:"领导者要通过让价值观引导自己并与他人分享价值观来找到自己的心声。"考特尼担任一家时尚配饰店的销售主管,她告诉我们在零售行业工作时,需要"与不同种族、年龄、教育程度和投入度的多样化背景的员工工作。你只要诚实、开放、愿意倾听她们的价值观,你就能和她们产生共鸣"。她谈到她最初和同事特雷西很难相处,特雷西是表现不太好的同事之一。考特尼在和她做价值观沟通之后,特雷西开始变得适应和接纳,考特尼鼓励特雷西也讲出她的价值观,她们逐渐找到了很多共同点,建立起了良好的合作关系。

> 我帮助特雷西找出了她在这家商店工作的理由和原因,同时也为她提供了与我讨论她的价值观的机会。这两个步骤在修复我们的工作关系和领导团队未来的成功方面是至关重要的。我认识到,不是每位同事都会像你一样思考问题,并以同样的方式解决问题,因此,我需要通过明确共同的价值观,只有找到彼此的心声,我们才能够更有效地沟通,建立起高度的信任。最后,我与特雷西的工作关系变得更加亲密,整个商店的效益和士气都获得了大幅提升。

价值观是一种持久的信念,学者们通常将其分为两类:手段型价值观和终极价值观(目的型价值观)。领导力需要这两类价值观。在我们关于领导力的研究中,我们用"价值观"这个词来阐明人们"应该如何完成任务",这种价值观是手段型价值观。我们将在第 4 章和第 5 章中使用"愿景"这个术语来指代领导者和团队成员们渴望实现的长期的终极价值观。

明确价值观

价值观是一个人的行动"底线",它指导行动。它反映了你做事的优先顺序,决定你如何做出决策;它告诉你什么时候说"不",什么时候说"是";它帮助你解释你做出的选择以及你为什么要这么做。例如,如果你相信团队多样化能促进创新和服务,那么一旦有不同意见的人突然提出了一个新想法,你就知道该做什么;如果你的价值观是团队协作高于个人成就,那么当最好的销售员不参加团队会议,拒绝与大家分享信息时,你就知道该怎么办;如果你的价值观是强调独立和主动而不看重团队一致性和服从,当你认为你的上级领导者说得不对的时候,你很可能会站出来与上级领导者唱反调。毫无疑问,在这个充满混沌的时代,一套根深蒂固的价值观使领导者能够在大量相互竞争的理论、需求和利益中聚焦并做出正确选择。

拉达·巴苏是一位经验丰富的高管,她认为在职业生涯中明确自己的价值观,让她可以在相互竞争的需求、要求和精力管理中做出正确选择,"知道我是谁,什么对我最重要,能够让我更加专注,让我能够处理好多并行任务。如果我清楚自己的价值观,并且言行一致,那么,所有的努力都是高效的"。

价值观带来力量。当你清楚自己的价值观时,你就可以更好地控制自己的生活,就像考特尼和拉达发现的那样。价值观是行动的指南,它指导你每天驾驭自己的生活,指导你分清东南西北。你越清楚自己的价值观,沿着选定的道路坚定不移地走下去,你和身边的人就越容易做出选择。这种指引在动荡和不确定的环境中尤其重要。当一些日常的挑战可能误导我们偏离方向的时候,有一个路标告诉你在哪里很重要。

医学博士约翰·西格尔讲述了在一次重组医院外科的讨论中谈论自己价值观所带来的影响。在讨论中,大家一度偏离了主题。讨论主题从担心实习医生的教育经历转变为担心实习医生的懒惰,他们是否会及时回复电话,或者他们与医院运营和护理质量的关系。约翰告诉我们:

我举起手，用平和而坚定的声音提醒大家，我们的首要任务是为患者提供优质的护理。重组计划的首要目标是确保实习医生有一个良好的学习经历。我们要让他们看到，从事高质量的医疗服务需要怎样的热情，并从工作中获得满足感和成就感。我心照不宣地触碰了我们每个人内心的按钮，提醒我们工作中的价值观，以及我们梦想的工作场景。

　　我的资历比任何人都要浅，但我说出了自己的心声——我的自信和力量来自对价值观的承诺——他们都听见了。瞬间，讨论的气氛改变了。大家再次进行建设性的讨论，并最终确定了一个业务重组计划，改善了我们部门的工作方式。

约翰的故事提醒我们，价值观可以让你和同事保持正确的方向，尤其是当你陷入冲突或争议时。你只要提醒自己最重要的原则是什么，就能让你的注意力重新聚焦到真正重要的事情上。罗伯·菲尔德的经历与此类似。当他成为一个黑人艺术组织的执行董事时，该组织正面临着前所未有的财政危机，似乎很快就可能关闭。为了找到最佳的解决方案，罗伯首先审视了自己的价值观，意识到这些价值观与组织的核心价值观相一致。由于他对自己的个人价值观有了清晰的认识，他能够与组织创始人的价值观联系起来。罗伯认识到这些价值观在今天仍然适用，可以将过去与现在结合起来，指导未来的行动。他在社区会议、教堂集会和其他社区活动中分享这些价值观。他充满激情和真诚地谈论这些价值观，他阐释的这些信念引发了大众的广泛共鸣，远远超出了他的想象。社交媒体关注到了这个故事，带来了大量的众筹，他建立了一个国际支持者网络组织，从而避免了组织的财政危机。明确价值观不仅对他个人很重要，而且这个过程将他与组织紧密联系起来，也反过来为他和组织澄清了领导哲学。

用你自己的语言来表达

领导力是一门行为艺术，就像其他任何艺术形式一样——无论是绘画、音乐、舞蹈、表演还是写作，领导力是一种表达自己的方式。你要成为一位值得信赖的领导者，就必须学会用独特的方式来表达自己。作家安妮·拉莫特告诉那些想成为作家的人：

> 你经历的真相只能通过你自己的心声来表达。如果混杂在他人的声音里，读者就会产生怀疑，就好像你穿上了他人的衣服。你不能复制他人的写作；你只能写自己的东西。有时候你效仿他人的风格会感到很舒服、温暖、愉快、充满希望，可能会让你放松，让你有一种融入他人的语言、节奏和关怀的乐趣。但你所表达的是一种抽象的东西，因为你缺乏相关的亲身经历；当你试图用他人的声音或语言描述你经历的真相时，你就是在让自己远离真相。

这些道理对作家适用，对领导者也同样适用。你不能用其他人的价值观和语言进行领导。除非你用你自己的方式、你自己的语言，否则你就不是你——你不过是在装样子。人们追随的不是你的地位或者你的技术，他们追随的是你这个人。如果你不诚实正直，你能期望他人愿意追随你吗？

雷蒙德·于在一次业务重组中被"降职"，这让他感到沮丧，也打击了他的自信。他说"我一直找不到自己的心声"。经过一段时间的反思，雷蒙德意识到自己可能"走错了路"。他说"我只是在管理，而不是在领导"。雷蒙德把他的上级领导者作为榜样，结果带来了意想不到的后果："我没有找到自己的心声，而是用他的名字和权威来推动项目的发展。事后看来，我失去了真实的自己，而成为了他的传声筒。"他意识到自己不需要担任管理职务就可以发挥领导力，于是从那时起，他发誓要"基于我的个人价值观找到我的心声，成为一名卓越领导者"。

雷蒙德的思考与我们从艺术家和教育家吉姆·拉桑德拉那里听到的很

相似。吉姆分享了自己的观察："实际上，一个艺术家的一生有三个阶段。第一个阶段是绘制外部的风景。第二个阶段是绘制内心的风景。第三个阶段是绘制自己。这个时候，你就开始形成了自己独特的风格。"这个道理适用于绘画艺术，也同样适用于领导艺术。

在你第一次学习如何领导时，你会把观察到的自己之外的东西描绘成外部景观。你想要获得他人经历中学到的工具和技术。每当人们转换到一个新的、具有挑战性的角色时，他们往往会这样做，因为他们之前的经历并没有为他们做好准备。尽管你知道只有当你找到自己真实的心声时，你才会展现出真实的自我，但在你第一次发展自己的天赋时，效仿他人的作品会很有帮助。在早期阶段效仿他人并不是欺骗，它可能有助于你的学习。作家威廉·津瑟是这样描述的：

> 你不要担心模仿其他的作家。对于任何学习艺术或手艺的人来说，模仿都是创造过程的一部分。巴赫和毕加索并不是天生的，他们也需要学习榜样。在你感兴趣的领域找到最好的作家，大声朗读他们的作品。让他们的声音和品位进入你的耳朵——他们的预感。你不要担心模仿他们会让你失去自己的心声和身份。你很快就会蜕变，成为你应该成为的那个人。

领导者的心声也是如此。一开始，你理解、观察和模仿你所尊敬的领导者是很有用的。这是学习的基本方法。随着时间的推移，你会明白什么适合你，什么不适合你。就像试穿一套新衣服一样，你会发现一些衣服穿在你身上看起来很可笑，而另一些衣服能展现出你最好的一面。

然而，在这个过程中，你会注意到你在演讲时似乎是在机械地死记硬背，你在主持会议时是在枯燥地例行公事，你和他人的相互交流也很无聊和空洞。你会有一个清醒的可怕想法：这些语言不是你的，是他人的，语言技巧可能很好，但不是发自内心的。这将是你人生的一个转折点。当你投入了那么多时间和精力学习做正确的事情时，你突然发现它们并不适用于你。这些方法似乎很空洞。你甚至会觉得自己是个骗子。

在这个时刻，你开始凝视内心的黑暗，开始想要知道里面有什么。你对自己说："我不是其他人。我是一个独一无二的自己。但我到底是谁？我的心声是什么呢？"

对于一位有抱负的领导者来说，这种觉醒开启了一段紧张的探索时期、考验时期和发明时期。这是一个超越技术、超越训练、超越模仿大师、超越听取他人建议的时期。当你臣服于它，在经历了疲惫的试验和痛苦的折磨之后，你从画布上所有那些抽象的笔触中，会获得一种真正属于你自己的表达。你不需要模仿他人。你能够从耳际的众多声音中辨认出自己的心声，并找到以独特风格表达自己的方法。你将成为自己经历的作者。

你要想发挥领导力，就必须认识到这样一个事实：你不必模仿他人，不必读他人写的剧本，不必穿他人的衣服。相反，你可以自由选择你想要表达的内容和你想要表达的方式。你有责任以一种真实和易辨的方式向他人表达自己。当你看着镜子里的自己问"这是我吗"时，这一刻，你知道那就是你自己。

通过明确价值观做出承诺

尚登·李·费南德斯是一位某业洲国家驻外总领事馆的高级研究员，他告诉我们，成为卓越领导者的第一步是找到自己的价值观和信仰，这是至关重要的。她反思说："只有当领导者找到并明确对自己的期望时，他们才能明确对追随者的期望。你才能清楚解释自己的行为和理由，从而让他人的价值观和行动保持一致。人们只有保持内在价值观的一致性才能带来行动上的一致性。"

我们的研究结果显著地支持了尚登的结论，并进一步证明了澄清个人价值观对人们在工作场所的行为产生的重大影响。在一个长时间的一系列针对企业的大范围研究中，我们询问了很多管理者：他们在多大程度上清楚他们的个人价值观和组织的价值观，他们对组织的投入度有多高，也就是说，他们热爱岗位并努力工作的程度有多高。

研究结果展示在一个经典的四象限矩阵中，如图2.2所示。象限1的管理者不太清楚自己的个人价值观和组织价值观。象限2的管理者比较清楚组织的价值观，但不太清楚自己的个人价值观。象限3的管理者对个人和组织的价值观都很清楚，象限4的管理者清楚自己的个人价值观但不太清楚组织的价值观。每个象限显示了不同管理者对他们的组织的工作投入程度的平均分数（以1到7为标准，7为最高）。请注意哪个象限的人工作最投入，取决于他们对个人和组织的价值观的清楚程度。

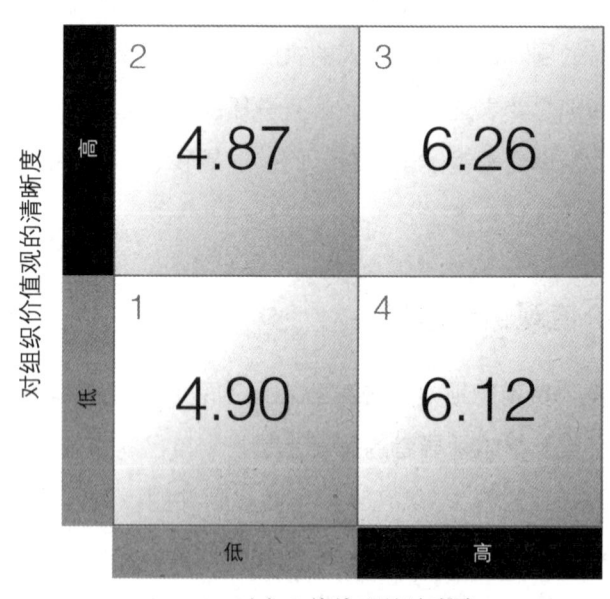

	低	高
高	2 4.87	3 6.26
低	1 4.90	4 6.12

对组织价值观的清晰度（纵轴）

对个人价值观的清晰度（横轴）

图2.2 价值观清晰度对工作投入度的影响

那些清楚自己个人价值观的人（象限3和象限4）的工作投入度明显高于那些听过组织的价值观宣贯，但从未倾听过自己内心声音的人（象限

2），或者对组织的价值观和个人的价值观都不清楚的人（象限1）。需要说明的是，象限3和象限4之间的工作投入度在统计上没有显著差异。

个人的价值观决定一个人的工作投入度。在我们最近的再次研究中，我们发现了类似的模式，明确个人的价值观是提高工作动力和生产力的重要途径。例如，一个人的工作效能与他们对个人的价值观的清晰度呈正相关关系。人们的归属感、成就感和自豪感也影响着他们的工作投入度。

无论他们的年龄、背景、专业或部门如何，最有才干的人都会被那些与他们的价值观相一致的组织所吸引，因为他们的价值观与组织的价值观会产生共鸣。朱莉·塞德洛克是一家购物中心的高级副总裁，她的观点正好验证了这个结论。她说："我喜欢到公司工作。20年来，我每天一醒来就想要去公司上班。当你认同了公司的价值观，你就会想来公司上班，想要努力工作，想要实现公司的目标。"

当一个人的价值观与组织的价值观相一致时，其投入度是最高的。那些对自己的个人价值观最清楚的人，更愿意根据原则做出选择——包括决定组织的原则是否适合自己，以及是否要加入、留下或离开！但现实是，在许多组织中，组织强调的价值观和员工认同的价值观与在日常工作践行的价值观之间存在巨大的差距。

明确共同的价值观

明确共同的价值观是组织非常重要的统一认识和
继往开来的过程。
——迈克尔·林

坦率地阐明自己所坚信的原则固然重要，但这并不意味着你就可以让他人简单地服从你的信念。如同你的价值观决定你的投入度一样，他人的价值观也决定了他们的投入度。你要成为一位卓越领导者，就必须从"我相信什么"发展到"我们相信什么"。当人们认为组织的价值观与他们个人的价值观一致时，他们是最忠诚和最投入的。当人们觉得自己与同事的价值观一致时，大家的沟通质量和准确性，以及决策过程中的坦诚度都会大大提高。领导者需要引导人们找到共同的价值观。在乔伊斯·谭的个人最佳领导经历中，她谈到在担任一家全球生物制药公司的律师时，因为她和"同事们拥有相同的价值观，并尽最大努力遵守这些价值观，使得大家更容易团队协作并实现目标"。

找到并明确共同的价值观将为你创造富有成效和真诚的工作关系奠定良好基础。你在尊重团队多样性的同时，也需要引导大家找到共性。这就是共同价值观发挥的关键作用。它为人们讨论目标、愿景、问题、冲突、解决方案和行动提供了一种共同语言。当大家有了一组清晰和一致的指导原则时，沟通就有了共同的主题。这将在组织中产生协同的正能量，提高大家的工作热情，减少大家的焦虑感。人们在从事大家共同关心的事情。共同的价值观就像一个内部指南针，指引人们既能够独立工作，又能够团结协作。

卓越领导者也知道，他们不可能让所有人都完全达成一致。这是不现实，也是不必要的。此外，完全一致将削弱组织的包容性优势，削弱组织的多样性和创造性。然而，领导者必须围绕核心价值观达成共识，每个人都必须承诺维护这些价值观。人们要采取统一的行动，就必须拥有某种共同的价值观。毕竟，如果价值观不一致，领导者和其他人究竟要做出什么样的典范榜样呢？如果团队在基本价值观上存在分歧，就将在工作中产生激烈的冲突、错误的期望和能力的削弱。领导者通过发掘、明确和强化共同价值观，确保团队中的每个人都志同道合，并对"我们"的价值观负责。

迈克尔·里安是一家云存储公司的系统集成经理，他说公司的核心价值观是团队凝聚在一起的黏合剂。为了强化这些价值观，他在员工会议中增加了"价值观小测验"——要求不同团队的成员回顾公司的价值观,并讲述工作中践行这些价值观的例子。他说:"然后,我们会对当前的工作进行点评,看看公司的价值观是否得到了维护和践行,以及如何及时纠偏。"迈克尔的认识很到位,领导者的承诺就是组织的承诺——不管这个组织是一个2人团队、一个200人的组织、一个2000人的学校、一个20000人的公司,还是一个20万人的社区。如果大家不能就承诺践行的价值观达成一致,领导者、下属和组织就有失去信誉的风险。共同的价值观对团队成员的工作态度和投入度有着重要而积极的影响。

长期研究证实了这些经验总结。那些拥有以共同价值观为基础的强大文化的组织,其业绩表现要比其他公司出色得多。它们的销售收入和员工人数增长更快,它们的利润和股票价格也明显更高。例如,一家全球连锁咖啡店的内部分析显示,一家咖啡店的业绩与该店员工认为公司在践行价值观方面言行一致的比例存在密切联系。在其他条件都一样的情况下,这家咖啡店的业绩表现比同类咖啡店更加优异。类似的情况也出现在公共部门中。在最高效的政府机构和部门中,职员和管理者对他们的价值观的重要性,以及如何最好地践行价值观有着强烈的共识和感情。一项针对长期出现在《财富》杂志最佳雇主100强榜单上的公司的研究显示,这些公司的领导者忠实于组织价值观的"承诺",他们把明确和践行共同价值观作为优先事项,并想方设法地确保人们相互了解彼此的价值观,以便形成组织的共同价值观,从而建立志同道合、同频共振的组织范围。

领导者需要定期给组织把脉,检查价值观的清晰度和一致性。这会强化团队成员的投入度,让团队和组织在阐述、明确、修订和校准中与不断变化的新成员形成最相关的共同价值观(例如,多样性、可得性、可持续性和灵活性等)。房地产经纪人凯西·王告诉我们,与他人分享她的个人价值观和工作价值观给她的工作创造了一个积极和富有成效的氛围,因为客户、贷款人、托管人和其他人都想了解她的工作目标,以及他们可以在合作中获得什么。她说:"我发现分享我的价值观非常有力量,当客户感到我言行一致时,就会更加信任我,从而让要求高、烦琐的交易过程变得更加顺畅。"理查德·赛斯尔是一家建筑公司的地区经理,他在办公桌上放了一个白色的咖啡杯,上面写着他的 7 个价值观。当人们问他咖啡杯上的单词时,理查德说:"这带来一个分享我的个人价值观的机会,也让对方思考对他来说最重要的是什么。在这些对话中,我们经常发现我们对共同价值观和我们共同努力的目标达成了很多共识。"

人们一旦理解了领导者的价值观,澄清了自己的价值观,明确了组织的共同价值观,他们也就理解了他人对他们的期望,就能承受更大的工作压力,更好地处理工作和生活中的问题。

共同价值观创造非凡

当领导者围绕共同价值观寻求共识时,员工会更加积极和富有成效地工作。在看待公司高管努力通过对话促进建立共同价值观方面,那些认为公司高管总是这样做与那些认为公司高管很少这样做的员工相比,前者感到自己的工作效能更高。当人们对如何才能做得更好感到不确定或困惑时,他们往往会手足无措。人们为了应对团队中不同的价值观,经常会产生争吵、内耗,大大降低了个人效能和组织生产力。例如,研究表明,在那些领导者将创新作为核心价值观之一的组织中,他们会持续地设计、开发和推出创新的产品。

在研究中,我们仔细分析了个人价值观和组织价值观之间的关系。研究结果表明,当个人价值观和组织价值观相一致时,领导者和组织都会获得显著的回报。例如:

- 形成强烈的个人效能感。
- 提高员工对公司的忠诚度。
- 促进对于组织关键目标和利益相关者的共识。

- 鼓励道德行为。
- 促进努力工作和关爱他人的行为规范。
- 减轻工作压力和紧张感。
- 增强组织自豪感。
- 更好地理解组织对自己工作的期望。
- 增强团队精神和团队协作。

研究表明，高绩效组织重视在整个组织中全面协同和践行共同的价值观，那些基于共同价值观的有着强大文化的组织在业绩上比其他组织要好得多。例如，拥有强大文化的组织，其收入增长速度是其他组织的4倍，股价增长速度是其他组织的12倍，利润表现是其他组织的750%。对适应性组织文化（具有一致的价值观、共同的使命、团队协作、创新和学习的组织）的研究也得出类似的结论。在10年的时间里，对照那些文化不适应的组织，价值观高度一致的组织的利润增长是其10倍，股票价格增长是其3倍。

对公共部门的研究也证实了共同价值观对组织效能提升的重要性。在成功的组织和部门中，员工和管理者都认为价值观十分重要，并高度重视言行一致地践行组织的共同价值观。领导者定期澄清组织上下关于其价值观的清晰度和共识度是非常必要的，它重申了组织承诺，让大家参与讨论与不断变化的利益相关者最相关的价值观（如组织的多样性、可得性、可持续性等）。

是否有某种特定的价值观或一组价值观可以用来激发组织的活力？我们先来分析一下这三家电子公司，它们都有一组强有力的价值观。第一家公司以技术创新为荣，拥有以工程为导向的价值观，非正式地鼓励和奖励诸如尝试和冒险等活动。第二家公司关注公司形象，其组织价值观与市场营销有关，致力于提供出色的客户服务。第三家公司重视基于数据的管理，主导价值观是会计准则，公司更关注效率（例如，降本增效）。

这三家公司都有不同的价值观。它们都在同一个市场上竞争，都很成功，只是各自的战略和文化不同。显然，成功的公司可能有非常不同的价值观——支持一家公司获得成功的特定价值观应用到另一家公司可能会带来伤害。对"基业长青"公司的研究也支持了这一观点。与同行业的同类公司相比，每个高绩效组织自身都有很强的"核心理念"，但它们没有共同的核心理念。组织的持续竞争优势来自共同价值观，它决定着组织的管理和领导实践。

虽然没有一组通行的最好的价值观，但你可以从成功的强文化组织的价值观研究中获得一些指导。这些组织的价值观有三个核心主题：高绩效标准、高度关注人，以及重视独特性。高绩效标准的价值观强调追求卓越，高度关注人的价值观表明组织如何对待人，重视独特性的价值观告诉大家组织与众不同之处是什么。这三条共同的线索对组织明确自身成为伟大组织的价值观至关重要。

给大家关心组织的理由

如果领导者倡导的价值观不能代表组织的价值观，那么他们就无法动员大家团结一致、齐心协力。大家必须对彼此的期望有共同的理解。领导者必须引导大家就组织的共同目标和原则达成共识。他们必须能够建立和维持一个拥有共同价值观的组织。

个人、团队和组织价值观之间的协同能够产生巨大的能量。它使人们更加投入，更有热情和动力。人们有理由关心他们的工作，他们的工作也更有效、更令人满意，也会减轻压力和紧张。正如考特尼·巴拉回忆所说："通过彼此相互了解，我们明确了我们的共同价值观，我们不仅关心我们自己，也有理由关心组织。于是，团队士气显著提高了，商店整体运转良好。"大多数人认为，组织及其领导者应该花更多时间来讨论彼此的价值观，考特尼的经历再次证实了一项研究，即当人们认为自己的价值观与组织的价值观一致时，他们会最全身心地投入工作。

关于价值观的对话能让人们找到更多的工作意义。当你与团队成员谈论他们的价值观时，当你促进员工之间进行有关价值观的对话时，你就是在帮助员工看到他们正在成为理想中的自己。你是在帮助他们与工作建立更深层次的联系，而不是通过讨论任务和规则来做到这一点。你也是在创造一个让员工们更有共识、共鸣和共振的环境。

这些价值观对话重申了组织的承诺，增强了每个人的团队归属感，这在分散工作和虚拟工作场所中尤其重要。团队成员由此产生的价值观一致性增强了期望的清晰度。这种组织透明度给员工提供了更多的自主选择，使他们能够更有效地处理困难和应对压力，并提高他们对他人选择的理解和欣赏。当人们关心价值观和认为这些价值观对他们有意义时，他们也会更加关心彼此，关心客户，关心工作和关心组织。

保持耐心形成价值观共识

"我们的基本原则是什么？""我们的信念是什么？"这些问题不容易澄清。研究表明，仅就"正直诚实"这个价值观，人们就有185项不同的行为期望。即便人们普遍认同的价值观，大家对这些价值观的理解也可能大相径庭。所以，领导者必须与追随者进行关于价值观的对话。人们形成一致的价值观需要一个过程，而不是简单地宣贯一下就能做到的。你要让人们参与对话和共创，让他们觉得你真的对他们的观点感兴趣，他们可以自由地与你交谈。

你要乐于开放并倾听他们的想法和愿望，让他们感到你是在关心和建设性地寻找共同的价值观。毫不奇怪，那些认为他们的经理参与价值观的对话的人比那些认为自己必须努力弄清楚工作优先事项和原则以及他们应该如何做的人，有更强的个人效能感。

这正是迈克尔·林在成为一家小型无线公司的技术支持经理时所发现

的。尽管他觉得有必要"从一开始就明确我自己的个人价值观,但同时我需要允许每一位技术支持工程师讲述他们认为重要的个人价值观"。他认为如何描述具体的价值观并不那么重要,重要的是每个人都赞同这些价值观的重要性和意义。他最初的行动就是把人们聚集在一起,就他们的主要优先事项和价值观以及它们对于行动的意义进行讨论并形成共识。

> 我不想让大家感到是在被迫践行我的价值观。我让每个人都谈了自己的价值观,以及背后的原因。通过这种沟通,我们明确了对我们作为一个团队很重要的共同价值观。我和团队都认为最重要的基本价值观是诚实、责任、以客户为中心和团队协作。我们起草了一个团队信条:全力以赴满足客户需求。明确共同价值观是组织非常重要的统一认识和继往开来的过程。

无论组织高层有多么重视共同价值观,领导者都不能把自己的价值观强加给组织成员。他们必须努力让大家形成共同价值观。共同价值观来自倾听、欣赏、共识和共创。领导者要让大家理解并认同这些价值观,就必须让大家参与价值观的讨论。你需要为大家创造提问的机会,阐明他们自己的价值观,确定他们是否能在组织中实现自己的价值观,并明确他们的价值观与组织价值观之间的契合度。

帕特·克里斯坦是一家非营利组织的主席,该组织将严谨的研究与创新的解决方案结合起来,以改善患有慢性疾病的年轻人的身体健康和生活质量。她在工作中深知如何解决冲突并围绕一套统一的价值观建立共识。她发现共同价值观是团队面临困难时的关键路标。

> 每位同事都拥有对团队成功至关重要的专业能力,但我们之间经常因为价值观不同发生冲突。领导者的职责是管理这些紧张关系,让每个人都发挥出最佳工作状态。这是一个艰巨的挑战,但我相信,当你在组织中遇到困难时,你就会回到你的核心价值

观中寻找答案。你会不断地询问自己应该如何做,怎样才能做到价值观与行动相一致。我们的同事能够从容应对各种挑战,生产出如此高质量的产品,充分证明我们拥有一套共同价值观,并且言行一致。

统一的价值观来源于发现和对话。领导者必须为员工提供一个机会,让他们讨论价值观的含义,以及他们的个人信仰和行为是如何受到组织主张的影响的。领导者还必须准备好在招募、选择和引导新成员时讨论价值观和期望。与其让成员在某个关键时刻发现他们在原则问题上存在严重分歧,不如及早探索个人与组织之间的契合度。

查理·劳讲述了这样一段经历,当时他被一家跨国金融服务公司派去领导一场营销活动,团队由6名不同种族、不同业务部门的同事组成。由于一开始团队成员只专注于自己的个人目标而不考虑其他人的工作,项目进展缓慢。查理认为,团队需要形成一组共同的价值观才能更好地协同工作。他认为如何称呼或描述价值观不是最重要的,重要的是大家都认同共同价值观。于是,他将大家聚集在一起,分享各自的首要任务和价值观,以及如何在行动中践行这些价值观、实现协同高效。他认真听取了每个人的意见,并在第二次团队会议上谈到了每个人的观点。他鼓励大家公开讨论,消除误解。

查理不想让同事感到自己是在把价值观强加给他们,所以让每个人都谈论自己的个人价值观及其背后的原因。他们通过这种方式形成了大家一致认同的共同价值观。查理说:

> 大家形成了一组共同的价值观,每个人都表示认同,大家都努力像一个团队一样工作,为成功而奋斗。共同价值观让大家在工作态度和业绩表现上发生了很大改善。我的目的是让同事们更加努力地工作,增强团队协作和相互尊重,并更好地相互了解各自的专业能力,实现高效协作。

强烈的共同价值观远不只是广告口号。它强有力地支持了那些拥有这些信念的人。每个人都要能够讲述这些价值观，并对如何实践这些价值观达成共识。他们必须清楚价值观如何影响他们的工作，以及决定组织的成功。

采取行动
明确价值观

成为值得信赖的卓越领导者的第一步就是要明确自己的价值观——找到那些在成功之路上指导你决策和行动的基本信念。领导力之旅要求你探索自己的内心世界，找到自己的真实心声。这个探索必须由你自己主导，因为这是你找到真正自我的唯一途径，你的价值观是驱使你献身于组织和组织使命的根本动力和原因。如果你不清楚自己的价值观，你就无法说到做到、言行一致。如果你不相信自己所说的话，你也不能说到做到。

虽然所有的领导者都需要明确自己的价值观，但只做到这一点还不够。因为领导者不仅代表自己说话，他们还要代表他们的追随者说话。因此，大家要就共同价值观达成一致。共同价值观非常重要，它能积极影响人们的工作态度和业绩。形成对价值观的认同是一个过程，不是某人宣布一下就可以了。价值观的一致性来自对话和讨论，这会带来相互的理解和认同。领导者必须让自己和他人对共同的原则负责。这个问题我们在下一章会进行更充分的探讨。

我们建议你采取以下行动来找到自己的心声，明确共同的价值观：

- 回顾你的个人信条——你认为组织所需要的价值观或原则。
- 请记住明确个人价值观的重要性，花时间找到并用你自己的心声表达出来；不要只是复述公司的价值观。
- 如果你现在还没有这样做，请重新审视一下公司的愿景和价值观。如果你之前从来没有将你的个人价值观与公司的价值观进行比较，那么，现在就是最好的时刻。请反思你的个人价值观和公司所推崇的价值观之间的"契合度"。你感到有什么不一致的地方吗？如果有，你能做些什么来解决它？
- 请要求你的下属和其他团队成员写下他们的个人信条，并在团队会议上分享。请大家就个人价值观和组织价值观的"契合度"展开对话。大家感到有什么不一致的地方吗？如果有，你们能做些什么来解决它？

此外，定期的领导力对话会让大家知道共同价值观对你、对公司、对他们都很重要。在每一次互动中，你都有机会将人们的注意力引向你认为重要的价值观方面。请找机会和他人讨论以下这些问题：

- 你认为指导我们团队决策和行动的价值观与原则应该是什么？
- 请告诉我一些关于你的个人背景信息，可以帮助我更有效地与你协作。

第 3 章
树立榜样

> 领导者最重要的行动是树立榜样。
> ——艾丹·巴尔·萨德

史蒂夫·斯卡克是美国西南部一家制造厂的新任经理,他上任之后很快注意到,管理团队多年来一直在讨论建成"世界一流工厂"的愿景。于是,他们就"世界一流工厂"的定义进行了讨论,并一致认为建立强大的安全文化和良好的现场管理应该是首要任务。但在环顾工厂四周之后,史蒂夫发现在客户来访接待方面做得并不理想。事实是,每当有客户即将来访时,史蒂夫就必须提醒大家要努力做好工厂卫生,包括派人去工厂、停车场和道路上打扫卫生。史蒂夫意识到必须从源头上解决这个问题,而不是临时性的卫生突击。

一天,史蒂夫出去就餐之后,去一家五金店买了一个大塑料桶。他在塑料桶表面贴上"世界一流工厂"的字样。史蒂夫回忆说:"那天下午,我在工厂里四处转悠,把散落的垃圾捡起来放进桶里,直到都装满了。我带着这一桶垃圾穿过厂区,在众目睽睽之下把垃圾倒进了一个大垃圾桶,然后默默地离开了。这件事情很快在员工中传开了，员工们都在说我拿着一个桶在工厂捡垃圾。"

史蒂夫每次带着塑料桶出去捡垃圾的时候，他都确保让别人看见。时间没过多久，越来越多的经理们也开始在工厂各处捡垃圾，为下属做榜样。一段时间之后，当史蒂夫穿过工厂时，工人们会问他找到了多少垃圾。如果他的桶是满的，他会经过工厂主管的办公室，并提着桶让他看。史蒂夫的做法为大家树立了榜样。

他的这个行动不仅让工厂的卫生状况得到了根本改善，还让大家想出了很多如何让厂区清洁工作做得更好的新创意。之前，重要区域的垃圾桶被搬走了，如今又搬了回来，以方便大家收集垃圾。工人们经常主动捡拾垃圾、打扫卫生，让工厂时刻保持清洁。

史蒂夫告诉我们："我通过一个简单的决定和做法，以身作则地把我的行为和共同的价值观（保持厂区清洁）联系起来。这让我在现场管理这个重要的问题上'找到了自己的心声'。我把这个行为变成了每个人的自觉行为。在很短的时间里，很多人都自觉践行了这个价值观。"

史蒂夫的故事展示了以身作则的第二个承诺——领导者要为他人树立榜样。他们抓住每个机会向他人展示他们在努力实现自己信奉的价值观和愿望。如果人们没有看到你的行动，他们就不会认为你说的是认真的。你通过言行一致树立榜样来领导他人去践行共同的价值观。这是你证明个人承诺的主要方式，也是你让自己的价值观为人所知的重要方式。

你要成为一名卓越领导者，就必须言行一致地践行价值观。你必须把你和大家的主张付诸行动。你必须成为其他人效仿的榜样。你领导的不仅仅是你自己而是一群人，因此，你还必须确保你的同事的行动与组织的共同价值观保持一致。**你的一个重要工作是让大家明确组织的使命、愿景和价值观，它们为什么重要，以及它们是如何服务组织的**。作为领导者，你要教导、指导和引导他人将他们的行为与共同价值观保持一致，因为你不仅要对自己的行为负责，也要对他们的行为负责。

要为他人树立榜样，你就需要：

- 践行共同价值观。
- 教导他人践行共同价值观。

在实践这些要义的过程中，你要成为践行组织价值观的榜样。你要创造一种团队文化，让每个人都致力于与共同价值观保持一致。

践行共同价值观

> 成为领导者就是要成为一个好的榜样，并且言行一致。只有这样，你才能说服别人言行一致。
>
> ——汤姆·布拉克

领导者是组织共同价值观的代言人。你的使命是向世人展示组织的价值观和标准，你的责任是竭尽全力地践行组织价值观。人们都在看着你的一言一行，他们在判断你对自己所说的话是否当真。你要认真考虑自己所做的每个选择和行动，因为人们是根据这些信号来判断你是否言行一致的。

在组织中，仅有领导者的个人榜样作用还是不够的。研究人员发现，那些能够领导组织持续实现目标、提升组织实力和发起建设性变革的领导者，相比那些在这些方面做得差的领导者，他们的下属更可能更好地践行共同价值观。当下属认为领导者是践行共同价值观的榜样时，他们也更可能成为践行共同价值观的榜样。一项关于"行为诚信度"的研究表明，领导者言行的一致性对下属的信任度和他们的业绩表现有很大的影响。因此，当你明确自己的价值观和绩效的期望时，你也是在明确你对团队成员的期望。你为大家树立榜样就是践行共同价值观的最佳方式，也是在教导他人成为践行自己价值观的榜样。

伊玛尼·威廉姆斯从事护士工作20多年，她对自己的家庭、团队成员的家庭以及患者的家庭充满热情。新冠疫情暴发几个月后的一天，她在重症监护室查房。由于新冠疫情的原因，她发现患者们的家人都不在身边。她偶然听见一位护士和一位医生交谈，她停下来询问发生了什么，她可以提供什么帮助。护士说她的一名患者需要上呼吸机，她建议先打一个电话给患者家人进行沟通。然而，其他同事希望迅速采取行动，以便把呼吸机转移给其他患者使用（但是重症监护室里挤满了重症患者）。

伊玛尼知道在这种情况下该怎么办。她询问大家，患者是否可以通电话。大家说他目前病情稳定，应该可以。尽管时间是早上6点，伊玛尼还是给患者的妻子打了电话。对方在听到铃声后就立刻接听了电话。她要求患者妻子向家人通报最新情况，并在患者使用呼吸机之前与他进行交谈。患者在得知这个信息时，流下了感激的泪水，他感谢有机会在上呼吸机之前与妻子和孩子交流。他之所以会有这样的对话机会，是因为伊玛尼和医院十分明确和重视践行以患者与家庭为中心的价值观。伊玛尼根据这些价值观做出了正确的决策，为员工们树立了榜样。

当天晚些时候，患者的孩子向伊玛尼表示了感谢。因为这是他们最后一次与父亲交谈，他们的父亲在上呼吸机几小时后因病去世了。

如图3.1所示，下属信任领导者的程度和他们观察到领导者履行承诺的频率之间存在着显著的正相关关系。对于那些被下属报告几乎总是言行一致的领导者来说，这两个变量之间存在显著的正相关关系。人们不信任那些言行不一的人。

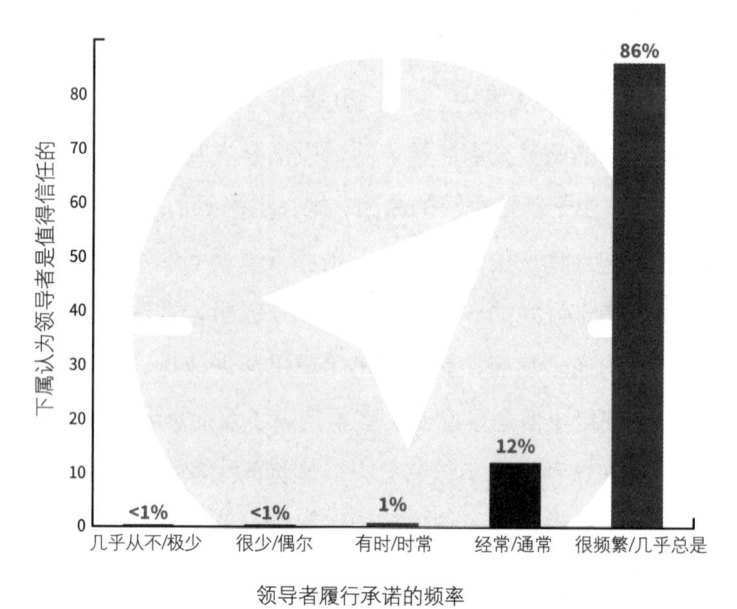

图 3.1 履行承诺可以增加对领导者的信任

行胜于言。领导者的挑战不是要找到最好、最酷、最深刻、最受欢迎或政治正确的价值观，而是如何忠实地践行你所信奉的价值观。领导者每天面临的挑战是如何确保行动中的价值观与所信奉的价值观一致。我们在研究中发现，当领导者处于最佳状态时，他会认识到有目的的示范对于聚焦人们的注意力、精力和努力至关重要。

你要示范如何践行价值观，可以采取以下四个重要的行动：合理安排时间，关注重点事项，提出关键问题，以及乐意接受反馈。这些行动让你践行共同价值观的行动变得可见和有形。每个行动都是你展示原则和立场的机会。

明智地安排时间和注意力

如何安排时间是显示工作重要性的一个最清晰的指标。你把时间投入在你强调的重点上，表明你把宝贵的资源和精力放在了践行价值观方面。无论这些价值观是什么，如果你想让人们相信它们对你至关重要，你就必须在日程安排上充分体现出来。

例如，如果你重视客户服务并认为店面管理者很重要，那么，你就要优先安排时间去现场和他们交流，了解情况、提供支持、鼓舞士气；如果你强调聚焦客户（或顾客、患者、学生、下属），那么你应该优先安排时间和他们在一起。如果你认为多样性、公平性和包容性至关重要，那么你就要确保在招聘、选拔和留住员工中充分体现出来。如果你认为创新是关键，你就需要优先安排时间参观实验室并参与相关讨论。当你在你认为重要的事情上面优先投入足够的时间时，你就赢得了别人的信任。

布伦达·阿霍是一家大型地区分销公司的业务发展总监，他的经历很好地说明了这一点。有一天，计划休假一周的布伦达的上级领导带着家人去机场准备出发。但就在此刻，公司收到了他们最大的客户之一关于设备新安装程序的投诉。她的上级领导立刻赶到客户那里，亲自向客户介绍了这个新程序。他让每个人都认识到高质量的周到服务的价值以及对销售的重要性，并告诉客户，他们的参与和及时反馈对项目的实施至关重要。遗憾的是，客户表示，由于跟进不力、响应时间过长以及安装人员缺乏专业精神，新程序不仅没有助力销售，反而成了累赘。

那一刻，这位上级领导处在了十字路口。他承诺带家人去度假，还向客户承诺要亲自负责这个项目并欢迎客户及时反馈意见。他必须想方设法地兑现他的两个承诺。他让家人先去度假地，他将在解决客户问题之后前去和他们汇合。经过两天的紧张工作，他们成功地解决了客户的问题，上级领导才赶去和家人度假。上级领导的这个以客户为中心的行为给布伦达上了一课。

这位上级领导之所以能够赢回客户的信任，是因为他履行了对他们的承诺，及时响应客户反馈的问题并立刻采取行动去解决，他在时间安排方面优先投入。他还动员他的团队与他一起努力做好言行一致、践行价值观。他对自己的客户和家人都信守承诺。

以身作则会极大地提升领导者的信誉。没有信誉，你就一无所有，如果人们不信任你，他们就不会追随你。

树立榜样需要你做出与价值观一致的选择，即使这很困难并且需要权衡。这通常需要你做到早到、晚走、努力工作，并全力以赴。你要成为第一个重视价值观的人。无论你的价值观是关于家庭、团队合作、清洁、安全、服务、快乐还是其他的，你都需要通过优先安排和投入足够多的时间来体现它的重要性。

领导者必须为共同价值观设立标准。如果你自己没有践行这些价值观，你的宣扬就没有可信度。此外，如果你没有可信度，这些价值观就变得毫无意义，只不过是一纸空文而已。澳大利亚电信公司的客户营销主管泰伦·奥尼尔深以为然，他不仅展示了以身作则的重要性，还展示了如何让其他人言行一致地践行自己的价值观。

泰伦的工作是大幅提高客户的保留率和参与度。他意识到需要从根本上改变组织的运营习惯，尤其是坚守以客户为中心的共同价值观。然而，由于同事们已经非常忙碌，他们并没有对这项新计划给予太多关注。因此，泰伦把注意力转向改变人们的行为，并从他自己开始。那些不直接面对客户的团队成员都获得了一份客户名单，他们被要求进行客户满意度调查。

一开始，每个人都讨厌打电话，但泰伦的行动改变了他们的看法。泰伦亲自打电话和调查客户，甚至是在下班时间也继续做。他会拜访呼叫中心，并接听调查电话；他会和接线员讨论调查结果；他也会在周末去做"神秘调研员"，以了解一线工作人员在卖场与顾客如何沟通。然后，他会在周一开会时跟团队分享他的观察和思考。他的一个团队成员告诉我们："泰伦总是以身作则。他和我们一起深入一线，尽可能多地接触客户，了解客户的想法和感受。他亲自解决他所发现的各种问题。使得每个人都想努力投入，像他那样成为践行公司价值观的榜样。最初，我们都找借口不打调查电话或跟进其他项目的变革计划。但他的行动改变了我们每个人。"

这些案例都验证了领导力黄金法则的重要性：**己所不欲，勿施于人**。你如何投入自己的时间向他人表明了他们对自己、团队、任务和价值观的承诺是认真的。你不能只是说说，你必须投入实践，这需要你卷起袖子躬身入局，而不是袖手旁观。

使用恰当的语言

请尝试在组织中用一天的时间谈论组织，却不使用"员工"、"经理"、"老板"、"高管"、"下属"或"层级"等词语。你会发现要做到这一点很困难，除非你是来自使用其他词语来表达这些含义的组织，比如"合伙人"、"同事们"、"团队成员"、"合作伙伴"或"追随者"。我们所有人都习惯于使用某些词语来描述组织生活，这些词语能让我们以一种特定的思维模式思考我们的角色和关系。

卓越领导者理解和重视语言，因为他们懂得语言的力量。语言不仅仅能表达一个人的思想和信念，还能描绘出人们希望与他人一起创造的画面，以及他们希望他人如何行动。你选择使用的词语是定义态度、行为、结构和系统的概念的隐喻。加里·哈默尔是世界上最具影响力和打破传统的商业思想家之一，他指出："管理的目标通常是使用'效率'、'领先'、'价值观'、'优势'、'专注'和'差异化'来描述的。这些目标很重要，但它们缺乏感召人心的力量。领导者必须找到方法，为平凡的商业活动注入更深入的、振奋人心的理念，如荣誉、真理、爱、正义和美好。"

你可能认为语言只是语义或文字游戏，但其影响恰好相反。虽然它在本质上很简单，但你使用的词语充满了意义，可以创造画面感，描述历史、传统和信仰。例如，马克·林斯基曾与多个非营利组织合作，他说："提供反馈和提出建设性批评之间有很大的区别，尤其是在与志愿者合作时。前者是一份礼物，专注于促进学习，而后者专注于纠正错误并削弱学习，因此它会使接受者处于防御状态。"

语言传达的信息超出了单词和短语的字面意思，研究人员发现"一个单词就能影响调节身体和情绪压力的基因的表达"。积极的词语强化大脑前额叶，促进大脑的认知功能，并增强复原力。相反，负面的语言和愤怒的词语会引发大脑发出警报，关注任何对生存的威胁，并部分地关闭大脑中的理性思考中心。

领导者使用的语言和词语塑造了他们的自我形象，以及人们对周围事物的看法。它们促使人们建立一个看待世界的框架。因此，注意你的用词选择是非常必要的。这个看待世界的框架提供了人们思考和谈论事件、想法的背景，并将听众的注意力集中在话题的某些方面。这个框架影响人们如何看待和理解周围发生的事情。诸如上下级关系、自上而下、分类排名等词语，形成了在组织中的等级关系。同事、队友和合作伙伴则是另一种不同的、更具协作性的、围绕着同一个主题的思维框架。"请注意你的语言"，从你的老师在学校批评你用词不当的时候开始，就演变成了一个全新的意义。现在，我们要为其他人如何思考和行动树立榜样。

提出有意义的问题

当你提出问题的时候，你就把对方引到了思考之旅。你的问题指引了对方思考的方向，并把注意力集中在寻找答案上。这些问题也让对方知道你最在意的是什么。例如，如果你问："你今天为了和同事合作完成工作做了什么？"你就正在发出一个关注合作重要性的信号。如果你问："你今天做了什么来降低业务成本？"你就发出了另一个不同的信号。这两点都是有道理的，但它们表明了不同的优先级。你的问题是一个无形的指挥棒，体现了你的信念，以及对值得关注和投入的价值观的重视程度。

研究人员指出"提问是一种独特的强大工具"，可以促进思想交流、促进学习、促进创新、促进团队融洽和信任。领导者的提问表明了特别的关注。他们要求下属关注具体的事项，如运营成本、客户服务、包容性、质量、信任或市场份额等问题。领导者的提问表明了应关注哪些价值观以及应投入多少精力。你的问题将人们的注意力引到一个特定的方向，你提出的第一个问题是表明你的关注方向和优先级的最清晰指标。

当我们研究领导者如何让人们认识到组织的关键问题或组织变革时，显然，领导者的提问习惯对组织成员的注意力有着显著的影响。例如，一家大型公用事业公司的区域经理盖尔·梅维尔告诉我们，她是如何让人们的注意力从关注收入转向关注客户满意度的。她每天都在"宣导要以客户为中心。我每天都询问客户代表，客户对我们的服务有什么看法"。在员工会议上，她的第一个问题总是集中在客户满意度上。

提问使人进步。它能使你跳出自己的思维陷阱，开阔眼界，为自己的观点负责。要提出好问题而不是直接给出答案，将迫使你注意听取下属的意见。这会让对方感到你尊重他们的想法。如果你想要知道他人在想什么，你需要在发表意见之前征询他们的意见。你在决策之前征询其他人的意见，可以提高他们对决策的支持，防止决策考虑不当或遭遇反对。

约书亚·弗雷登堡受命去负责一家业绩下滑的体育用品店，他认识到需要全体员工都参与到寻找改善销售业绩的方法中。例如，他让每个人都去产品线，选择他们想要的雪橇或滑雪板。然后，他让他们挑选喜欢的绑带和靴子。几分钟之后，约书亚问他们在做选择时在想什么。他让他们闭上眼睛，想象一下使用这些新装备会带来的体验："感受寒冷，倾听狂风呼啸，呼吸山中的新鲜空气。"他的问题让大家思考大多数用户是如何凭情感（而不是技术）做出购买决策的。如同所有卓越领导者所做的那样，约书亚用聚集性问题来重塑员工的思维和他们对销售的态度。

请想一想你在会议、电话和面试中通常会提出的问题。它们是如何帮助你阐明并获得他人对共同价值观的承诺的？你希望你的每位下属每天都关注什么？请认真留意和思考你提出的问题。当你外出时，同事们需要想象你回来时会询问他们什么样的问题？你想要什么证据来证明他们是按照价值观来做决策的？无论你的共同价值观是什么，你都要提出一系列问题，让人们反思共同价值观，以及他们每天做了什么来践行共同价值观。

寻求反馈

如果你从不寻求他人对你的行为进行反馈，你怎么知道你是在说到做到（这是信誉的行为定义）？如果你不知道别人如何看待你，你怎么知道你是言行一致的呢？寻求反馈给你一个只有别人才能看到的、关于你的外部视角。你有了这个外部洞察和反馈，才有机会做出正确的改进。

反馈过程引发了人类两种基本需求之间的冲突：学习和成长的需要，与接纳真实自我的需要。因此，即使看似温和、文雅或相对无害的建议，也会让他人感到愤怒、焦虑、不安或受到严重威胁。大多数人尤其是那些身处领导岗位的人，他们不主动寻求反馈的一个主要原因是害怕暴露——他们不完美，他们不是什么都知道，他们无法胜任工作，他们没有成为应该成为的好领导者。

一家医疗保健机构的领导者莎拉·比约克曼坦承，当她收到LPI测评反馈时，她感到不舒服和焦虑。她说：当我认真看完这份测评报告，与我的培训导师就测评数据进行了多次对话，并开始思考如何改进领导行为时，我认为反馈更多的是一种挑战，而不是挫折。这种反馈不可能总是正面的，我提醒自己，要成为一个好的领导者就需要不断挑战自我，就需要寻求他人的反馈。

正如莎拉认识到的，你需要勇气去寻求反馈，如果没有得到反馈，你就无法成为一名公认的领导者。研究人员发现，那些寻求与自己认知不一致的反馈的领导者比那些只听反馈自己做得好的领导者表现得更好。他们说："不管你喜欢与否，意识到自己的弱点和不足对于自我改进至关重要。"这些发现与一家跨国高科技公司的测试工程经理洪璐的经历相呼应，她告诉我们，当她"主动向同事和上级领导寻求反馈时，令我非常惊讶的是，每次讨论都取得了很好的结果"。

肖恩·威·李是一家数据存储公司的制造工程总监，他认为寻求反馈在他的整个职业生涯中都很重要："我利用反馈来进一步提高我的领导技能，找出不足之处，并与团队增进沟通。这促进了他们对我的领导能力的信任，并在同事之间创造了信任的氛围。我总是想要知道我可以做些什么来帮助每个人、团队和我的发展。"肖恩和莎拉等领导者认识到，尽管他们可能并不总是喜欢反馈，但这是他们了解自己在他人眼中形象的唯一方式。

领导者的自我反省、主动寻求反馈的意愿和努力践行新的行为都预示着未来在领导岗位取得成功。然而，在 LPI 的 30 项领导行为中，无论是领导者还是他们的下属，"**我会对自己的行为如何影响他人的表现征询反馈意见**"这项行为是 30 项领导行为中践行频率得分最低的。换句话说，领导者及其下属认为践行频率最低的行为，是最能让领导者知道自己需要改进什么的行为！如果你不愿意了解自己的行为对周围人产生的影响，你就无法从他人那里学到很多东西。研究人员发现，那些在寻求反馈方面得分最高的人，在领导力的有效性方面的总体得分是那些得分最低的人的四倍多。

研究发现，最好的学习者都对自己的行为表现感兴趣，这一点尤其需要那些有抱负的领导者重视和培养。艾米·汤姆林森在一家太阳能设备初创公司负责业务发展时，他把"专注于寻求反馈，给他人一个安全的空间和机会来提供反馈"作为自己重点改进的行为。例如，她会有意识地询问同事和上级领导一些问题，比如："你认为我怎么做才能让会议更高效？你期待我为会议的成功举办做些什么？"艾米的经历在一系列实验中得到了验证，研究人员发现："当人们寻求建议而不仅仅是反馈时，他们会得到更有效的信息。"那些被要求提供建议的人比被要求提供反馈的人，多提出了 34% 的改进意见和 56% 的改进方法。反馈往往与"被评估"联系在一起，并关注已经发生的事情。当一个人被要求提供"建议"时，人们较少关注评估，而更多关注对未来采取的行动提出建议。

艾米还注意到，关注对话过程而不是她自己会导致"许多相关的'更深层次'对话被激活，同事们坦诚他们面临的挑战，围绕可能的解决方案进行积极、健康的对话"，这就越容易听到真知灼见并以建设性的方式去处理它。反馈的重点不是指责，而是提供一种对所发生的事情和可以学到的东西保持开放与好奇，让所有的问题、错误、误解等都暴露出来，并得到解决。

当然，他人的反馈并不一定是对的或百分之百的客观。你需要与其他人进行核实，以确定你收到的反馈的可靠性。毕竟，很少有人能够全面和客观地了解你。有时，反馈的目的更多的是获取反馈者的信息，而不是收集被评估者的意见。请记住，如果你收到了反馈信息却什么都不做，那么人们就会停止给你反馈。

教导他人践行共同价值观

> 当你主动担当、率先垂范，你周围的人就会效仿这些品质，
> 并获得激发努力工作的动力，发挥出自己的最佳状态。
> ——格蕾丝·卡斯塔内达

领导者不是组织中唯一的榜样，你有责任确保你和其他人践行大家达成的共同价值观。人们在关注你如何让他们承担责任——践行共同价值观，以及如何纠正那些偏离价值观的行为。他们在关注每个人的一言一行，你也应该如此。践行价值观不仅仅是你个人的言行一致。每个团队成员、合作伙伴和同事的行为都是表达价值观的信号。因此，你需要找到各种机会，不仅要自己做到以身作则，还要扮演老师和教练的角色，确保身边的人也言行一致。

美国陆军上将诺曼·施瓦茨科普夫是一位创造机会来教导共同价值观重要性的大师。他新任师长的第一天，就通过一件事情展现了领导者如何将一次偶然的机会变成教学的课堂。他上任后的第二天早上就外出跑步。当他来到士兵营房时，他看到一个看起来像奥运会选手的人带领一队士兵从他身边飞跑而过，而远处是一群没能跟上队伍的士兵。他问上尉他们在做什么。

"长官，我们刚刚跑完五英里。"

"太棒了。但后面那些人是怎么回事？"我问道。

"长官，那些人跟不上队伍的步伐。"

"但你跑了，离开了他们。"

上尉困惑地看了他一眼。施瓦茨科普夫说："请想想，如果你是一名新兵。你来到新的部队，刚刚结束基本训练，感觉很好。但后来你发现你的新部队比你习惯的部队跑得要快。你和他们一起出去训练的第一天，你就努力地跑，试图跟上大家的步伐，直到你筋疲力尽，但你的战友一直在奋力前进，没有人在乎你的死活。这样的团队如何建立凝聚力？"上尉似乎明白了他的想法。施瓦茨科普夫在给上尉建议如何组织不让一个人掉队的晨跑之后，就慢跑离开了，对自己刚刚教会一名年轻军官认识到培养团队凝聚力的重要性感到满意。

虽然许多领导者可能已经放弃了这种偶遇——毕竟，晨跑主要是施瓦茨科普夫自己的锻炼习惯——但他认为这是教导上尉和士兵学习团队凝聚力的一个好时机。领导者首先需要明确自己的信念和价值观，然后寻找每个机会向他人传递共同价值观。

下属报告说，他们的领导者"确保同事遵守已经达成一致的原则和标准"的行为频率与他的领导工作的有效性存在着强烈的正相关关系。82%的下属把那些总是这样做的领导者评为"最佳"领导者。同样，80%的下属把那些几乎总是"努力使大家接受对组织运营最为有利的价值观体系"

的领导者评价为他们合作过的最好的领导者。

卓越领导者知道，人们从观察他人如何处理计划外和计划内的事情中学习成长，人们从各种途径听来的故事中学习成长，包括走廊、休息室、咖啡馆、Facebook和Twitter等。卓越领导者知道，考核和衡量什么，就会得到什么。他们还知道，要想创造高绩效的文化，就必须高度重视那些认同共同价值观的人。你要向他人展示公司希望他们做什么，要让他们保持责任心，你需要正确处理好关键事件和讲好故事，确保组织体系能强化期待大家重复的行为。

正确处理关键事件

你不可能计划好生活中的每一件事。即使最有经验的领导者也无法防止意外事件的发生。应对关键的意外事件、偶然事件是每个领导者生活的一部分，特别是在充满压力和挑战的时期，它们也给领导者及其追随者带来了难得的学习机会。关键事件为领导者提供了教导大家采取恰当行动的机会。

例如，一家在线支付公司的内容经理詹妮弗·特伦发现，成为团队的一员意味着每个人都要有相同的优先事项。她在处理一个将对消费者购买方式产生重大影响的项目时，发现购买文档存在严重问题。团队的文案编辑已经对文档进行了多次编辑，并犹豫是否需要退回再次检查。詹妮弗提醒她的队友，工作的目的是要创造"良好的用户体验"——这是公司所有团队成员的共同价值观。于是，文案编辑进行了复核和完善，她们一起想出了一个让所有人都满意的解决方案。詹妮弗告诉我们："我坚持这一共同价值观，它有助于减少潜在的冲突，鼓励更好的团队合作。"詹妮弗认为在这种关键时刻，她们不仅要解决问题，也要提醒同事们践行共同价值观。

当然，拥有共同价值观也不总是能够确保每个人的行动都是一致的。在某些关键时刻，你必须将价值观大声讲出来，让每个人清楚，让他们能够回到协同工作的共同基础上。在这个过程中，你要理解共同价值观是如何促使你采取行动的。你通过捍卫价值观，表明了拥有共同价值观需要彼此在言行上的相互承诺。

艾米丽·辛格在一家消费品制造商合并两个业务团队的过程中认识到了这一点。她首先明确新团队需要保持持续的沟通，因此经常举行会议，鼓励大家公开讨论，并让每个人都能坦诚地表达自己对工作和新团队的感受。她在建立团队信任的过程中，充分分享信息和自己的客户经验，征求他人的反馈，并寻求和采纳他们关于客户工作的建议。她的一位下属说："对她来说，扮演最受欢迎的角色很容易，但她选择了做正确的事——她的言行始终如一，最终赢得了大家的信任，让每个人都相信我们是一个团队，同舟共济、甘苦与共。"

处理关键事件是领导者工作的一部分，为领导者提供了即刻展现领导能力的机会。虽然这些事件不能事先明确计划，但你应当牢记詹妮弗和艾米丽的做法——你要将行动和决定与共同价值观联系起来——充分表明什么是重要的。研究清楚地表明，关心和照顾他人的行为具有很强的感染性，并会引发后续的连锁反应。当你希望他人团队合作和乐于助人时，你自己也要做到这一点。更重要的是，要确保整个团队也做到这一点。

讲故事

关键事件创造了重要的教导时刻。它们为领导者提供了实时展示什么是重要的，什么是不重要的。它们成为流传的"故事"，无论是在军事基地（比如诺曼·施瓦茨科普夫）、业务部门（比如詹妮弗·特伦）还是公司（比如艾米丽·辛格），甚至会从一代人传给另一代人，如同大多数家庭那样。故事是领导者传递共同价值观的另一种方式，也让大家认识到共同价值观的重要性。

讲故事是另一种教育人的重要方法。领导者通过讲故事可以告诉人们，什么是重要的，什么是不重要的；什么是行得通的，什么是行不通的；什么是有效的，什么是无效的，从而引导大家统一思想，齐心协力，努力工作。

全球知名的消费品公司的用户与传播研究总监保罗·史密斯，也是《用故事来领导》（Lead with a Story）的作者，解释了讲故事对领导者来说如此重要的原因：

> 你不能命令人们"更有创造力"、"有动力"或"热爱你的工作"。人的大脑不是这样工作的。但你可以用一个好故事来引导他们。你也不能成功地命令人们"遵守规则"，因为没有人阅读规则手册。但人们会听到一个人违反规则被解雇，或者一个人因遵守规则而加薪的好故事，从而变得遵守规则。无论如何，好故事比阅读规则手册更能让人遵守规则。

史蒂夫·丹宁在担任一家全球金融发展组织的知识管理项目总监时，亲身体验到了讲故事是如何改变一个组织发展进程的。史蒂夫在尝试了所有改变人们行为的传统方式后发现，讲故事是在组织内传达重要信息的最有说服力的方式。史蒂夫说："其他方式的效果都不好，图表让听众感到困惑，文章太长难以阅读，对话太费力、太慢。在我多次尝试说服大型组织中的一群经理或一线员工充满热情地参与重大变革任务时，我发现讲故事是唯一有效的方法。"

在一个痴迷于 PowerPoint 演示、复杂图表和冗长报告的商业环境中，讲故事是一些人完成艰难任务的有效方法。研究数据也支持了保罗和史蒂夫的讲故事经验。研究表明，当领导者想要传达一个行为标准时，讲故事是一种非常强大的沟通手段。人们对故事的记忆比他们对公司政策、绩效数据，甚至故事加数据的记忆更迅速、更准确。讲故事提供了在组织中如何做事和关于组织期望的具体建议与指南。

正式强化你想要重复的行为

衡量和反馈对于提高绩效是必不可少的。业绩记录对于了解人们的表现十分重要。你知道衡量一个人的表现会如何影响他的行为。你知道得分记录在体育比赛和运动中的重要性。比赛中重要的不仅仅是得分数字本身，而是你的努力程度。例如，当国家冰球联盟改变规则，球员助攻即可得分而不仅仅是射门才能得分时，冰球运动就永远改变了。随着这一规则的变化，队员们开始互相传球，而不总是成为那个射门进球的人。

布莱恩·科尔曼用一种简单的业绩考核方法扭转了英国一家汽车制造商的业绩。他的策略之一是让工人在一辆汽车下线时在车上打钩以标记出某处有缺陷。一段时间之后，布莱恩问大家应该从哪里开始改进生产率，同事们都指着标记最多的区域。这种简单的方法使汽车缺陷数量减少了70%以上，汽车生产率在三个月内几乎翻了一番。在这种情况下，重视产品质量、减少缺陷目标和考核机制都会产生积极的结果。

研究清楚地表明，衡量和反馈对于提高绩效至关重要。领导者可以通过提供衡量业绩进展的工具来影响结果。例如，假设组织的绩效评估系统无法衡量人们在践行组织价值观方面的卓越表现。领导者就可以增加明确的绩效指标，以评估人们在践行价值观（如质量、客户服务、创新、尊重等）方面的表现。例如，一家创新公司，每90人对各个部门进行一次员工流失率考核，以确保每位经理都重视留住员工，并创造一个让大家想要留下来工作的环境。同样，在一家倡导团队协作的全国性零售企业中，他们通过跟踪每个销售人员占用的资源来衡量每个人的参与度，一旦发现有人过度占用资源，便给出适当的建议。

奖励和认可也是强化价值观的有形手段（我们将在第10章中更深入地讨论认可）。请记住，你选择强化什么，人们就会重视什么。你必须强调对建立和维持你想要的组织文化很重要的基本价值观。例如，如果创新最重要，那么你需要注意评估冒险行为是应该得到奖励还是受到惩罚。积极或消极的故事与人们的创新体验有关吗？

此外，谁会受到奖励、晋升和批评以及理由是什么，都是领导者展示对特定的原则表达重视的最明确方式之一。借助物质奖励，领导者就可以从物质和精神两个方面进行强化，并更加个性化地认可他人。激励、招聘、培训等所有支持系统也会带来相应的效果。它们都表明了什么是有价值的，什么是没有价值的。这些必须与你需要灌输给同事的共同价值观和立场保持一致。领导者可能会说团队合作至关重要，却鼓励个人竞争来获得薪酬。或者你说服务质量是很重要的，但很少进行评估。只有当组织内部的实践和流程与价值观协同时，人们才会认真践行这些价值观。

使用非正式方法进行教导和强化大家的行为

你应该明智地使用组织的非正式渠道传递信息。其中最重要的是标志性的符号和日常工作中的人工饰物。有时，符号代表了组织的悠久历史传统。例如，在圣克拉拉大学的信笺上印有教会教堂标识，它标志着大学的根基和信条。在日常工作中，你如果能够把自己的努力、工作和组织问题与组织和社区的历史、传统联系起来，会有很大的好处。当一位新任的工厂经理开始对员工亲切地直呼其名时，这个看似平凡的行为却带来了更多的人际连接。当司机们拿到公司的卡车钥匙时，这是在切实地提醒他们获得了公司的信任。

海报、墙上的图片、桌子上的物品、咖啡杯上的格言以及职业装翻领上的纽扣或者别针可能都不仅仅是装饰性物品。它们都在某种程度上代表了组织的价值观。例如，车场停车位上的一个名字通常代表其地位。但如果一位新任总经理宣布，停车场上不再有某个人的固定位置，所有人都可以使用全部的车位，这表明他在践行他所倡导的平等和团队协作的价值观。组织使用飘扬的热气球来表达"振奋人们的精神"，是领导者经常有意识地使用象征符号来传递信息的一个典型例子。

当组织进行重大变革时，人们通常会创建新的标识符号，并废弃旧的标识。例如，一家大型金融服务公司的总裁想要表明公司的投资组合和发展方向发生了重大变化，他与高管团队召开了一次主题为"跨越鸿沟"的会议。为了表达变革需要打破传统思维、创造一种新的商业模式，他们邀请到了著名的旧金山金门大桥的设计工程师，他讲述了工程师和工人们在建造这座大桥时所面临的各种挑战。会议结束后，管理团队登上了前往金门大桥的巴士，他们以全新的视角看到了金门大桥在汹涌的水域建造时所遇到的挑战。管理团队走上金门大桥，穿越不可能跨越的鸿沟，大家一起体验变革的挑战。这次金门大桥之旅成为整个团队永恒的记忆。为了将这一体验带回公司与其他人分享，公司给每个人赠送了一个金门大桥的微缩模型，用来纪念这次难忘之旅。

另一个例子是桑托什·普拉布团队用一个标志来表达其创新医疗设备的理念："我们用新的植入物取代了灯泡内的灯丝。这象征着通过这种植入物，我们正在消除黑暗，照亮患者的生命。他们不再只是活下去，等待慢慢死去，而是尽情地活着。"他们在所有的演讲中都使用了这个标志，甚至还制作了带有这个标志的夹克衫。

物理建筑和设计也在传递组织的理念、人际互动方式以及完成工作的最佳方式等信息。然而，它们也只有在有意识地管理下，才能充分反映出领导者的理念；否则，它们很容易复制其他人的标准或者体现出建筑师的偏好。请想一想新冠疫情前后工作场所发生的变化，例如，取消个人办公室和指定办公桌，开放办公、会议室变得更小、天花板变得更高，以及更方便户外活动。越来越多的员工将个人物品放在储物柜中，将工作所需材料放在手推车中进行移动式办公。他们根据手头的工作，可以去任何需要的地方办公。还有的公司关闭了电梯，让人们只从楼梯间上下，结果发现这不仅方便了人们见面，而且方便了大家在一起上下楼梯时更频繁地交流。

关键的是，领导力是一种表达艺术，标志符号、人工饰物和空间设计都是领导者理念表达的重要工具。随着时间的推移，它们让领导者传递的信息深入人心、外化于行。它们与各种仪式一起都是向人们传授愿景和价值观的重要手段。

采取行动
树立榜样

作为领导者，你面临的最大挑战之一就是你站在舞台中央，人们总是在看着你、谈论着你、评价着你的信誉。所以，你需要为大家树立正确的榜样，要充分利用各种方式做个好榜样。

你要通过各种方式发出信号，让追随者理解这些信号，判断自己怎样做是对的，怎样做是错的。你如何安排时间是显示什么最重要的关键指标。时间是最宝贵的资源，一去不复返。你如果明智地投资这笔资源，就能够在若干年后获得事半功倍的回报。你在沟通中使用的语言和提出的问题也是强有力的工具，可以清晰地体现你的价值观。你还需要获得大家的反馈，以了解自己是否做到了言行一致。

但是请注意，你的领导力的有效性不仅取决于你的言行一致，还取决于你的追随者的行为是否与共同的价值观保持一致，所以，你还要教导他人如何树立榜样。在组织中突然发生的关键事件给你提供了教导他人的绝佳机会，让你能在现实中而不是仅仅在课堂上教导大家学习成长。有时候，这些关键事件会变成经典故事，成为你进行价值观教育的最有力工具。请记住，你强化什么就会得到什么。你必须给人们的行为表现进行评价和反馈，让他们知道自己在做什么，并改进他们的做法。如果希望人们重复好的行为,你就必须嘉奖这样的行为。

我们建议你采取以下这些行动,通过言行一致来树立榜样:

- 检视你的价值观和行动的一致性。在接下来的一个月里,你要记录你在践行共同价值观方面的时间安排。你花在践行每种价值观上的时间是百分之多少?这个比例合适吗?请考虑公司的现状,你需要在践行价值观方面投入更多时间吗?
- 每天结束时,问问自己这三个问题:我今天做了什么来展示我对共同价值观的承诺?我今天做了什么,哪怕是无意的,也可能表明我对共同价值观缺乏承诺?明天我能做些什么来确保我是在树立践行共同价值观的好榜样?
- 请一位值得信赖的同事就你在上述三个问题上的表现向你提供反馈和建议。

请记住,关于你的领导力有效性的反复对话会让人们知道这对你、对组织和对他们都很重要。请寻找机会与他人讨论以下这些问题:

- 你观察到我上周的哪些行为是在为他人树立积极的行为榜样?
- 我们最近采取了哪些行为(或决定)来表明我们所信奉的价值观和行动是一致的?有没有其他行为(或决定)表明我们可能存在言行不一的情况?

习惯行为2
共启愿景

- 展望未来，想象令人激动的、崇高的各种可能
- 描绘共同愿景，感召他人为共同的愿望去奋斗

第 4 章
展望未来

> 你要以终为始，知道自己想要实现的梦想是什么，
> 然后想方设法去实现它。
> ——吉姆·皮茨

最近，黛安·格林刚刚退休，她在一家儿童教育出版社负责课程开发。这份工作很重要，她为此付出了很多，但她感到对自己意义不大。于是，她问了自己一个尖锐的问题："我的梦想是什么？"在内心挣扎着寻找答案的过程中，她找到了一条新路："我想继续促进人们的教育和学习，但要以一种创新的方式。"但是，她要怎样做才能梦想成真呢？

多年来，黛安在暑假期间参加了许多志愿者项目，其中大多数都是围绕发展中国家的少儿教育的。她特别感受到了来自尼泊尔的召唤，在那里，她曾经花了一个夏天的时间与尼泊尔志愿者行动执行董事布皮·吉米尔一起工作。黛安决定联系一下她的老朋友，看看她的愿望和他的愿望是否一致。

时机很巧，布皮也正打算把尼泊尔志愿者行动带到尼泊尔的奥卡尔洪加区，他本人就是在那里长大的。这是一个欠发达地区，远离旅游路线，

当地居民依靠自给自足和物物交换为生，基本没有教育或其他公共服务设施。布皮问她："你为什么不来尼泊尔帮我们做这件事呢？"黛安飞到那里，准备充分利用这个机会，实现她和布皮对尼泊尔儿童更美好未来的愿景。

虽然居民和当地政府对这个学前教育的想法很热衷，但他们对它到底如何实现这个愿景持怀疑态度。这需要社区里的每个人都志愿参与进来，而不是让布皮和黛安把他们的愿景强加于他们，因为创办幼儿园的意义超越了它本身。例如，它将帮助年长的兄弟姐妹能够上学。这也为该地区的一些妇女提供了就业机会，可以在家庭之外赚钱或为社区做出贡献，因为她们将成为真正在学校教书和做志愿者的人。按照黛安的说法，"这将是我们所有人的共同事业，并在社区中创建一种共同的使命感"。他们的共同努力使得在尼泊尔的一些村庄和地区建立了50多间教室，平均每年为1000名学生提供早期教育。

黛安的愿景以她从未想过的方式实现了。"刚开始的时候，我不知道这会把我引向何方，"她说，"但是我有一个伟大的梦想，让我魂牵梦萦。虽然经常面临挫折，但都只是实现梦想的暂时障碍。孩子们和他们的父母脸上的笑容就是最好的回报，他们知道，虽然我可能永远不会认识所有孩子，但在我们的努力下，他们将能够更好地茁壮成长。"她也认识到，她的梦想变成了现实，是因为梦想与布皮、尼泊尔志愿者以及与她一起工作的许多教师和村民的愿望一致。

我们研究的领导者与黛安拥有类似的观点，即通过专注于创造更美好的未来生活，为现在的生活带来意义，这对成就卓越至关重要。领导者总是梦想可能发生的事情。每个人在他们生命中的某个时刻都能看见未来。例如，你可能经历过这样的时刻，你想象着经营自己的公司，梦想着去异国他乡旅行，梦想着有一个改变游戏规则的新产品的大胆想法，或者渴望获得更高的学位。黛安的故事不是一个有雄心的人如何在危机中采取积极行动，而是关于愿景和行动之间的联系。当你渴望留下宝贵的遗绩，对你想为自己和他人创造的未来世界充满热情时，你更有可能主动向前迈进。如果你对自己的希望、梦想和愿望一无所知，那么你取得领先的机会就会大大减少。你甚至可能看不到眼前的机会。

你的所有努力都始于内心的梦想。你从想象开始，相信今天的梦想未来总有一天会变成现实。我们在大量的个人最佳领导经历的研究中发现，人们渴望成就卓越。他们总是主动去设想一个更美好的未来。其他学者的研究也证实了我们的发现。例如，在一项对90位领导者的研究中发现，"领导者要选择一个奋斗的方向，就必须首先在心理上形成一个组织未来可能的和理想的图景。这种图景，我们称之为愿景，可能像梦想一样模糊，也可能像目标或任务状态一样精确。关键是愿景描绘了组织可实现的、可信的、有吸引力的未来成功图景，激发人们想要去实现它"。

我们可以称它为愿景、目的、使命、遗绩、梦想、愿望，或者计划等——它们在本质上是相似的。我们如果想要成为一位卓越领导者，就必须能够构想一个积极美好的未来愿景。我们更喜欢"愿景"这个词，因为它是人们在个人最佳领导经历中描述领导力的最重要术语。愿景是一个代表"看见"的词，它让人想起了图景和画面。当人们谈论他们的长远愿望时，视觉隐喻是非常常见的。愿景也意味着未来的方向和卓越的标准，它是一种理想。愿景也包含了价值观的选择和自身的独特性。因此，愿景是关于未来的共同利益的理想化和独特性的图景。

卓越领导者高瞻远瞩，他们能够预见未来，看到即将到来的机会。他们认为伟大的目标是可能实现的，平凡中能孕育非凡。他们能够描述一个理想的、独特的、未来的共同愿景。愿景不仅仅属于领导者，也属于大家。每个人都有梦想、愿望，都希望明天更美好。共启愿景能够吸引越来越多的人参与，使大家能克服更大的困难。领导者必须确保他们看到的未来也能够被其他人看到。

为了共启愿景，领导者要提升为自己和其他人描绘愿景的能力，包括：

- 想象未来各种可能的美好图景。
- 找到共同的使命。

领导者要以终为始，找到一个共同的使命让大家为之奋斗，并使其变成现实。

想象未来各种可能的美好图景

> 人类大脑最重要的功能是它能够想象现实世界中不存在的事物，使得我们能够思考未来。
> ——丹尼尔·吉尔伯特

领导者是梦想家、理想主义者和各种可能的思考者。公司无论大小，都始于一个信念，坚信今天的梦想终将变成现实。正是这一信念支撑着领导者度过很多艰难时刻。领导者最重要的工作之一就是把激动人心的想象变成共同愿景。

然而，知道愿景是必需的，但并不意味着它就会突然从你的脑海中冒出来。当人们第一次发挥领导力时，他们往往对未来缺乏一个清晰的愿景。当我们询问领导者他们的愿景来自何处时，他们往往很难描述这个过程。当他们给出答案时，往往更多的是一种感觉，一种本能反应，一种预感。毕竟，组织前进过程中往往没有通往未来的地图和路线。

他们所拥有的——以及你所拥有的——是对什么事情感兴趣、愿望、原则、假设、主张、论点、希望和梦想——这些概念是你描述自己的愿望和后续行动的核心概念。愿景是你对人性、技术、经济、科学、政治、艺术、伦理等方面的基本信念和假设的投射。领导者往往通过将这些内在心声联系在一起的"主题"来展望未来，就像作曲家从脑海中萦绕的音符中找到音乐主题一样。你今天生活的中心主题很可能不是你今天早上才想到的事情。它已经萦绕在头脑中很久了。你可能从来没有为寻找一个持久而坚定的理想去探索你的过去，如果你审视一下过往生活中反复出现的主题，你会发现什么？

你对生活和工作的基本信念和假设是什么？有哪些主题在生活和工作中不断重现？哪些社会事务和慈善事业吸引你去做出贡献？哪些事情让你夜不能寐和不断重复说"我希望"的句式？

要找到这些问题的答案很不容易，你要找到自己的愿景就如同你寻找自己的心声一样，是一个自我探索和自我创造的过程。这是一个直觉化、情绪化的过程。我们所看到的是，卓越领导者不是对自己的名声和财富充满热情，而是对自己的项目、事业、计划、主题、技术、社区、家庭充满热情。你内心的热情反映了你对什么最有感情，认为什么最重要。这个线索告诉你，你真正想要的是什么。领导者关心的事情比他们自己更重要。他们关心的是以某种有意义的方式改变现状。那么，你最关心的是什么？你最期待实现的愿望是什么？

如果你不深切地关心某些事情，那么你怎么能指望他人关心呢？如果你自己都不充满热情和深感振奋，你怎么能指望他人也感到振奋呢？如果你没有全力以赴，你怎么能指望他人全力以赴呢？然而，当你通过语言和行动表达出你的激情时，他人比你更有可能注意到它。你的情绪是会传染给他人的。

愿景反映了一个人对人性、科技、经济、科学、政治、艺术、道德伦理的基本信念和假设。未来愿景就像文学和音乐的主题，是你想要传递的中心思想，是你想让人们记住的频繁重复的主旋律。每当它重复时，都会提醒大家关注整个主题。每个领导者都需要一个主题、一个原则来帮助他组织整个活动。什么是你想要传达的中心主题？什么主题会反复出现？每当人们想到未来时，你最想让他们想到的是什么？

数据显示，在人们被问及他们的领导者"描绘组织的未来图景"或"描绘一幅令人信服的未来图景"的频繁程度时，那些在这两方面投入最多的领导者的下属的积极工作态度得分最高。事实上，那些频率最高的五分之一的领导者的下属比频率最低的五分之一的领导者的下属的积极工作态度的分数高出125%。在下属看来，那些最常"谈论未来的发展对我们现在所做工作的影响"的领导者有93%以上是"高效"的。超过76%的下属认为他们的领导者的工作表现是"最好的"。这些领导行为与下属认为他们有最大的动力、投入和生产力密切相关。

展望未来至关重要。然而，对很多领导者来说，展望未来并不容易。幸运的是，我们可以通过多种方式来提高我们展望未来、找到人生主题（central theme）的能力。当我们有意识地反思过去，关注当下，展望未来，并展现自己的激情时，就能够很好地共启愿景。

反思过去

这看起来似乎有些矛盾：你要在展望未来时，首先回顾过去。回顾过去可以让你跳出眼前的局限，帮助你看得更远。理解过去可以帮助你识别自己的人生主题、模式和信仰，它们决定了你现在为什么认为某些事情重要，为什么未来一定要实现它们。这也是梅根·戴维森在一家全球互联网公司负责通信和数据战略业务时所学到的。根据同事们对LPI测评的反馈，梅根认为"提高共启愿景的能力将直接影响我的项目的成功"。

她采取的第一个行动是通过反思自己的过去，为她在跨国科技公司领导的项目确定对未来的愿景。自从大学毕业后，梅根每隔两到三年就会在不同的行业找一份新的工作。她曾是一名七年级的中学数学教师、一名管理着从非营利组织到工程专业客户的职员，她也曾在初创公司和拥有100多年历史的大公司工作过。她认识到，这些不同经历的共同点是，"我非常相信'以客户为中心'的价值观。我喜欢改善学生、用户、顾客等人的体验，我已经找到了支持我这样做的工作机会"。

像梅根一样的领导者，他们最终表达的愿景是对"共同主线"或主题的详细描述、解释和演绎。那么，在你的生活和工作中反复出现的基本信念和假设是什么？什么是不断重复的主题？哪些事情让你夜不能寐？那些不断重复的"我希望"是什么？

你的个人经历是你每一段旅程的伙伴。它会提供有价值的指导并告知你如何做出正确的选择。历史学家约翰·西曼和温斯洛普集团的合作伙伴乔治·大卫·史密斯说："大多数人都会同意，领导者的工作就是激发团队努力，并为未来制定明智的战略规划。"而历史可以在这两方面发挥作用。他们认为，领导者要有历史观，才不会成为过去的奴隶和重复之前的错误。你要询问"我们是如何走到今天的，我们有哪些宝贵的经验教训需要总结"。迈克尔·沃特金斯是加州理工学院副院长和著名的组织加速变革专家，他说领导者如果没有历史的视角："你可能会在不知道栅栏为什么被装上去的情况下拆除栅栏。你如果拥有了对历史的洞察，可能会发现栅栏是不需要的，必须拆除。或者你发现它的确应该安装在那里。"

当你回顾过去的时候，你会发现过去的人生是多么丰富多彩，你会更好地觉察到未来之路充满各种可能性，让你能够更好地理解你的人生中一再重复的主题。回顾过去的另一个好处是，你在展望未来之前就认识到实现心中愿景的道路还很漫长，因此对过去和未来充满感恩之情。

这并不是说，过去就等于未来。就像我们在开车的时候观察后视镜一样，当我们回顾我们的整个人生时，我们就能够更好地了解自己和这个世界，在展望未来的时候，我们可以把未来看成一张白纸，可以画最新最美的画。你可以试着想象一个从来没有去过的地方，无论是真实的还是虚拟的，这时候你会有什么样的感受？在展望未来之前回顾过去会让你的探索之路变得更有意义。

关注当下

凡是过往皆为序章，只有现在才是成就卓越的最佳时刻。过去的历史提供了可以借鉴的知识和经验，而现在提供了应用这些知识和经验的机会。过去是光明之源，而现在是打开光明之门之时。遗憾的是，每天的压力、变化的速度、问题的复杂性，以及全球市场的动荡，往往会让你的思想成为人质，让你觉得自己既没有时间也没有精力去关注未来。创造未来需要更加专注当下。你必须摆脱自动驾驶般的惯性生活方式，以为自己知道需要知道的一切，通过预先确定的视角来观察世界，而没有注意到你的周围世界已经发生了巨大变化。你必须停下来，看，听。阿米特·托尔马是一家高科技行业的高级研发经理，他说他已经学到了"要展望未来，你必须理解现在。你必须倾听你的团队，感受他们的痛苦。只有当你理解了当前的挑战，你才能想象一个更美好的明天"。为了提高你对问题的新思考和创造性思维的能力，你必须活在当下。

你可以每天空出一些时间停止做"事"。你也可以在日程安排中给自己留出一些空闲时间。你可以提醒自己手机和电脑有一个开关，可以适当地关机休息。然后，你可以开始潜心关注身边发生的事情。加里·哈默尔是世界上最具影响力的商业思想家之一，他在 Leading the Revolution 一书中说："许多人因为陷入日常的琐碎事务中而不能欣赏和理解周围的变化，他们迷失在混乱的、相互冲突的数据中。你需要花点时间退后一步，问问自己：'每天发生的这些小事件背后的大主题是什么？'"

社会学家约翰·奈斯比特和加里一样，他也认为"在时间的洪流中，未来永远与我们同在"。未来的方向和转折根植于过去和现在。你经常回顾过去和现在的目的是预测未来。领导者会认真观察现象背后隐藏着什么。请仔细看看你的工作场所和社区。人们在做哪些几年前没有做过的新事情？当人们在虚拟空间工作而不是同在一个现场工作时，他们是如何有效互动的？人们对混合式工作有什么看法，这对你的组织变革有什么影响？

人们讨论的热门话题是什么？人们认为是什么阻碍了他们做到最好？同时你也要倾听那些微弱的信号。例如，人们不再谈论或关注什么？你也要倾听你从未听到过的信息。这些信息告诉了你哪些事情的发展方向？它们告诉了你哪些事情即将发生？

你要展望未来，就必须发现事情的趋势和模式，能够欣赏整体和部分。你必须既见森林又见树木。你可以把想象未来看成一个拼图游戏。你既看见了这些碎片，又弄清楚了它们是如何一个个地组合成一个整体的。同样，展望未来，要求我们从日常积累的一个个数据和细节中找出它们如何形成了我们的未来愿景。展望未来不是凝视算命先生手中的水晶球，而是关注我们身边发生的细微事情，从中找出预示未来的某种模式。

再来看看梅根·戴维森的经历。她在和几个项目团队工作后发现，工作任务的优先级，以及角色和职责不明确。梅根通过倾听和观察周围的同事，她"发现"一些新的通信工具已经创造了信息孤岛，形成新的沟通障碍。现在需要明确地界定这些工作之间的关系。

展望未来

丹·施瓦布是一家大型非营利组织的培训和发展主管，她告诉我们："你能给他人的最好的礼物之一就是让他们明白，他们可以想象比他们认为的更大的事情。在一个组织中，限制我们共启愿景的一个原因是没有人愿意第一个出头。你可以试一试，当你这样做了，就会引发雪崩般的效应。"

达雷尔·克洛特扎克支持丹的观点。达雷尔在一家为幼儿开发软件的小型创业公司工作。每个同事都对这个项目感到兴奋，达雷尔说："这个项目有无限的可能性。我们都想要开发一款高质量的游戏，让孩子们觉得玩起来很刺激，他们会一次又一次地玩，并从中学习成长。这让同事们都专注未来的可能性，让大家认识到孩子们可能会很喜欢我们正在做的事情，以及他们会多喜欢这个软件。如果不关注未来，大家可能就会陷入一些日常琐事中，感受不到工作的意义和价值，并因一些困难的挑战而感到沮丧。"

丹和达雷尔都知道，领导者的工作是让人们专注未来，让大家充满热情地迎接每天的挑战，克服不可避免的冲突，并坚持到底。最终，愿景是关于未来的，可能需要跨越多个时间周期才能取得成功。从你决定要爬上某座山到你真的到达顶峰可能需要几年的时间，从你想要创立一家公司到真正创立可能需要十年的时间，从你想要恢复被野火破坏的森林到真正恢复可能需要一生的时间，从你想要实现一个民族的解放到最终真正实现解放可能需要几代人的时间。

你要让人们在当下持续精力充沛，就需要让他们对未来有清晰的认知，尤其是在不确定和动荡的时期。愿景就像透镜一样，将所有光线聚焦在长期目标上。愿景让每个人都能清楚地看到为什么他们应该持续努力去实现理想。请回想一下，例如，你上次看投影屏幕上的PPT时，发现图像失焦了，你看到的是模糊不清的图像和文字，你会有什么样的感受？最有可能的是，你会感到沮丧、不耐烦、失望、愤怒，甚至恶心。你会把目光移开，把注意力转移到其他事情上。领导者的工作是把投影聚焦，让每个人都能看到清晰的图像，看到一条充满希望的、一往无前的前进道路。

领导者是组织的"未来部门"，即使你现在需要停下来，看一看、听一听，你也需要不时地抬起头、看远方。领导工作需要你花大量的时间来阅读、思考和谈论长远的未来，这不仅是为了你的组织，也是为了你所在的社区。随着你的职位晋升和职责范围扩大，你更需要做好这些工作。

你需要花大量时间去思考在解决完当前的问题，完成当前的任务和项目之后再做什么。"下一步做什么？"应该是你经常询问自己的重要问题。如果你没有考虑到完成一个大项目后接下来要做什么，那么你就和普通人一样了。领导者的工作就是要思考下一个项目，然后是再下一个，再下一个。

研究人员表示，关注未来的领导者更能够吸引和激发追随者的努力，凝聚团队，动员集体行动，最大化地创造个人和组织业绩。领导者必须花大量时间思考未来，走在时间的前面。看到发展的趋势，与大家讨论未来的发展，倾听各方面的声音，阅读各种材料，让追随者知道将走向哪里是你的重要工作。追随者希望你这样做。如果你想做得更好，就必须花更多时间思考未来。当你全面地回顾过去、关注当下、展望未来时，你还必须明确是什么在激励你行动，你关心什么，你的激情何在。

然而，需要注意的是，正如沃顿商学院教授亚当·格兰特所言："预测未来很难。没有人能够在大多数时候都预测正确。但多次尝试之后，你犯错的频率会大大降低。"在一项研究预测比赛的数据时，亚当发现，那些预测更准确的人拥有科学家的心态。那些预测准确性更高的人往往把自己的预测视为有待检验的假设，而不是有待证实的确凿事实。他们往往虚怀若谷，乐于挑战自己的信念，并充满好奇地寻找可能与自己想法不同的其他的想法和人。当你思考未来时，你需要重新思考。你需要超越自己的信念和假设，考虑其他可能的情况。

展现自己的激情

当缺乏激情的时候，你是看不到未来的可能机会的。展望未来要求你深刻感受内心深处的激情。你必须找到那些让你愿意付出大量时间和精力的重要东西，你愿意为此承受各种挫折，做出某些必要的牺牲。你如果没有提出一种强烈的渴望、一个紧急的提议、一个热切的希望，或者一个珍爱的梦想，你就不能点燃实现愿景的必要能量来激励人们的愿望和行动。你需要停下来问自己："什么能够点燃我的激情？什么能够激励我每天早起？什么事情让我魂牵梦萦、永不放弃？"

领导者要做意义重大的事情。这些让你觉得有意义的事情来自你的内心深处。没有人能够强加给你一个让你自觉奋斗的愿景。就像我们谈到的价值观一样，在你期望他人认同共同的愿景之前，你必须明确自己的愿景。研究发现，当你能想象"最好的自己"时——在未来的某个时刻，你实现了你的人生梦想——你就会有内在的动力，更有可能坚持克服困难去实现它。你从这种探索中获得无穷的激情，它帮助你表达出对愿景的热情。

图 4.1 表明，那些观察到领导者总是"阐述我们所做工作的深远意义和目的，并对自己所说的确信不疑"的下属，会更加认为"总的来说，他是一个高效的领导者"。人们最喜欢那些经常谈论"为什么要工作"的领导者，而不是只谈要"做什么工作"的领导者。

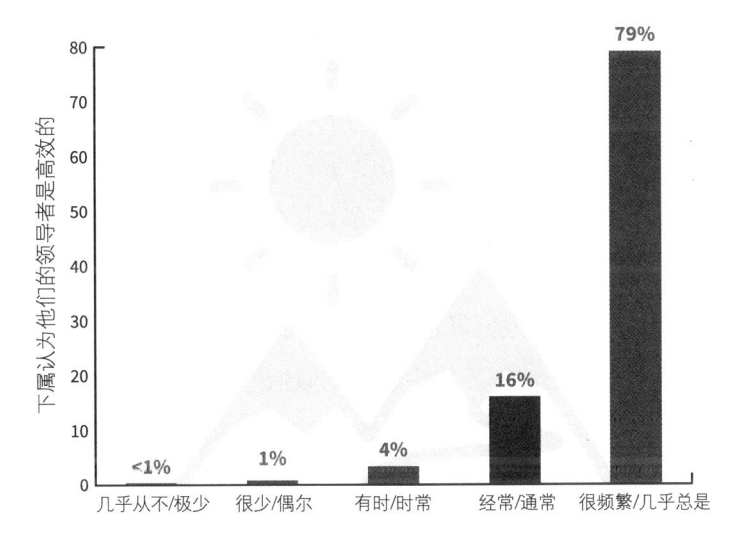

下属认为他们的领导者是高效的

- 几乎从不/极少：<1%
- 很少/偶尔：1%
- 有时/时常：4%
- 经常/通常：16%
- 很频繁/几乎总是：79%

领导者满怀信心地谈论工作的深远意义和目的

图 4.1 领导者践行该项行为，下属认为其高效的比例

在工作中找到一种强烈的使命感——尤其在做一件不仅有益于自己也有益于他人的事情时——将对你的工作业绩和幸福感带来深远的影响。组织传达出的强烈使命感，会激发人们更高的参与度和更强的自我表现。人们如果感到在工作中缺乏目的性，例如，相较于那些人生目的不明确的学生，那些人生目的更加明确的学生认为他们的学习更有意义，而不仅仅是挣钱。此外，当任务单调乏味时，那些人生目的明确的学生更能够坚持下去，从而在学习中取得更好的成绩。在工作场所，那些相信自己的生活和工作有意义的人更容易与他人建立良好的关系，表现出更强的幸福感，更有创

造力，更专注于自己的工作，在工作中的表现也比那些缺乏意义和目的的人更好。

无论想要取得更好的成绩、获得更大的个人幸福感，还是改善组织的表现，你都需要找到其意义和目的。作为一位领导者，你如果想要做得更好，就应该在自己的内心深处寻找并发现你的工作和生活的意义和目的。著名的德勤咨询公司的研究表明，一个人的强烈使命感与他的价值观和信念的明确度密切相关。

你对某件事的热情是表达你认为它是最有价值的事情的最佳指标，也是你发现内心热爱的最佳线索。例如，大卫·克雷茨是一家全球材料工程公司的区域业务经理，在他的个人最佳领导经历中，他认识到"找到你真正相信的东西"是描绘愿景的关键。他说："你一旦找到它，就可以超越眼前的局限，充分地展望未来。这也需要将你的各种任务和团队工作联系起来，帮助团队成员找到他们真正相信的东西，把他们的愿景转化为现实。"

正如大卫所说，当你在工作中感受到激情时，你就知道你正在做一件非常重要的事情。你的热情和动力会感染他人。你要首先找到你坚信的东西，它是表达你的想法的关键。你一旦与自己的内心追求连接，你就可以超越当下的局限去观察和思考，并预见未来的各种可能性。

找到共同的使命

你必须花时间和团队在一起，通过倾听和共事来了解他们的愿景、价值观和目标，以及他们是如何成为组织成功的一部分的。

——斯里尼瓦萨·雷迪·埃马尼

通常，人们认为展望未来是领导者的职责，毕竟，关注未来是领导者工作的一部分。这是可以理解的，人们会有这样一种感觉，即领导者是独自踏上探索愿景旅程去发现组织未来的。

但这并不是追随者希望看到的。他们的确希望领导者具有前瞻性，但是，他们不希望领导者把自己的愿景强加在他们身上。他们真的不希望仅仅看到领导者的愿景，他们希望看到自己的愿景和愿望如何实现，自己的希望和梦想如何达成。他们希望看见自己出现在领导者所描绘的未来图景中。领导者的关键任务是共启愿景，而不是宣扬个人的理想。这就要求领导者带领人们找到共同的目标，让大家参与进来。

保罗·约翰逊是一家葡萄酒厂的经理，他决定将自己的核心团队聚集在一起，制定一份愿景声明。他说："我们不仅要厘清我们走到一起的原因，还要弄清楚指引我们在不确定时期的核心价值观和愿景。"保罗和团队成员讨论形成的价值观成为组织创建"指引性愿景"的基础。保罗承认自己一开始有些担心会失控。他曾经想过："如果他们的想法很糟糕怎么办？如果他们的愿景和我的愿景不一致怎么办？"然而，一旦共同愿景明确了，保罗说："同事们完全致力于践行共同价值观和愿景声明，因为他们参与讨论和共创，大家形成了共识和认同。我们的团队现在充分授权大家采取行动，因为我们知道我们的共同价值观和愿景。"

保罗认识到一个基本的道理，每个领导者都必须在共启愿景中感召团队成员参与共创：不管方向有多正确，没有人愿意被告知该做什么或去哪里。人们希望参与共创愿景。绝大多数人和保罗的团队成员一样。他们想要和领导者一起追梦，一起发明，一起参与创造他们的未来。

这就需要你放弃自上而下制定愿景的想法。你要鼓励大家一起讨论未来，而不是自己一个人唱独角戏。你不可能让人们心甘情愿地迈向他们根本不想去的地方。不管梦想有多美妙，如果人们没有看见实现自己的希望和愿望，他们就不会心甘情愿和全力以赴地追随。你必须向人们展示，未来的愿景如何为他们服务，他们的具体需求将如何得到满足。你的核心任务是激发一种共同愿景，而不是兜售个人想法。你需要想象那个最终的结果并传达出去，让追随者在实现组织最终结果的过程中找到实现他们的愿望的方式。这需要找到那些激发大家去实现愿景的共同点。

深度倾听

你需要知道他人最看重什么。你要通过了解员工，倾听他们的意见，采纳他们的建议，与他们产生共情。你要能够站在他人面前自信地说："我听到你们想要这些。这项事业可以实现我们的共同愿望和追求。"从某种意义上说，领导者就像一面镜子，映射出员工最想要的内在需求。

任何愿景都不会突然出现在组织领导者的面前。愿景来源于领导者在生产车间、实验室或自助餐厅与员工的互动中。愿景来源于领导者在零售店与顾客的对话中。愿景来源于领导者在走廊里，在会议中，甚至在同事家里的聊天中。

最好的领导者都是优秀的倾听者。他们会仔细倾听他人说话，共情他人的感受，了解他人想要什么、重视什么。这种对他人的关爱不是一种简单的技能，它是一种真正宝贵的人际能力。吉姆·施瓦帕奇在从一名海军军官转型为一家云计算软件公司的营销经理的过程中认识到："让团队成员参与讨论公司愿景是有好处的，在这个过程中，他们了解愿景是如何形成的，因此更容易获得认同和参与，这对于将领导者的观点转化为团队的共识至关重要。"

我开始积极而深入地倾听他人。我创造了一个合作、开放的环境，以促进大家进行自由的思想交流。大家开始敞开心扉，积极地谈论他们认为可以对整个组织做出的实质性改进。

我与每位同事单独会面，询问他们改进工作的关键问题和最佳方案，并将他们的反馈纳入我的决策中。我问他们引以为豪的是什么，他们每天工作的动力是什么，公司的哪些管理工作做得很好，哪些方面做得很糟糕。重要的是，我提出问题之后就会停下来，全神贯注地倾听对方的回答。一开始，有些人感到紧张。经过几次试验后，大家的反馈非常具有建设性，为我们创建团队愿景发挥了不可估量的作用。我也开始花更多的时间走出办公室，与更多的同事进行正式和非正式的交流，这种经常性的互动让我获益匪浅，逐步明晰了团队的愿景。

作为领导者，你要找到人们的共同愿望。你要培养自己对大家渴望的深刻理解；你要想方设法地寻求与追随者之间的共识。你要仔细倾听追随者的心声，注意他们的细微暗示。你要知道人们想要什么，重视什么。关爱他人不是一项微不足道的技能，而是一种真正珍贵的人际能力。它并不复杂，它需要的是你对他人的接受能力和倾听意愿。正如吉姆所发现的，你要走出办公室，花时间与同事们在工厂车间、展览厅、仓库或会议室共事和交流。你要敏锐地觉察他人的态度和感受，以及他们在交流中表现出来的细微差别。

你如果能够让员工参与发现问题，倾听他们的挫折和愿望，并找到解决这些问题的方案，就会带来奇迹。你如果能够关注人们的需要和需求，就会激活他们的兴奋感。如果不主动倾听，你很快就会发现自己成了孤家寡人，完全不了解大家的想法。

找出人们为之奉献的理由

人们想要成就一番事业，而不是完成一个项目。否则，你很难解释为什么人们驱车千里去重建被飓风破坏的社区。那些从旧金山骑自行车到洛杉矶为无家可归的人筹集资金的人，那些参与营救地震中倒塌建筑废墟中受难者的人，或者那些冒着失败率极高风险夜以继日地开发新产品的创业者等，他们的所有工作都需要投入大量的时间、精力和资源，而成果可能在未来很多年甚至几十年都无法实现。只有当人们认为这些投入重要而有意义时，他们才能超越即刻满足的需要，投入追求未来的成功之中。为了争取其他人的支持，卓越领导者需要知道他们的愿望是什么。美国中西部一家领导力咨询公司的创始人兼执行合伙人史蒂夫·科茨发现："真正的领导者会创造一种卓越表现和有意义工作的文化。他们让员工对自己的工作感到自豪，甚至让糟糕的工作（按照许多人的标准）变得有趣。领导者让他人感到自己很重要和被需要。"

当你聚精会神地倾听他人的时候，你就能够找到让他人努力工作的意义感和使命感。研究发现，人们在一个组织中努力工作的主要原因是他们喜欢自己从事的工作，他们发现自己的工作具有挑战性、意义感和使命感。当你注意倾听他人的愿望时，你就会发现有一些共同的价值观把每个人联系在一起。人们都希望：

- 正直诚实：追求与自己一致的价值观和目标。
- 使命感：对他人的生活产生重大影响。
- 挑战性：做创新性的工作。
- 成长：专业化的个人学习和发展。
- 归属感：建立亲密和积极的关系。
- 自主性：自主决定自己的工作和生活。
- 意义感：感觉到信任和被认可。

随着"千禧一代"成为职场中最大的群体，他们对工作的意义和目的的关注也在增加。几十年来，寻找意义是所有人的普遍愿望，也一直是研究和写作的主题。人们想要的东西并没有发生太大的变化。当人们对所做的工作感到微不足道和不重要时，他们就会放弃和离开。

工作不仅仅是赚钱。人们想要的不仅仅是用劳动换取报酬。他们渴望有所作为。他们想要在这个世界上留下自己的印记，他们关心存在的目的。

如果你要领导他人，你就要把原则和使命放在首位。你要用更大的使命去召唤每个人。最好的组织领导者往往通过描述组织工作的长远意义来激发他人去奋斗。索尼娅·谢维利夫是一家视频内容公司的人力资源经理，她发现："为人们的工作创造意义非常重要。我认识到了花时间仔细倾听并关注他人认为有意义的事情是多么重要。"

研究人员发现，在新冠疫情期间，近70%的员工反思了他们工作的使命。他们发现，那些认为自己在从事有意义工作的人，"他们的复原力是其他人的6.5倍，他们的健康状况是其他人的4倍，他们想要留在公司的可能性是其他人的6倍，他们愿意为公司的成功而付出更多努力是其他人的1.5倍"。其他研究也发现，在疫情期间自愿离职的人中，约30%的员工是因为感到工作缺少意义，缺少意义是他们离职的第三大原因。然而，梳理他们重返职场的理由时，有意义的工作排在了第一位。从数据中可以明显看出，你想要吸引和留住人才，尤其是在充满挑战的时期，你就必须与他人深入对话，讨论什么对他们、他们的工作和工作场所最有意义。

当人们认为自己是在从事更有意义和更重要的工作时，他们会感到精力充沛，更加投入。例如，研究人员要求近2 500名工人分析"感兴趣的物体"的医学图像。一组人被告知这些物体是没有用的，而另一组人被告知这些物体是"癌肿瘤细胞"。工人们对每张照片都认真分析。后一组人在每个对象上花费的时间比前一组少10%，而工作质量高出很多。研究人员在对世界各地的50家大公司超过2万名工人进行的调查发现："工作的目的性决定了工作的质量。"

在快速变化的时代保持前瞻性

人们经常会问："我都不知道下个星期会发生什么事，我怎么能想象出5年、10年之后会发生什么？"这个问题直接触及了愿景在人们生活中的作用。在这个越来越动荡、不确定、复杂和模糊的世界里，对于人类的生存和成功而言，想象力比在平静的、可预测的、简单的、清晰的时代更加重要。

请想象一下，你正在沿着太平洋海岸的高速公路行驶，在一个阳光明媚的日子里，从旧金山向南行驶。山丘在你的左边，海洋在你的右边。在一些地方，悬崖距离海面几百米。你可以看到100多米远的地方。你正以限速的最高速度行驶，一只手搭在方向盘上，听着震耳的音乐，毫不在意其他的一切。在路的拐弯处，有一层浓雾毫无预兆地出现在你的眼前。你会做什么呢？

我们多次向人们询问过这个问题，以下是他们的回答：

- 减速。
- 打开远光灯和雾灯。
- 双手握紧方向盘。
- 打开挡风玻璃雨刮器。
- 坐得笔直或伸长脖子看着前方。
- 关掉音响。

然后你经过下一个弯道，浓雾逐渐消散，道路再次变得清晰，这时候你会做什么呢？放松自己，加速前行，关掉车灯，打开音响，欣赏窗外的美景。

这个类比揭示了澄清愿景的重要性。在浓雾弥漫和天气晴朗时，哪种情况下车开得更快一些呢？如果不拿自己或其他人的生命冒险，你能够开多快？如果有人在雾中开得比你快，你会有什么样的感受？答案显而易见，由他去吧，你更愿意在视线清晰时开得快些。当你能够看得更远的时候，你才能更好地预测道路的曲曲折折。毫无疑问，生命中总有这样的时候，你发现自己好像在雾中行驶。这时候，你感到紧张，不知道前面会有什么。

领导者工作的一个重点就是清除迷雾，让人们看清前方的路，预测前进的方向，并留意沿途可能发生的危险。清晰的愿景能够激发人们的希望，尽管前进路上可能遭遇浓雾和暴风雨，遭遇颠簸、弯道和故障，但团队成员将克服挑战到达理想和独特的目的地。

凯尔·哈维是一家半导体公司的营销专家，他和一位同事接到了一个为公司的各种产品制作视频和宣传文章的项目。凯尔说："一开始，我对这件事情感到很头疼，我的同事似乎对这个项目没有兴趣，可以说我们正处在前进的浓雾中。我们没有目标，也没有方向。"两个星期过去了，项目几乎没有进展。于是，他召集了一次会议，提出了一个关于如何完成这个项目的设想：

> 我知道她非常有艺术感、有创意，所以我想方设法把她的才华和她的兴趣结合起来。这激发了她的热情，然后我们全力投入项目。她说她要把视频做到最好。这时候，前进的迷雾开始散去，成功的前景变得越来越清晰了。一个月后，我们终于开始快速推进并完成了任务，把雾都留在了后面。

> 在这个案例中，雾的类比对我来说感受尤其强烈。我发现，当我们的视线不清楚时，我们就会把车停在路边，不再继续前行。然而，我在找到了激励她的方法之后，我们又回到了路上，在雾中继续前进。重要的是要认识到，"共同愿景"并不总是一次会议就能够立即形成。大家交流得越多，相互激励的方法越多，愿景就越清晰。

作为领导者，你必须能够描绘未来。环境的快速变化更需要你做好这一点。人们只愿意追随那些眼光超出今天的问题、能看到光明的未来的领导者。

采取行动
描绘愿景

在组织中，愿景的最大作用是聚焦人们的能量。你要想让每个人看清自己前方的道路，就必须向人们描绘和传递一个激动人心的、崇高的未来愿景。澄清愿景源自回顾过去，关注当下，展望未来，这些都与激情密切相关——你内心真正最关心的是什么。

你必须在要求他人追随自己之前明确自己的愿景，你需要牢记，你不能够强迫他人去他们不想去的地方。愿景要富有吸引力，让每个人感觉到自己的利益与它休戚相关。只有共同愿景才具有使大家持之以恒地为之献身的魅力。你要倾听大家的声音，了解他们的希望、梦想和愿望。因为共同愿景往往需要持续数年才能实现，你必须让每个人都关注未来。所以，愿景不仅仅是一个任务，更是一项事业，它充满了意义，能够让人们过上期望的更加美好的生活。无论你是领导一个10人的小部门，还是领导1万人的大公司，或是几十万人的大社区，共同愿景指引着前进的方向、企业的目标和工作的进度。

下面是一些建议，告诉你如何通过想象令人激动和崇高的可能性来展望未来：

- 如果向他人描绘你5年后将要在当前的工作中取得的成就，你会说什么？为了实现这个目标，你需要对你的工作、组织、家庭和社区做出什么样的贡献？请记录下你的回答。
- 反思你的经历，寻找你的生活主题和你认为有价值的东西。
- 向能给你建设性反馈的人描绘你的愿景。请他提出建议，如何让你的这个愿景更富想象力、更富独特性和振奋人心。询问他如何让他人能够更好地"从你想象的图景中看到自己"。

请记住,关于你的领导力有效性的反复对话会让人们知道这对你、对组织和对他们都很重要。请寻找机会与他人讨论以下这些问题:

- 你对公司未来5年、10年的展望是什么?这个地方会变成什么样子?你有什么感受?你喜欢在这里工作吗?当有人走进办公室时,你会听到什么声音?人们在做什么?
- 当你完成现在正在做的时间最长的项目后,你接下来会做什么?

第 5 章
感召他人

领导者必须以一种富有吸引力和鼓舞人心的方式来沟通愿景。
——大卫·贝勒夫

埃里克·B. 索内斯上校就任美国一家陆军医院负责人后的第一个月,他一直在观察和倾听同事们的意见。很快,他发现整个医院士气低落,门诊患者的满意度评分很低,而且,这家医院在所在地区的 14 家医院中排名第 12 位。他还了解到,这家医院正处于关闭或改建为诊所的边缘。

埃里克清楚地认识到:"领导团队需要立刻在全院范围内开展有目的的员工交流。"他召集医院的领导团队开会,希望每个人都能对医院的发展方向提出建议。埃里克说:"我们需要团结一致,形成一个大家想要努力实现的使命——一个共同的目标。我们每个人都要成为这个重要事业的一部分。"

埃里克希望同事们能够群策群力、建言献策。于是,他安排了一次在医院之外的会议,要求每一位副手从分管部门中挑选出两名文职人员和两名军人,其中一半的人是相对资历浅的,一半是资深的。埃里克作为这次活动的发起者,他想"确保每个人都有发言权,每个人的发言都能被倾听"。在将 36 名参会人员分成几个小组后,埃里克要求他们回顾十年来医院发生的关键事件,将它们分为高峰时刻和低潮时刻,并反思在那些时刻发生的主题。然后,埃里克让他们讨论三个问题:

- 是什么理想吸引你加入这个组织?
- 是什么给你的生活和工作赋予了意义和目的?
- 你做这份工作是为了做成一番事业,还是为了有事可做?如果你是想要成就一番事业,你想要做什么?

每个小组在讨论之后都提出了他们的总结,并一起寻找贯穿所有谈话的共同主题。这些小组找到了那些反复出现的主题信息:"无论是顺境还是逆境,我们都想要有强大的团队合作。"埃里克要求每位参与者解释这句话对他们来说意味着什么。同事们的回答各不相同,有的因为分享了自己的故事而充满情感。最后,埃里克要求每个小组提出一个"简单的、有意义的、鼓舞人心的和有影响力的愿景声明"来表达贯穿所有故事和关键词的中心主题。

此外,医院里的每个人都需要听到和理解新的愿景与潜在的价值观。埃里克没有亲自描述共同愿景,而是让一名文职人员代表和一名军方代表在医院的大会议室发言。埃里克给出的唯一指示是:"我想让你们为我们的新愿景声明揭幕。通过讲述我们是如何共启愿景的来描绘我们的愿景。它不仅是我们研讨团队的愿景,也是我们医院的愿景。让我们所有人都认同这个愿景。"

埃里克相信这种团队协作的愿景创造过程在组织中带来了转变。9 个月后,他们医院的各项业绩指标上升到该地区的第一名。他们之所以能赢得这些业绩,是因为埃里克理解并遵循一个基本的领导真理。就是他所说的:"这不是我的愿景,而是大家的共同愿景。"

在我们收集的卓越领导者的个人最佳经历中,领导者都谈到要将每个人的利益与共同愿景联系起来，感召他人参与实现共同愿景，就像埃里克做的那样。领导者必须与大家沟通，在组织向目标前进的过程中为大家提供支持。他们知道，要实现非凡的成就，就必须让每个人都相信并致力于一个共同的使命。

领导者要感召他人就要让大家达成共识，他对愿景的感情至关重要。我们的调查研究表明，追随者除期待领导者有前瞻性外，还希望他们的领导者能够激发他人。人们需要巨大的能量和激情来支撑他们对遥远梦想的追求。领导者是这个巨大能量的重要源泉。人们不会追随一个缺乏激情的人。领导者必须有偏执狂般的热情，追随者才会贡献出他们的所有力量。无论是动员一大群人还是一名员工，你要感召他人都必须做到以下两点：

- 描绘共同的理想。
- 使愿景形象化。

感召他人就是点燃人们对一项使命的激情，带领人们克服重重困难，坚持不懈地奋斗下去。你要在组织中成就卓越，就必须超越理性，让你的心和脑与追随者融为一体。这就要求你先从理解他们对有意义的和重要的事情的强烈渴望开始。

描绘共同的理想

你必须描绘出一幅令人信服的未来图景，

让人们愿意与这一愿景保持一致。

——维基·恩戈·罗伯蒂

领导者需要的不仅仅是拥有愿景，能够描绘出它的图景，以及推销个人的世界观。你需要想象最终的结果，并沟通未来愿景，以便追随者能够看到他们的理想和愿望也包含在组织的愿景中。他们希望看到自己身处其中，这就需要让他们加入进来，一起去实现自己的愿景。不管你的建议有多正确，人们不想被他人告知该做什么或去哪里；他们希望参与愿景的创造。桑托什·普拉布是一家全球医疗器械公司的高级总监，他在个人最佳领导经历中说："我总是从组织的大局和愿景出发思考问题。同事们总是需要知道愿景背后的'原因'。我们的目的是'通过我们提供的服务使得人们生活得更健康、更长寿'。"在制定战略和计划时，桑托什还征求了更广泛的跨职能团队的意见，以便让他们也能够看到"我们是如何团结协作的，没有他们我就无法做到这一点。这不是'我'的计划，而是'我们'的计划"。

愿景就是理想，它是希望、梦想、愿望，它是实现伟大使命的强烈愿望，它雄心勃勃,充满乐观主义精神。你能想象一位领导者在感召他人时说"欢迎大家一起来做点平凡的事情"吗？不可能。愿景引导人们想象各种激动人心的可能机会，它超越技术的局限，引领社会的变革。然而，如果你招募的人缺乏同样的愿望，你的远大愿望是无法实现的。

你不能把自己的愿景强加给他人。愿景必须对他们有意义，而不仅仅对你有意义。你必须创造条件，让人们因为我愿而非我得去做事情。你要创造一个有利于团队、部门、项目或组织讨论愿景与个人价值观的环境。例如，我们发现，下属表示他们的领导者"向大家展示他们的长期利益是可以在共同的目标和愿景下实现"的行为频率，与他们对领导者有效性的评估之间存在很强的正相关关系。同样，下属越是报告他们的领导者能够描绘出他们渴望完成的"大图景"，他们就越是在团队中表现出更强的团队精神和组织自豪感。

你仅仅澄清自己的愿景和价值观是不够的，你必须关注身边的人。你还要问问自己，他们是否理解、认同并致力于实现这个愿景。如果你不能让你关心的事情和他人关心的事情协同起来，你就无法找到大家的共同目标，也就无法成功地改变现状。在反思个人最佳领导经历时，人们经常谈到需要获得他人对愿景的认同。他们描述了如何沟通目标，并为一个统一的方向寻求支持。他们知道需要每个人都致力于实现这个共同的使命。他们明白，为了让每个人都走上同一条道路，他们就必须让大家明白加入的理由是什么，这对他们意味着什么，以及这对他们有哪些好处。如果人们看不到自己的需求与更大的愿景之间的联系，他们就不会主动参与。只有当大家都参与和认同这个愿景时，团队的潜能才会被充分激发出来。

领导者要谈论理想。他们要表达出改变一成不变的传统商业的强烈愿望。他们追求的是伟大的、宏伟的、前所未有的目标。他们的理想展示了他们更高的价值偏好。他们指明了经济、技术、政治、社会和美学等领域发展的优先事项。例如，他们追求世界和平、自由、正义、精彩的生活、幸福和自尊等理想，都是人类生存的最高追求。他们通过实际行动来实现人们期待的长期结果。他们通过让人们专注于实现理想，从工作中获得意义感和使命感。当你向追随者描绘你对未来的愿景时，你要谈论他们将如何改变世界，以及他们发挥多么重要的作用。你要谈论工作的更高意义和目的。你要描述一个令人信服的成功图景，当人们加入这个共同的事业时，未来会是什么样子。这在新冠疫情、经济困境或全球冲突等充满挑战和不利的时期尤其重要。你要想方设法地让人们感到这个共同愿景与当前的工作密切相关。

让人们感受到工作的意义

卓越领导者不会把自己的愿景强加于人，他们描绘出人们内心已经存在的愿望，唤醒人们的梦想，激发人们的活力，感召人们相信自己一定能完成伟大的事业。当他们互相分享愿景时，他们会把个人的理想带入其中。真正驱动人们前进的是让他们感到自己正在从事着一份激动人心的伟大事业，这份事业将在未来改变他们的家庭、朋友、同事、客户和社会，这在困难时期尤其重要。人们想要知道他们正在做的事情有多重要。

当普雷西·钱德拉塞卡被任命为 VOIP 公司技术支持呼叫中心负责人时，她知道其他人会向她寻求指导。她很快认识到，要让团队成员为愿景感到兴奋，就需要让愿景变得更有意义。普雷西首先召开了团队会议，大家一起讨论了团队成功的"大图景"，以及他们工作的重要性。他们讨论了诸如"我们能为这家公司和我们的客户带来什么不同的价值？我们的共同努力将发挥什么样的作用？"。

普雷西要求团队成员继续思考自己期待的团队愿景，并进行头脑风暴会议，每个人都分享了想法和建议，他们需要做些什么来减少通话量，减少客户等待时间，减少同事们花在电话沟通上的时间。普雷西回忆说："我能看到团队成员非常积极主动，每个人都提出了如何改进呼叫中心的有效见解。我们需要在专注于实现这些愿望的细节的同时，持续关注全局和愿景，这一点很重要。"

当普雷西为团队找到一种独特的方式来表达他们工作的目的和意义时，她发现她每天都可以做一些事情来激发大家持续保持对愿景的专注和热情。她告诉我们："我们每个人都有责任去实现团队的目标。"她每天都想办法围绕共同愿景让呼叫中心的成员重复这句话。她确保每个团队成员都能发自内心地描述团队愿景，而不是死记硬背。她还展示了自己和团队的努力是如何产生积极影响的。普雷西说："我们让团队成员在工作中重拾自豪感，当我们享受自己的工作，分享彼此的成就，让我们的客户服务工作更轻松和更富有成效时，我们就会让全公司同事羡慕不已。毕竟，有什么工作能比成为回答客户问题的专家更好的呢？"

随着时间的推移，普雷西的倡议变成了一个集体行动。每个团队成员都能把自己与这些想法和愿望联系起来。每个团队成员都能很容易地回答家人和朋友提出的问题："你为什么要在那里工作？"普雷西让团队成员摆脱了与呼叫中心相关的单调机械的工作，让他们感受到他们所做的工作是高尚的、有意义的。

普雷西的同事的经历与我们研究的结果一致，那就是当人们把日常工作与有意义的使命联系起来的时候，他们就会创造非凡。例如，研究人员跟踪调查了近 400 人一个月的生活。在这段时间里，他们完成了一系列关于人们的生活是轻松的还是艰难的，对于金钱、关系、时间和相关变量的态度的调查。被研究者也被问及他们的生活的意义和幸福感。研究发现，"当人们运用我们倡导的意义思维模式去寻求联系、乐于付出，并将自己与一个更大的目的相连接时，这给他们带来了显著的益处，包括心理健康的改善、创造力的提高，以及工作表现的改善等"。那些找到意义感的人在工作中更投入，并且不会离职。"当你向人们清晰地展示他们的工作正在创造非凡的时候——他们的工作是在帮助其他人，你就增强了他们的内驱力。"

我们的研究数据表明，那些被下属评价经常或几乎总是向人们描绘共同愿景有助于实现他们的长期利益的领导者相较于那些很少这样做的领导者，他们被评为最为高效的频率是后者的 5 倍以上。研究表明，向人们强调"为什么"，比如"为什么我们要这么做，为什么这件事情很重要？"，就激活了人的大脑奖励系统，它不仅提高了人们的努力程度，还增强了他们对自己正在做的事情的认同。例如，请试想一下在呼叫中心工作的动机不同的两类员工的情况，一类是努力帮助人们解决问题的员工，另一类是想方设法地让客户尽快挂断电话的员工。

领导者的工作是要帮助人们认识到他们所做的事情的意义比他们想的要大，远远不仅仅是赚钱，他们的工作可以说是高尚的。当他们晚上睡觉的时候，可以睡得更香甜一些，因为他们知道他们的工作给客户带来了更好的生活。如图 5.1 所示，因为领导者向大家展示了他们的长期利益可以在共同的目标和愿景下实现，这让下属感到他们的工作很重要。在这种领导行为和下属认为组织重视他们的工作，以及他们能更好地满足客户需求之间也存在正相关关系。

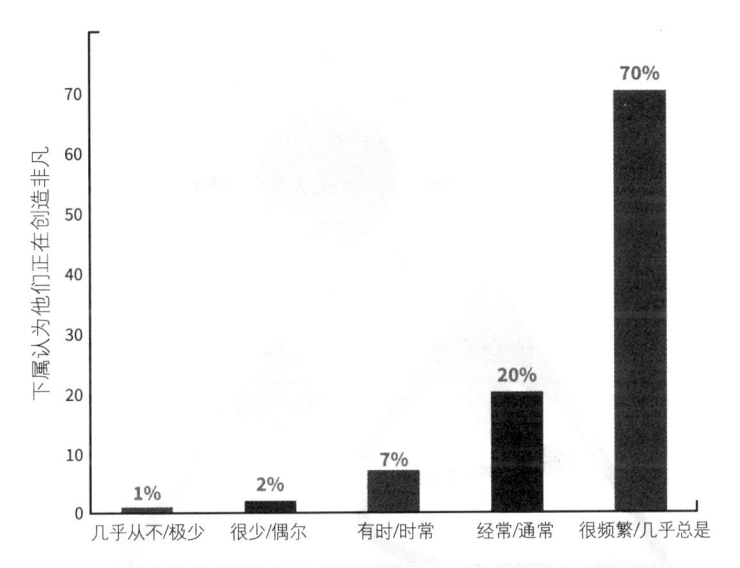

图 5.1 向他人展示如何通过共同愿景来实现他们的长期利益，
会让下属感到他们正在创造非凡

对员工敬业度的广泛研究也支持了这些发现。美国最佳职场研究所的研究人员报告说："当我们询问员工在最佳雇主单位工作是什么样时，他们开始露出欣喜的笑容，谈论他们每天如何高高兴兴去上班，在一天工作结束的时候，惊讶地发现一天已经悄无声息地过去了，在工作中有一种福流的感觉。他们分享他们的工作对于组织成功的重要性——没有他们的努力，团队或组织将不会取得成功。"你必须确保你的团队成员知道他们的工作很重要。

以独特为傲

就像桑托什和普雷西一样，卓越领导者也会描述是什么让他们的员工、团队、组织、产品或服务与众不同。引人注目的愿景要与众不同，将"我们"与"他们"区分开来，从而吸引和留住员工、志愿者、客户、捐赠者和投资者。市场研究人员道格·霍尔发现，一种新产品或服务的独特性会使其成功率提升 350% 以上。愿景也是如此，一个愿景越独特，就越能吸引优秀的人才加入。

人们只是在一个组织中工作、做业务、做投资，与大街上的行人相比，工作没有什么吸引人之处。你说"欢迎加入我们的公司，我们公司和其他公司是一样的"，这一点儿都不让人兴奋。只有当人们认识到他们是如何与众不同，以及他们如何在人群中脱颖而出的时候，他们才会更加全力以赴。

独特性能培养员工的自豪感，增强组织中每个人的自尊。当人们为自己的组织感到自豪，并为自己的使命去工作的时候，当人们感到自己所做的事情是有意义的时候，他们就会感染其他人。同样，当客户为拥有你的产品或使用你的服务而感到自豪时，他们就更加忠诚，更有可能推动他们的朋友与你做生意。当社区的成员以与你为邻而感到自豪时，他们会竭尽所能地让你感到受欢迎。

阿兹米娜·扎维里在一家社区书店领导志愿者团队的过程中，认识到人们为自己的独特性感到自豪是多么重要。这家书店曾经是一个标志性的、著名的、被珍视的地方，人们喜欢在这里聚会、社交和学习。然而，在阿兹米娜加入时，书店正处于财务危机之中。它再也不能提供高标准的服务，财务工作混乱，志愿者也没有动力去付出额外的努力。阿兹米娜告诉我们，业绩下降的原因"并不是团队无能或没有能力管理这家书店。一个主要原因是团队缺乏愿景和方向。我的目标是激励团队让书店重新成为人们喜欢去的地方，不仅仅是因为它有丰富的藏书，还因为它有吸引人的氛围和社区意识"。

阿兹米娜辅导志愿者改进书籍管理流程，讨论如何更好地利用商店的稀缺资源，并告诉他们，顾客对书店的喜爱是他们生活中重要的一部分。在整个过程中，她强调"书店是如何依靠他们来生存和维持其对社区的意义的，以及他们的工作有多体面，他们不仅是在服务于一家书店，而且是为一个受人尊敬的社区的标志性单位工作"。

专注于展现自己的独特性，可以让一个小单位，或者大城市里的大型组织或个人社区，既可以实现自己的愿景，又继续服务于一个更大的集体愿景。尽管公司内部、公共机构、宗教机构、学校或志愿者协会的每个单位都必须与整体的组织愿景保持一致，但每个单位都能在某种程度上表达其独特的目的，并突出其最显著的特点。

如今，人们只需轻击一下键盘，就可以接触到大量最新的信息，把你自己与其他人区分开来变得越来越难。每件事情看起来和听起来都是类似的。人们对事物的喜新厌旧比以往任何时候都要快。无论是新的还是老的组织，必须更加努力地把自己和其他人区别开来。你需要时刻保持警惕，让自己成为灯塔，穿过迷雾，引导人们朝正确的方向前进。

让你的梦想和其他人的梦想相协同

在学习如何感召人们、打动人们的心灵、提升人们的精神境界方面，一个经典的案例是马丁·路德·金的《我有一个梦想》演讲。美国以他的生日作为国家纪念日，他的演讲一再被传诵，无论是老人还是孩子都能从中感受到一个清晰而令人振奋的愿景的强大力量。

请想象你站在这样一个热血沸腾的场景之中：1963 年 8 月 28 日，马丁·路德·金站在林肯纪念堂前的台阶上面对着 25 万名民众，他向全世界宣告了他的梦想，这也是全人类的梦想。请想象你同数万民众一起倾听马丁的演讲，大家一起热烈鼓掌和欢呼的情景。假如你是一名记者，你会怎样理解这篇演讲具有的如此强大的力量，以及马丁是如何打动这么多人的？

过去数十年，我们让成千上万的人聆听了马丁的这个著名演讲，然后让他们告诉我们听到了什么，感受如何，以及为什么这篇演讲依然如此感人肺腑。下面是他们的一些回答：

- "他呼吁大家追求共同的利益。"
- "他谈到了家庭、教会、国家的传统价值观。"

- "他运用了很多图景和语言来描绘与听众相关的、熟悉的美好情景。"
- "他提到了每个人都能联想到的东西,如家庭和孩子。"
- "他引用的证据毋庸置疑。"
- "他谈到了自己的孩子,但又不仅仅是他的孩子,而是天下所有的孩子。"
- "他的演讲涉及每个人——这个国家的不同人群、各个年龄层次、男人和女人、各类宗教派别。"
- "他的演讲一再重复一些句子,例如,'我有一个梦想''让自由歌唱'。"
- "他以不同的方式多次阐述同一件事情。"
- "他是积极乐观和充满希望的。"
- "虽然充满乐观,但他也很现实,并不认为前途一路平坦。"
- "他在演讲中把'我'转换成了'我们'。"
- "他的演讲充满深情和激情,似乎他真的感受到了梦想的实现。"

这些反馈揭示了成功感召他人的关键所在。你要让他人对你的梦想感到兴奋,你需要谈论目的和意义。你必须向他们阐明,他们的梦想将如何实现。你必须把你的演讲与他们的价值观、理想、经历以及生活联系起来。你必须告诉他们,这不是你甚至也不是组织的事,而是关乎他们及他们的需求。你必须把关于未来的令人鼓舞的愿景与人们的个人愿望和激情联系起来。你必须描绘一幅有吸引力的图景,告诉人们怎样才能实现他们的梦想。

研究人员强调了领导者在沟通愿景时使用基于形象的词语的重要性:"基于形象的词语传达感官信息,描绘出一幅生动的未来图景,一幅员工很容易想象和看见的图景。沿着这些思路,基于图像的单词的视觉感更符合视觉这个词的字面意思。当领导者在沟通中包含生动的图像时,他们是在通过讲述一个引人注目的故事片段将员工带到未来——这个故事描绘了尚未实现的目标。"这正是马丁·路德·金在描述具有明确属性（如孩子）和可观察行为（如像兄弟姐妹一样坐在桌子旁边）的人时所做的。

基于图景的词语能够激发他人。例如，研究人员要求团队开发一个玩具原型。用基于图像的词语传达的愿景（"我们的玩具……会让孩子开心地大笑，会让自豪的父母开怀大笑"）比用类似内容但没有视觉措辞的愿景（"我们的玩具……会被我们所有的客户喜欢"）引发更好的表现。你需要根据结果的外观、感觉来构建抽象的愿望。基于这些形象，人们开始对领导者描绘的愿景产生激情和信任。

使用基于图景的语言，并在个人愿望和共同愿景之间建立联系，不仅适用于社会运动或产品开发团队的领导者，也同样适用于其他团队。作为一名网络和通信组织的业务分析师，肯特·克里斯滕森非常清楚自己的日常职责。但他不知道他的工作与公司全局之间的关系。当一位副总裁在一次会议上展示了一张幻灯片（幻灯片上面有四个字母 V-S-E-M，这些字母代表了愿景、战略、执行和衡量指标）后，改变了肯特对公司的认知以及他在其中的角色。副总裁描述了这四个方面的协同将如何使公司优化客户体验，赋予组织中的每个人权力，并提供行动指南，强调每个人都可以发挥重要作用，并需要在组织内部和部门间进行合作。肯特说副总裁的这些话很有力量：

> 我对自己的工作有了一种全新的认识。这一共同愿景引起了我的共鸣，让我在黑暗的时候看到了光明。在会议中，同事们的心态开始改变。当每个人都开始觉得自己属于一个组织愿景的一部分的时候，人们开始积极参与。每个人好像都有了新的使命感。愿景激发了经理和团队成员致力于实现一个共同的目标。

你通过向他人展示他们的工作是如何与更大的目标联系在一起的，通过将个人的愿望与组织的愿望结合起来，就可以让人们看到他们的归属，并激励他们朝着共同的目标努力。

使愿景形象化

> 愿景必须能够吸引人们的脑、心和手。
> ——简·帕卡斯

激励他人的一种方法是感召他人的理想。另一种方法就是马丁·路德·金的《我有一个梦想》演讲和肯特的副总裁所展示的那样，使愿景形象化，为愿景赋予生命力。为了赢得大家的支持，你必须帮助人们看见和感受到他们的利益和愿望是如何与组织的愿景紧密相连的。你必须描绘一幅引人注目的未来图景，它能让人们感受到似乎生活和工作在那个激动人心和令人鼓舞的美好未来之中。这是激发人们全力以赴献身于组织愿景的唯一良方。

你可能说："但是，我不是马丁，我不可能像他那样做。而且，他是一个牧师，而我不是。他和听众是在进行游行集会，而我们只是在完成公司的任务。"很多人最初都是这样回答的。大多数人没有感受到自己工作中鼓舞人心的一面，当然也就没有足够的勇气在组织中表现激情。我们的研究显示，尽管人们已经知道清晰的、令人鼓舞的愿景的巨大力量，但与卓越领导者的其他四种习惯行为相比，人们还是不太善于描绘共同愿景。因为描绘共同愿景需要袒露领导者的内心情感，往往会感到困难，低估自己满怀激情地进行有效沟通的能力。

与人们谈及自己的最佳领导经历或他们的未来理想时的激情澎湃形成鲜明对比的是，人们觉得自己的工作缺乏激励人心的事。当谈到自己的希望、梦想和成功时，人们几乎总是充满激情。当人们谈论自己深深渴望的美好未来愿景的时候，他们的感情就会自然地表露出来。

大多数人把鼓舞人心的行为神秘化。他们似乎认为它是超自然的，是一种天赋或魔力——通常被称为魅力。这种误解比缺乏鼓舞人心这一天赋对人们的制约更大。共启愿景并不需要你成为一个具有超凡魅力的人，它需要的是你相信并且提高传播信念的技能，你要用你的激情给愿景注入活力。如果要去领导他人，你就必须认识到你内心的热情和外在的表现是你获得他人认可的最佳助手。

使用象征性语言

当珍妮特·麦金泰尔成为加拿大一家医院重症监护室心脏监护病房的新主任时，她分享了自己对护理工作的热爱，以及她广博的知识和熟练的技能。珍妮特想让她的同事们充分投入这家新医院的工作，并且她找到了一些令人信服的方法：

> 我首先设计了一个带有口号的标志，并选择了一个吉祥物，一个与我们的历史相匹配的标志，它象征着我们的历史。因纽特土著人在加拿大北极地区建造的Inukshuk是一个石头地标，它表示在迁徙途中的精神休息地。最重要的是，它传达出"你在路上"的信息。那就是我们。我们正在路上。我们在旅行。

Inukshuk吉祥物由六颗石头组成：四颗代表医院的价值观——**尊重、关怀、创新和责任**，另外两颗反映了我们ICU/CCU病房的价值观。一本"护照"扮演了一种创造性的教育工具，让每个人都参与进来——包括115名护士、呼吸治疗师、商务职员和环境助理等。由于不同专业有不同的学习需要，"护照"提供了一个定制的清单、场地地图和相关信息，以确定在新环境中安全工作的路径。一个被称为"沙盒"（sandbox）的模拟病房给了工作人员足够的时间来学习新技术和新设备，并减轻进入实战的焦虑。

珍妮特通过使用Inukshuk吉祥物、"护照"、场地地图和沙盒等隐喻和符号将愿景栩栩如生地带入日常工作之中。像珍妮特这样的领导者，他们利用象征性符号来描述一种共同特性，为愿景赋予生命力。他们使用隐喻和类比，举例，讲故事，讲轶事，也使用画图、语录和口号。他们让追随者能够感受到愿景的可能性——看见它，听见它，认同它。

研究发现，人们每使用10~25个词语就会有一个隐喻（比喻），或每分钟讲话中大约使用6个隐喻。你可以明确而有意地使用隐喻来影响他人。隐喻无处不在——有艺术隐喻、游戏和体育隐喻、战争隐喻、科幻小说隐喻、机器隐喻，以及宗教或精神隐喻。隐喻影响人们的想法、发明、饮食、思维方式、投票给谁，以及购买什么。艾米·科尔是一家软件服务公司的销售培训和服务总监，她谈到在组建团队时要"让每个人都上车"。"我使用了这样一个比喻：我们是一个乘公共汽车旅行的团队，最重要的是，我们都在朝着同一个方向前进。"

在一项实验中，研究人员告诉参与者，他们正在玩"社区游戏"或"华尔街游戏"。

在两组实验中，参与者分别被告知，他们参与的是"团队游戏"或"华尔街游戏"。参与者的游戏规则完全相同，唯一不同的是，实验者给这个游戏取了两个不同的名字。玩"团队游戏"的人中70%的人一开始就很配合、相互协作，并一直玩到了最后；玩"华尔街游戏"的人则恰恰相反，70%的人各自为政、缺乏协作，其中30%一开始协作的人看到其他人不协作，也不再协作了。在这个活动中，唯一的区别是名字（name），而不是游戏（game）本身！

一旦认识到语言在塑造人们对工作的设想和决定他们的行动方式方面的巨大影响力，你就能大大提升激发他人参与共启愿景的能力。如果一个词语可以改变人们的合作方式，那么你在沟通未来愿景时，就要注意选择词语。如果你想要招聘和留住员工与追随者，你就要清楚地知道哪些词语能唤起他们对未来的渴望。诸如多样性、公平、包容、使命、有意义的工作、幸福、道德、礼貌、虚拟工作场所中的联系、灵活性和积极文化等词语和短语就容易与新一代员工产生共鸣。请注意你使用的词语，确保你描绘的共同愿景能够营造你渴望创造的文化氛围。

创建未来的美好图景

愿景是人们脑海中的一幅画——能给人深刻印象。当领导者使用具体词语向追随者描绘这幅图景时,愿景就变得真实起来。就像建筑师绘制建筑图和工程师建造模型一样,领导者要找到向大家展示未来共同愿景的有效表现方式。

谈到未来,人们总会提到远见、聚焦、预测、未来情景、看法和视角等词语。这些词语都有一个共同点,那就是可视化。愿景这个词来源于"看见"(to see)。因此,愿景陈述不是文字表述,而是一幅文字描绘的图景——图景超越了文字。

在领导力研修班上,我们经常用简单的练习来说明想象图景的神奇力量。我们要求人们回答,当他们听到"法国巴黎"这个词时,首先映入脑海的是什么。人们的回答通常是埃菲尔铁塔、卢浮宫、凯旋门、塞纳河、巴黎圣母院、美食、红酒和浪漫,所有这些都有真实的地点和现场的图景。没有人会去想法国的国土面积是多少、人口是多少,或者巴黎的国内生产总值是多少。为什么呢?因为我们回答的大多数重要的地点或者事件都和我们的感官——视觉、听觉、味觉、嗅觉、触觉和情绪的感受有关。

为了争取他人的支持并激发共同愿景,你必须利用创造图像的自发心理过程。当你谈论未来的时候,你需要用语言创造出图景,让他人在脑海中形成一幅图景,想象在旅程结束的时候会是什么样子。虽然有些人的想象力可能比其他人更具创造性,但每个人都能让他人看到他们从未去过的地方。首先,你必须在脑海中生动地想象目的地,然后愿意生动地描述它,让他人看到它,也想要去到那里。

黛比·夏普是一家社区学院的员工学习与组织发展经理,她在组织愿景声明中描绘了一幅非常生动的图景:

> 社区学院不同于其他任何高等教育机构，是一种更加致力于改变生活的教育机构。我们走近学生，帮助他们找到和实现他们的目标。当他们发挥潜力时，我们帮助他们获得成功！
>
> 太阳西下，掌灯者点亮了灯，随着日光渐暗，灯光照耀路人前行。我们在埃尔德学校点亮学习之灯，为学生驱走不确定的黑暗和怀疑。
>
> 当被问到为什么他如此执着于这个重复的、平凡的工作时，掌灯者回答说："我是为了照亮他人而工作的。"
>
> 作为学习和发展的专业人士，我们也同样是掌灯者，创造条件，激发新想法和新观点。我们通过鼓励、提问，以及为实验提供安全的空间，激发学习者的创新思维和自我发现。
>
> 我们点亮的灯照亮了他人前行的道路，使他们能够通过学校向外播撒光明。

就像黛比所做的，让人们看见未来的共同愿景并不需要某种特殊的力量，每个人都拥有这种能力。你可以每次度假旅行回来之后都向朋友展示拍摄的照片，如果你对自己的语言表达能力不够自信，那么可以尝试做这样的练习：与几位亲密的朋友坐在一起，告诉他们你最享受的一次度假旅行，描述你看见和交谈过的人，你在旅行中所看到和听到的，你吃过的食物的香味和口感。向朋友们展示你拍摄的照片和视频，观察他们的反应和自己的反应，你会有什么样的感受呢？我们曾多次重复做这样的练习，人们总说他们感到充满激情和能量。那些第一次听说这个旅游景点的人常常会说："听你说完之后，我真想有一天亲自去一趟。"这难道不是你希望有一天当你描绘完未来愿景之后，希望从追随者那里听到的吗？

积极主动地沟通

想要培养团队精神、乐观主义精神、适应能力，增强信念和自信心，领导者就必须关注积极的一面。你必须让希望变得鲜活，增强人们创造美好未来的信念和努力。人们希望追随那些热情洋溢的、真正信任他人的人，他们希望领导者相信他们的能力、增强他们的愿望、赋予努力奋斗以意义、提供达成目标的资源，以及激励大家对未来积极乐观。他们希望领导者在面临障碍和挫折时仍然充满激情、百折不挠。在充满不确定性的当今时代，领导者必须积极、自信，善于工作和生活。只有不断取得进步，才会让怀疑者闭嘴。

琼·卡特是一所小型私立大学的教员俱乐部新任总经理，她表现出的积极态度和沟通方式改变了俱乐部业绩下滑的局面。在琼上任之前，俱乐部的会员人数和销售额都在严重下滑，客户满意度很低，员工们也分成了不同的派系。

琼看到了这些问题，更看到了一颗蒙尘的钻石。她说："我看到了一座美丽而历史悠久的建筑，充满了时代气息和特色，它应该成为，也必将成为校园里最美的地方。"她在自己的脑海里已经看到了俱乐部熙熙攘攘的人。她看到人们在俱乐部里聊天，享受着高质量的、诱人而又实惠的饭菜。琼看到了快乐的员工，他们主动关心客户的满意度，他们提供的餐食质量远远优于"宴会的餐食"，同事们的全力以赴使得这家俱乐部与众不同。尽管她不太清楚这家俱乐部是怎么衰落到这个地步的，但这无关紧要。从今天开始她就要告诉每位同事这家俱乐部是多么独特和美好。

在接下来的两年里，她经常与客户交谈，与员工并肩工作，向大家传递这样一种愿景：这家俱乐部是一个享用美食和朋友聚会的绝佳场所。随着食物和服务质量的提高，客户和员工都露出了满意的笑容，俱乐部的销售额也节节上升——第一年上升了20%，第二年又上升30%。当一位大学高管询问她是如何迅速而显著地扭转俱乐部的财务状况时，琼回答说："我不是在改善财务业绩。财务业绩只是我们每天努力工作的结果。我的工作是帮助员工们认识到我们工作的真正意义。其实，它一直存在，只是我们忽略了它。我只是帮助大家重新看到了它。"

积极的生活态度会增加人们对未来可能性的想法，这些令人兴奋的机会是相辅相成的。积极的态度使人们心胸开阔，从而看到更多的选择，在工作中更具创新精神。积极向上的人也能更好地应对逆境，在高压力下也更有复原力。相反，当人们感到被拒绝或被冷落时，大脑中一个记录身体疼痛的区域就会被激活。那些批评的话语比鼓励的话语让人更加印象深刻。当领导者威胁或贬低人，使用恐吓战术或专注于解决问题时，他们就激活了人们大脑中的这个区域，使人们想要逃离他们。此外，与鼓励的话相比，负面评论让人们的记忆更深刻、更具体、更强烈。当对一个人的负面评论成为一种成见时，当事人的大脑的思维活跃度就会逐渐丧失。

表达你的情感

在解释为什么卓越的领导者具有某种"气场"时，人们经常说这些领导者具有超凡的魅力，但是，"魅力"这个词经常被误用和滥用，甚至根本不能用它来描述领导者。魅力既不是神秘的，也不是超自然的特质，它是一种人们的行为方式。

社会学家通过可观察到的行为来揭示这种特质。他们发现那些具有魅力的人比其他人更能够激励他人。他们常常面带微笑，语速较快，表达清晰，不时使用身体语言。他们表现出更多的能量，表达出更多的热情，传达出更多的情感。

情感会让事情更令人难忘。要让追随者记住重要的信息，你就需要在言语和行动中加入更多的情感。此外，重大的情感经历被证明能创造最强烈和最持久的记忆。例如，一场激动人心的篮球比赛。

有些事件不一定是自己的亲身经历，但同样令人难忘。例如，在一次试验中，研究人员向两组人展示 12 张幻灯片，每张幻灯片都有一个故事。其中一组的讲解非常枯燥，另一组的讲解非常生动。当他们观看幻灯片时并不知道两周以后会再次接受测试，询问他们还能记得多少幻灯片上的内容。这两组人在回忆前面几张和后面几张幻灯片上并没有太大差别，只是在中间部分表现出很大差异。"那些聆听生动讲解的测试者比另一组测试者更加清楚地记得这些幻灯片的细节。"

情绪体验能够增强人们的记忆，当你把一些重要信息与自己的情绪体验联系在一起时，你更有可能记住它。人们天生就会更多地关注那些让他们感到兴奋或害怕的东西。请在下次做 PPT 时记住这些。让人们记忆深刻的不是内容本身，而是你如何让人们对你描绘的愿景产生强烈的情绪体验。此外，向人们展示一个具体的例子比告诉他们一个抽象的原则要好得多。例如，研究显示，同一件事情的不同描述带来的影响差异极大，一个关于马里的 7 岁女孩挨饿的故事与"马拉维 300 多万名儿童面临粮食短缺"的报道，人们为前者捐款的金额是后者的两倍多。

激发他人的更好方法是要让人们体验到你试图描绘和实现的愿景。路易斯·巴克斯特是澳大利亚一家慈善基金会的执行董事，该基金会致力于为重病患者和住院儿童及其家人提供"生活希望"。她提出了一个计划，让组织中的每个人每个季度至少花半天时间到他们合作的医院亲身体验基金会工作带来的积极影响，并感受他们的个人愿望与基金会的愿望之间的联系。一位经理的观点证实了路易斯的这个计划激励了每位参与者：

> 在这份工作中，我从来没有像现在这样关心工作的结果。我对自己在基金会的工作负有完全的责任，我完全可以看到我的努力带来的积极影响。我知道我所做的事情会有积极的结果，这一

点非常重要。

路易斯告诉我们:"通过让每个人与自己工作的结果建立联系,人们被组织的愿景所鼓舞,不再被日常工作限制住自己的认知。"他们定期去体验救助儿童及其家庭所面临的挑战,大家终生难忘。这个项目带来的强大激励表明,当领导者激发人们的情感体验,而不仅仅是告诉他们该做什么时,就能更好地影响他人。人们所需要的不仅仅是概念性地理解他们所做工作的重要性。

电子技术广泛而迅速的应用,对人们传递信息产生了重要影响。越来越多的人喜欢通过数字设备和社交媒体获得信息与相互联络——从播客到网络播放,从 Facebook 到 YouTube。因为人们容易记住有强烈情感的东西,所以社交媒体比电子邮件、备忘录和幻灯片更具有吸引人们参与的潜力。仅仅写出一个好的剧本远远不够,你还必须表演得精彩,使人们难以忘怀。不过,还是要提醒一句:无论是社交媒体还是传统媒体,积极的信息带来正能量,消极的信息带来负能量。尽管社交媒体上的负面信息往往更容易传播,但如果你的目的是吸引他人,则需要关注它带来的正能量。

请记住,仅仅是内容本身,并不能使信息产生影响,关键是你如何充分利用人们的情绪。人们想要改变,首先必须有感受。思考不足以让人行动起来。领导者的工作是让人们有改变的动力,而表达情感能够帮助他们做到这一点。

真诚地表达

如果你不相信自己所说的话,你就不可能够打动他人。如果愿景只是你个人的梦想,你会发现感召他人是一件异常困难的事情。如果你不能生动地描绘未来愿景,你就不能说服他人。如果未来愿景不能够让你兴奋渴望,那么它怎么能够让他人兴奋渴望呢？以共同愿景感召他人的前提是真诚。

莱拉·拉祖克是一家半导体公司的研发经理，当她被问及她是如何带领开发团队开发一个新的微处理器系列产品时，她回答说："我相信我们可以。只有相信才会有积极的行动。你必须有信心。如果你没有信心，那么你在开始之前就已经迷失了方向。"这也解释了人们追随莱拉的原因：

> 如果我对某件事深信不疑，我就会开始去想象我们做成之后的样子。我在与他人分享这些想法的过程中倍感振奋，同事们也会很快融入这个愿景之中。我不需要做太多的努力，奇迹就会开始发生。同事们开始主动交换想法，投入其中，进行头脑风暴，提出好创意。这时，我就知道我不用再担心了。

如果莱拉的想法是"这个项目太过雄心勃勃，不太可能成功。想出这个主意的人不了解具体情况。我去做是因为这是我的工作，但我真的认为这个项目是一个愚蠢的想法"，那么，这个项目肯定不会取得成功。莱拉解释说，她内心的真实想法是"通过公开分享我所看到的、我所知道的和我所相信的——不仅说一次，而且重复说、变换形式来说——我就能让其他人参与进来"。

最值得信任的是像莱拉一样的领导者，他们有着强烈的热情。最能鼓舞他人的是那些相信奇迹能够发生并勇于表达兴奋渴望的人。人们愿意追随那些对未来乐观、进取和积极的人。没有人比狂热地相信理想的人更坚定了。你是那个人吗？

采取行动
感召他人

领导者描绘共同愿景。他们把人们和共同愿景中最有意义的部分联系起来。他们提高了人们的需求层次和精神境界,不断鼓励人们创造非凡成就。卓越领导者宣传组织的独特性和非凡价值,让人们为自己的工作感到骄傲与自豪。卓越领导者不仅自己认为共同愿景很重要,而且让所有人都认识到它很重要。

要让愿景能持续鼓舞人心,它必须是引人注目的,令人难以忘怀的。你必须为愿景注入活力,让愿景鲜活起来,让人们能够想象出它是什么样子的,他们才愿意为它和独特的未来工作。你要运用各种表达方式让抽象的愿景更加具体、生动,通过使用隐喻、象征性语言、形象的描述、个人魅力,激发人们的激情和兴奋感。但是,首先你必须让人们确信共同愿景,与大家一同共享这一信念。你必须相信你自己所说的话。如果人们感受到共同愿景是真实的,他们就会追随共同愿景。

要共启愿景,你就必须通过描绘一个富有吸引力的共同愿景来赢得大家的参与。以下是一些可以通过共启愿景感召他人的措施:

- 与员工交谈,了解他们对未来的希望、梦想和愿望。你如何才能更好地将组织的愿景与员工的个人愿望结合起来?
- 在谈论组织的未来时,你要展现出积极、乐观的态度,充满活力,并恰当地使用隐喻、象征、例子和故事,让愿景鲜活起来。
- 无论是在虚拟空间还是面对面的场合,你要想方设法地让共启愿景的对话成为日常会议和交流的一部分。你要将愿景沟通融入电子邮件和其他书面交流中,融入你的演讲中。关键是要增加你与他人交流组织共同愿景的频率。

请记住,不同角度的重复沟通会让人们知道这对你、对组织和对他们都很重要。请寻找机会与他人讨论以下这些问题:

- 假设五年后,你来到这家公司参观。你希望所见所闻中最让你感到兴奋的是什么?
- 假如你可以派出几个侦察兵去地平线尽头看看,你希望他们回来之后告诉你什么?

习惯行为3
挑战现状

- 通过积极主动和从外部获取创新的方法来寻找改进的机会
- 进行试验和冒险，不断取得小小胜利，从经历中学习

第 6 章
寻找机会

领导者的职责就是要改变组织内部"按部就班"的工作环境。
——乔·J. 斯帕拉格纳

杰奎琳·马特恩斯相信:"如果我们能够做到一切以客户为中心,就可以建立一个伟大的公司。"杰奎琳曾任一家个人和小型企业金融软件公司英国分部的总经理,她曾有机会大胆而迅速地实现自己的这一理想。当时,这个分部从来没有盈利过,但她仅用一年的时间就扭亏为盈。她回忆说,她上任的第一天就召开了一次全体会议,讨论如何与客户建立伙伴关系,但并没有得到大家的积极反应。那天,她环顾会议室时发现,几乎每个人都瘫坐在椅子上,双臂交叉,流露出怀疑和抗拒的神情。她说:

我让团队退后一步设想这样一种可能性:如果我们能够学会比世界上其他任何人都能更好地倾听客户的意见,我们就一定能使公司扭亏为盈。我分享了自己信念,我们将第一时间开发合适的产品和制订正确的实施计划,我们将一起去了解客户想要什么。

在阐明了我的这些初步想法之后，我又花了半天的时间教授大家如何与客户有效沟通，以及如何从与客户的互动中获得有价值的信息。

到了中午，她看到越来越多人的情绪变得乐观起来，虽然仍有少数人充满顾虑。就在那时，她把客户清单发给大家，让他们打电话给客户，看看能够为客户做点什么。

接下来，奇迹开始出现，他们听到了很多客户的需求，并逐渐认识到："哇，这个需求我们可以满足呀！""哇，我不知道你对我们公司是这么看的。"在大多数情况下，客户的反馈都很好，这是一个让员工了解公司价值的好机会。大家能够迈出这一步就很鼓舞人心了。

电话访谈结束后，整个公司分成几个跨职能小组，相互讨论他们从中学到了什么，以及他们需要做些什么来改变组织和解决客户的特定问题。杰奎琳说："那天结束的时候，大家热情高涨。在我们重新回到会议室分享一天的收获时，即使那些最没有信心的人也说：'做完今天的客户电话访谈，我开始对开发产品有信心了。'"

那天讨论形成的如何提升客户满意度的想法成为他们新商业计划的组成部分，并带来一种新的经营方式。在接下来的几个月里，杰奎琳为了确保这种上升势头持续下去，她特别注意与客户的电话沟通，而且每周都亲自打电话了解客户需求，并让每个同事都知道她在给客户打电话。她花了大量时间与客户服务代表交流，不断地询问他们："我们今天能做些什么来改善客户的体验？"她和其他公司领导把询问这个问题变成与员工交流的一种惯例。不到7个月，英国分部就实现了历史上第一次盈利。

杰奎琳所做的是所有卓越领导者都在做的。她以客户为中心，紧跟变化的趋势，对外部变化保持敏感。她说服大家认真对待他们所面临的挑战和机遇。她是变革的催化剂，挑战团队现有的做事方式，并说服其他人要结合新的实践来获得更大的成功。

我们对个人最佳领导力案例的分析显示，人们分享的案例大多是对他们的组织产生重大影响的重大变革。在我们的研究中，人们谈到了他们如何扭亏为盈、创办新企业、开发新产品或服务、安装未经测试的程序、重新启动面临关闭的业务，或者释放被困在令人窒息的官僚体系中的创业精神。这些案例都是关于彻底告别过去，前往未知领域的。

领导变革是领导者的职责。卓越领导者知道，不能一味地循规蹈矩，他们必须改变人们做事的方式。组织单凭良好的意愿并不能获得超出预期的结果，人员、流程、体系及战略都需要改变。组织的所有这些改变都需要领导者积极地寻求更好的做事方法以谋求成长、创新和改进。

卓越领导者致力于寻找机会，成就卓越。他们专注于两个重要方面：

- 积极主动。
- 洞察外界。

有时候领导者需要主动引领变革，有时候他们只是利用周围环境的不确定性顺势而为。无论如何，领导者都要带领组织成就卓越，为此，他们需要借助对外界机会的洞察，从既有经验的边界之外寻求创新的想法。

积极主动

你必须积极主动，敢于挑战传统，找到创造性的方法来做事。

——珊妮·桑

当人们回忆个人最佳领导经历时，他们总会想到一些挑战。为什么？因为个人和事业上的困难总会让人们思考自己是谁，以及自己想要成为什么样的人。这些困难在检验人们的价值观、欲望、愿望、能力和潜力。它们要求人们用创新的方法来处理新的和困难的情况。它们也激发人们的最佳潜力。

迎接新的挑战总是要求采用新的方法创造新的价值。如果你期待不同的结果，就不能采用原来的解决方案。你必须打破现状，正如拉里·埃文斯在他个人最佳领导经历中所描述的。在一年之内，他的团队将制造一台计算机所需的时间从 26 周缩短到 6 周。他们是怎么做到的？他说："你要做的第一件事，就是挑战现状。"

他的观点与研究人员在研究创新生产组织的人力资源实践和组织设计时的发现是一致的，他们试图了解是什么促进了企业的创新，又是什么阻碍了企业的创新。我们的研究和他们的研究是相互独立的，在不同的地区和不同的时间进行。我们研究的是领导力，他们研究的是创新。然而，我们得出了相似的结论：**领导力与创新密不可分，就是将新思想、新方法或新解决方案付诸实践的过程。创新意味着变革，而"变革需要领导力……领导力是推动战略决策实施的'原动力'"。**

我们没有要求人们讲述变革的故事。他们可以回顾自己的任何领导经历，但人们选择分享的都是他们面对挑战时所采取的变革措施。他们选择谈论变革，这就表明他们希望改变按部就班的工作环境。挑战与变革密切相关，同样，挑战与成为卓越领导者之间也密切相关。艾米·布鲁克斯是一家大型体育特许经营公司的首席创新官，他说："无论我们负责转播、门票销售还是社交媒体平台，每个人每天都必须思考：我如何挑战现状，做一些不同的事情。"罗宾·塞尔登是欧洲一家计算机外围设备和软件制造商的总经理，她告诉我们："我认识到，作为一名领导者，我的工作就是每天带来改变。"我们的研究数据支持了艾米和罗宾的观点，领导者越频繁地**"要求员工试验采用新的和创造性的方法进行工作"**，他们的下属就越强烈地认同他们在致力于组织的成功，并感觉自己工作更高效。同样，如图 6.1 所示，除非你的下属经常看到你**"积极主动地预料变化并采取应对措施"**，否则他们不会向同事夸赞你是一位优秀的领导。

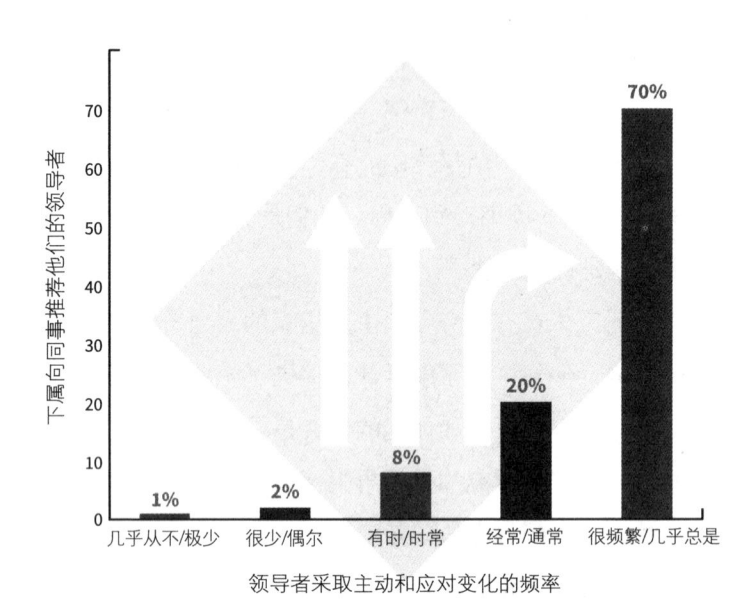

图 6.1 领导者越经常主动应对变化，下属就越经常向同事推荐他们是优秀的领导者

研究领导力就是研究领导者如何带领他人穿越逆境，驾驭不确定性，跨越艰难险阻，进行转型与变革；研究如何带领他人恢复活力，开始新的征程；研究如何带领他人应对重大挑战。领导力所研究的对象是战胜巨大困难的人，是克服惰性采取主动的人，是质疑常规、激发他人勇于克服强大阻力的人。研究领导力也是研究当人们在停滞不前时，领导者如何积极地打破现状、唤醒大家对新生事物的认知。领导力、挑战和积极主动三者密不可分。平淡无奇的环境无法孕育骄人的业绩。

罗宾·唐纳修是一家全球医疗保健公司质量工程团队的领导者，他在解决产品众多不合格的问题时秉持了这样的态度。他们的改进目标是把产品的不合格率降低 20%。带着这个目标，他和同事们认为他们可以改变现有系统的所有部分，但是他们也认识到这远远不够。罗宾让同事们进行脑力激荡："我们需要跳出固有思维模式，不墨守成规，要试验创新的想法。如果一切皆有可能，我们会带来什么改变呢？"他们在组织内部和外部进行了很多试验，希望获得新的视角。到年底，他们将产品合格率大幅度提升到最初目标的 3 倍。罗宾认为大家一起积极主动，寻找可以改进的各个方面，并且愿意（在内部和外部）寻找想法，这样的行为"培养了一种好奇、创新和学习的文化氛围"。

这段经历让罗宾认识到，领导变革是领导者的职责。他说："规章制度并不意味着一成不变。""总有办法去优化流程，你需要做出改变。"对于领导者来说，你不能仅仅是完成现有任务，即使你在正确的方向上，如果你只坐在那里等待，你也很可能会被淘汰。作为领导者，你必须竭尽所能，主动出击，推动变革。

推动变革发生

卓越领导者知道，如果只是一次次重复做同样的事情，就不会产生不同的结果。打破常规和惯例需要你把每一项工作和任务当成一次冒险。你要从正在做的事情中抬起头来看看周围，花时间和精力去寻找其他更好的目标和方法，以创造更大价值。

乔·巴尔西的个人最佳领导经历是重振一家全球领先的物流供应商分公司的业务。为了实现业务振兴，他不得不挑战现状。他让团队里的每个人都换位思考，开始关注外部而不是内部。他敦促他们花时间了解客户的需求，走出办公室去收集数据，与客户面对面地交流。这个过程带来了许多小小的积极改变，例如，大家同意延长办公时间以满足更多客户的需求，听取关键客户的意见反馈，分析竞争对手的最佳做法。乔经常询问团队成员："我们要如何团结协作来改善业务？我们需要做出哪些改变？"两年后，分公司利润增长了140%以上，排名从全公司业绩最差的分公司之一变成了全球排名前30的分公司。

正如乔的个人最佳领导经历展示的那样，当人们跳出现有的工作约束，看到其他人没有看到的机会时，他们就可能产生最高的绩效水平。当然，一些规范的行为、政策和程序对于生产力和质量保证也是至关重要的。然而，其中的许多只是习惯和传统。艾米丽·泰勒在一家欧洲全球金融服务公司客户服务部门工作,她在个人最佳领导经历中写道:她注意到她的经理已经变得非常因循守旧,"看不到,或者不想看到当前的系统是多么低效,人工服务将带来多么大的灾难"。她认识到:"领导者需要不断寻找改进的机会,识别和改善运转不良的系统,以及营造一个人人都愿意分享新想法和参与改变的环境。"

正如艾米丽所认识到的,新工作和新任务是提出探索性问题和挑战事情如何完成的理想机会。你可能会问:"我们为什么要这样做?"在你从事一项新工作时,不要只问这个问题,要让它成为你领导工作的一部分。通过提问,测试人们的假设,激发不同的思维方式,开辟新的探索途径。通过提问,不断发现改进空间,促进创新。对商业突破的研究发现,突破通常缘于人们对问题存在原因的质疑,通过解决问题从而带来突破。

领导者不会等待许可或命令才采取行动。当他们注意到工作低效的时候,就会推动变革,形成解决问题的方案,赢得追随者的支持,促成期望的结果。例如,星巴克最成功的产品之一 "Frappuccino"饮料得以上市,就是一位地区经理迪娜·康平首创的。她看见顾客们去竞争对手的商店购买冷饮,非常沮丧。但星巴克并没有这样的产品,也拒绝了许多这方面的需求。然而,迪娜看到了这个机会并渴望进行试验。她说服西雅图的零售部门的同事为她的试验做了宣传,并购买了搅拌机来试验这种饮料的配方。他们没有得到公司许可,他们采取了主动,在迪娜所在的咖啡店试制了这款产品,并请顾客进行品尝。随着越来越多的人选购这款产品,公司最终同意投资这种饮料,经过数次试验,获得了广阔的市场,如今"Frappuccino"已成为星巴克历史上最成功的新产品之一。

研究清晰地表明,那些在积极主动一项被上级评价较高的经理,被认为是更加高效的领导者。被同级评分高的经理同样被认为是更好的领导者。在企业家、管理人员,甚至大学生求职中也发现了类似的积极主动与绩效之间的联系。与人们的反应或被动反应相比,积极主动总是能产生更好的结果。通过跨文化的样本比较,我们发现积极主动的经理"挑战现状"的得分高于平均水平的经理,这种倾向与性别和民族文化无关。当人们主动求变时,他们表现得更好。正如篮球运动圈里所说的,篮球不会自己投进篮筐。

一家领先运动服装公司创始人的口头禅是:"虽然已经很好了,但现在我们要让它变得更好。"他通过这句口号来激励公司的同事不断追求完美。根据一家公司供应链总监普拉桑特·舒克拉的经验,领导者"偏爱行动和创新。他们喜欢迎接巨大的挑战,并不断朝着理想的目标前进。他们不沉迷于现状,喜欢引领对组织成功有积极贡献的变革。他们不断主动寻找创新方法来改进工作"。

正如普拉桑特所观察到的那样,领导者想要成就卓越,但他们经常被"如果没坏,就不要修"的心态所阻碍。你要在工作场所四处走走,看看有哪些地方看起来不太对劲。然后,提出问题并促进改善。当菲尔·特纳成为一家电线电缆工厂的经理时,他花了很多时间来适应工厂的噪声和气味。起初,他分不清各种机器的声音,它们听起来都像噪声。但很快,他就能听懂每台机器发出的独特声音,就像在听一支管弦乐队的乐器演奏一样。有一次,菲尔通过声音发现了用来卷线的机器没有全速运转。当他询问工人时,他们告诉他不知道如何修理,而且担心如果机器满负荷运转会造成过度磨损。菲尔迅速采取行动,组织了一项员工培训计划,使机器能够满负荷运转,并使操作员能够在机器出问题的时候进行处理。

鼓励他人采取主动

变革需要领导力,需要组织中的每个人,甚至组织中最基层的员工都主动参与团队的创新和改善。阿兹米娜·扎韦里和一群志愿者在加州北部的一个社区中心工作时,她发现传统工作场所的压力和要求削弱了创新,并且对于新想法置之不理。她坦诚地说,他们很容易落入这个陷阱。她意识到自己只是忙于后勤和文书工作,总是忽略新的思维方式,"相信日益单调的工作正在以正确的和可预见的方式完成"。

为了打破这种模式，她召开了讨论会，在每个项目完成之后开会讨论如何在下一个项目中做得更好。在这些讨论会中，她邀请团队成员为改进项目提出意见和建议，并鼓励他们分享在其他活动中了解到的或经历过的事情。她还为团队创建了一个电子版日志，以记录新想法，详细描述他们决定试验的新想法，并记录他们从这些经历中学到的东西。阿兹米娜和团队成员知道，不是所有的事情都能获得成功，但正如她所说的："在这个不断变化的时代，试验新事物对于与时俱进是非常必要的。"

领导者主动出击，并鼓励他人积极主动。他们鼓励大家畅所欲言，提出改进建议，坦率地提出建设性批评意见。数据显示，下属认为他们的领导者"**要求员工尝试采用新的和创造性的方法进行工作**"的行为频率越高，他们在工作中的成就感和创造非凡的信念就越强烈。他们坚信自己正在改变世界。当他们被问到"如果工作需要，你愿意更努力、投入更多时间吗"时，他们的回答与认为领导者要求他们"**尝试采用新的和创造性的方法进行工作**"成正相关关系。与那些很少挑战他人的领导者的下属相比，那些表示他们的领导者经常挑战新的和创造性方法的下属，他们的工作动力增加了十倍以上。

当下属说他们观察到领导者"寻找具有挑战性的机会来检验自己的技能和才干"的频率越高，他们的工作投入程度、积极性和工作效率也越高。因此，如图6.2所示，这种领导行为与下属认为他们的领导者是与他们共事过的"最好领导者之一"成显著正相关关系。

斯蒂芬·拉维扎发现，当一位工程师回答他关于项目可行性的问题说"这行不通"时，似乎团队中每个人都在重复这句话，听起来大家已经准备接受失败。但作为项目负责人，他建议团队采取另一种策略，他问："我们来想想行得通的方法是什么？"他提出的这个问题引发了新的讨论。团队成员慢慢地从冷嘲热讽转变为积极探讨，大家的注意力转移到实现项目的可能性上。斯蒂芬接着问："假设我们能用魔法移除这个障碍，我们是不是就能获得成功呢？"团队成员一起专注于项目的可能性，不再受传统思维的限制，于是产生了几个可行的新想法。团队成员的创造力和想象力达到了新的水平，并认为他们确实可以使项目获得成功。

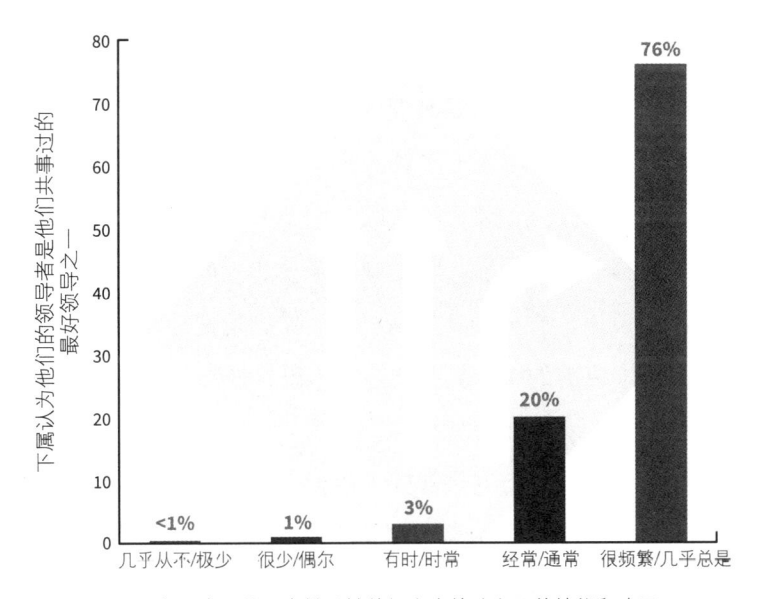

下属认为他们的领导者是他们共事过的最好领导之一

几乎从不/极少	很少/偶尔	有时/时常	经常/通常	很频繁/几乎总是
<1%	1%	3%	20%	76%

领导者寻找具有挑战性的机会来检验自己的技能和才干

图 6.2 对领导者工作表现的评估越频繁，他们的下属就越认为领导者挑战自我

你可以创造条件让团队成员愿意在动荡或平静的时刻积极主动。首先，你要通过提供机会让人们一次学会一项技能，使得他们产生一种"我能做"的自信。培训对于培养人们的能力和自信，使他们能够有效地应对和改善面临的困难处境至关重要。例如，亚里士多德在一家网络存储公司担任营销项目经理，他发现他们面临的问题并非他的项目所独有，其他项目也存在类似问题。他说服他的上级提供资金，让团队成员接受专业培训和了解行业内外正在使用的最新流程。通过培训，人们可以看到采用新的流程将是有益的和富有成效的，支持组织更好地管理他们在项目中面临的不确定性。亚里士多德告诉我们，在推出任何新的流程应用之前，还需要做更多

的工作。

"我们需要在环境中测试它的有效性。测试会促使我们在实践中学习，允许我们在必要时纠正错误，更好地管理变革。在受控环境中实现这一目标的最佳方法是进行小规模的试点。我的两个同事志愿参与并领导了这些试点项目。通过这些试点，我们在不同的阶段对进程进行了监控，识别出了缺陷，根据我们的公司环境定制解决方案，不断优化新流程。"

他的这一经历也表明，领导者要找到让人们发挥自己能力的方法。你要逐步提高标准，但标准要在一个让人们觉得他们可以成功的水平上。你如果把标准定得太高，人们就容易失败；如果失败的次数太多，他们就会放弃试验。每次提高一点标准，随着越来越多的人最终适应了新标准，建立了持续提升的自信，再把标准提高一点。要确定把标准提高到多高，还需要你了解同事们目前的能力。对一些人来说，提高 5% ~ 10% 可能太容易了，但对另一些人来说可能太困难了。

你还可以把那些成功应对挑战的同事树立为榜样来激发其他成员的主动性。数据表明，**人们越是认为领导者是主动进取、挑战自己的技能和才干、从经历中学习，他们就越热爱组织的工作环境**。通过观察榜样的行为，人们可以掌握他们想要获得的技能的动态特性。积极的榜样是必要的，因为人们不可能在学习负面榜样中成就卓越。人们只能在学习卓越的榜样基础上迈向卓越。你可能知道有 100 件事情不该做，但如果你连一件该做的事都不知道，那你就不能很好地完成任务。让人们专注于一两种他们最想学习的技能，并寻找一个可以学习和模仿的榜样，可以将人们与学习榜样连接起来，帮助人们在内心建立起他们可以像榜样一样拥有同样技能的图景，并帮助他们从内心深处认同为什么培养这种能力是很重要的。

带着使命去挑战

使命是内驱力的巨大动力来源，人们没有它就无法长时间坚持下去。

因此，领导者不会为了挑战而挑战，就像不会为了让人们保持警觉而去摇铃一样。批评他人的新想法和新建议，或是挑剔他人创意中存在的问题，却不能提供建设性的解决方案，这样的行为不是挑战现状的行为，而只是在抱怨，只会打击他人的积极性。领导者要做有意义的挑战，他们通常满怀激情地挑战现状，因为他们希望人们过上有使命感和意义感的生活。他们坚信，当流程、产品、服务、系统和关系不断得到改善后，所有利益相关者的生活会变得更好。但要让大家全力投入这一挑战性的工作，就需要让大家知道为什么。人们在理解了组织的深远意义后，才会积极投入。让具有挑战性的工作变得有意义表明了"共启愿景"和"挑战现状"两项行为是如何密不可分的。当人们能看到愿景如何与他们目前正在做的工作有意义地联系在一起时，他们就更可能长期努力去实现目标。

应对生活和工作中的挑战与不确定性的最大动力来自人们的内心，而不是外在。传统的胡萝卜加大棒策略收效甚微。我们的研究和其他许多研究表明，人们在面对挑战时涌现出来的竭尽全力的最大动力，通常都发自内心。他们的任务或项目必须具有内在的吸引力。

研究人员对这样一种假设提出了质疑：**给予人们更多的金钱报酬（例如，提供或增加"财务奖励"）就可以显著地提升绩效**。如今的观点认为，有条件的报酬（例如，绩效工资）可能是一个失败的策略。相关研究对此提供了令人信服的证据：**外部激励实际上会降低员工绩效，并创造一种分裂和自私的文化**。外部激励恰恰削弱了那种发自内心的使命感。人们追求卓越，首先考虑的绝对不是"为了获得什么回报"，而是"什么是值得做的"。

你永远无法通过支付金钱来激发人们的热爱——热爱他们的产品、服务、社区、家庭、财务业绩。归根结底，他们为什么要突破自己的极限去完成非凡的任务呢？他们为什么要做那么多的事情而无所求呢？他们为什么为有价值的事业筹集资金，或者帮助那些贫困失学的孩子呢？他们为什么要冒着九死一生的风险去创业，或者冒险去改变社会现状呢？他们为什么要冒着生命危险去拯救他人或捍卫自由呢？他们是如何在没有大量金钱、期权、津贴或特权的情况下，在持续努力工作中获得满足感的呢？外在奖励当然不能解释这些行为。领导者真正打动人们心灵和思想的绝不是物质和金钱。

当你拥有一种超越自我的使命感时，你就可以很好地回答这些问题。当阿琳·布鲁姆带领第一支女子登山队攀登世界第十高峰安纳普尔纳峰时，有人问她为什么要登山，她的回答不是"因为山就在那里"。阿琳坚持认为，区分成功和失败的分界线是相信"你所做的事情是有意义的……然后……你才能够克服恐惧和疲惫，迈出下一步"。这项研究显示，除非人们能在他们的工作中找到目的和意义，否则他们不可能长期坚持去做，也不可能付出必要的努力来改变现状。对于领导者来说，在高度不确定的时期，要充分认识到这一点的重要性。对新冠疫情带来的"大消耗"的研究进一步证实，工作和生活的目的与意义对于人们克服困难至关重要。人们表示，没有在工作中找到更大的意义是他们离职的主要原因之一。

相较于在安全和简单的时期，在充满风险和复杂的时候，人们更需要方向和引导。人们需要有继续攀登、努力和奋斗的理由。这个理由不仅仅是短期的回报，它需要更持久的支撑。当你激励人们去挑战成长、创新和进步时，你需要解释清楚这些挑战将怎样帮助他们的同事、客户、家庭和社区。你要把挑战与更大的价值联系起来，给人们一个投入的理由。

洞察外界

> 那些能够成就卓越的人总是喜欢走出去，寻找机会。
> ——安·鲍尔斯

在访问北加州期间，我们偶然发现了一些可以给领导者的极其重要的忠告。当我们来到门多西诺海滨时，拿到了一本描述海岸上一片特殊水域的宣传册。在首页上的显著位置印有这样一则警告：

"永远不要背对大海。"

为什么不能背对大海饱览内陆小镇的风光？因为有许多不期而遇的滔天巨浪很可能在你背对大海时把你卷走。这是给旅行者的救命忠告，对领导者也是一样的。当你合上双眼无视外界的现实，沉迷于组织内部多姿多彩的景色时，你也许会被外部变化的大浪卷走。

你必须始终关注外部的现实世界。洞察力（理解事物内在本质的能力）与观察力（对外部事物的意识和理解）仿佛一对双胞胎，没有这两个方面，创新就不会产生。观察力来自对外开放。根据一项对全球 CEO 的研究，最重要的创新思想来源于组织之外。想法有时来自顾客，有时来自早期用户，有时来自供应商，有时来自商业伙伴，有时来自其他组织的研发实验室。

领导者必须始终积极地寻找新事物出现的最模糊的信号，并专心倾听其最微弱的信号，见微知著、一叶落而知天下秋。你要通过对新思想和新信息保持开放，来理解周围正在发生的事情。没有向外观察的洞察力就像盲人摸象，无法得到一张全景图。

请看看何淑仪对她的经理的描述，她的经理有丰富的财务和会计方面的经验。但经理总是询问她一大堆问题。

XYZ 是什么关系？这个数字的含义是什么？你对此有什么看法？起初，我觉得很奇怪，他怎么会问一个经验较少的年轻人这么多问题。他难道不知道答案吗？他不自信吗？但是，我很快意识到他是一位真正的领导者。他在锻炼自己的洞察力——听取他人的想法，从而进一步拓宽自己的认知，他从许多不同的角度看问题就能尽可能全方位地认识问题。他当前和未来的正确决策取决于他的持续和全方位的观察与思考。

观察你经验之外的世界

就像何淑仪的经理一样，安妮·王是一家商业数据中心和云计算安全公司的数字营销总监，她一直对周围的事情保持开放和好奇。她以爱问问题而著名。她的下属将她描述为"她不停地提问，直到完全理解讨论的内容"。安妮说，这样做的一个重要原因是，"她总是试图从别人的角度来清楚地了解情况"。

研究人员通过对高管的跟踪发现，最成功的人不是在等待信息，而是主动走出去扩大自己的知识面，以便明确下一步该做什么。例如，他们收看早间新闻，在同事的办公室短暂停留，在走廊或工厂里散步，去自助餐厅吃午餐，或与同伴共进午餐，参加非正式的聚会和庆祝活动，参加培训项目和会议，等等。他们的主要关注点之一是"留意公司内部和周围发生的事情"。他们很警觉，总是在问："发生了这样的事情，我怎么不知道呢？"

通过四处看看，提出问题，不仅可以让领导者跳出自己的经验牢笼，还可以促进外部和内部对话，找到创新的机会。这也影响着人们对组织的自豪感和忠诚，以及他们愿意采取额外的努力来促使项目更加成功。例如，我们的数据显示，下属越频繁地观察到领导者"**主动寻找创新方法来改进工作**"，他们就越会感到自己在做与众不同的重要事情。

对大脑处理信息模式的研究建议，要想发现事物的不同之处并具有创造性，你必须用未知的信息去"轰击"大脑，这种新奇的方式极为重要。你只有强迫自己摆脱已有的认知局限，才能让大脑重新分类信息。冲破惯有的思维模式是获得新颖想法的根本出发点。

令人惊讶的是，人类的大脑在支持其根深蒂固的世界观的同时，却能识别出与之相反的证据。麦肯锡公司的研究表明，个人的直接经验非常重要："你亲眼所见和亲身经历获得的感受是在会议室的讨论中所无法获得的。由此可见，你亲自听取人们直接、间接的经历，走出办公室进行创意建设或激发想法的活动是极具价值的。"有人说，要认识你周围发生的事情，只坐在办公桌或者卧室沙发上是不可能的。

当考尼特·博拉格在一家零售店担任助理经理时，她认识到了这一点，因为她的销售团队陷入了困境，没有完成任务。零售行业与许多其他行业一样，人们往往坚持使用他们认为有效的策略，直到被迫改变。

> 没有人知道如何改变我们的领导风格，所以我让每个团队成员在商场里挑选两到三家店进行观察。我想激励和挑战团队，让他们密切关注那些同事是如何销售产品的，并回来分享他们观察到的新想法。例如，Gap是一个以顾客满意度为中心的中等品牌，路易威登是一家基于佣金提成的奢侈品零售商，等等。团队成员回来之后，大家分享了各自收集到的信息，他们从其他品牌中学到了很多新东西，跳出了既有的思维框框，看到了畅销品牌的营销经验中有哪些可以为我所用。这些新的销售经验帮助我们的团队摆脱了思维窠臼，重新走上了新的轨道。

正如考尼特说的那样："如果你只和周围的人交流，而不跳出自我中心的局限从新的视角看问题，你就永远不会有新的发现。事物充满挑战和刺激，它需要你走出舒适区去发现它。"

领导者知道，创新比日常工作需要更多的倾听和更多的沟通。成功的创新不会从52层的总部大厦里跳出来，也不会来自市府大楼的办公室。你必须建立广泛的人际关系和人际网络，必须去各处走走，了解客户需求，与周围的世界保持接触。

倾听并促进不同的观点交流

变革的需求常常来自组织内部或外部。如果组织一切运转良好，那也许就没有必要急着去变革了。但事实是，如果我们希望做得更好，那么按部就班就显然不能创造非凡。标准操作规程（Standard Operating Practices，SOP）使工作保持现状，但往往在动荡和不确定环境中不能完成或适应要求更高的任务。

路易斯最早是富国银行的一名金融分析师，他告诉我们，银行是如何通过标准操作规程来培训他的，他被要求在部门内照章行事。他的职责主要是做每天、每周和每月的报告，这些工作适合按照 SOP 展开，"但我的其他工作要求我要有创造性的思考"。然而，当挑战性工作增加时，他发现 SOP 不再有效。当他在工作中积累了丰富的经验，并获得了更多的管理技巧时："我开始质疑工作方式的有效性。我开始询问经验丰富的员工和我的上级为什么要使用 SOP。我很快就了解到，使用 SOP 的原因是没有其他选择。在过去的 10 年里，每位员工都被教导如何用 SOP 来做自己的工作，没有人想要更新它，或者想办法使用其他不同的方法来解决问题。"

路易斯接着说，他觉得"一位领导者需要有足够的勇气去逆流而上，挑战现状"。他还认识到他需要知道自己知识的局限性，并心态开放地了解周围人的想法和经验。因此，他主动与他的同事、不同部门的经理和一些主管交流，听取他们的意见。他说，他收到的最好的建议来自一个意想不到的人，那就是在当地一家分行做出纳的同事。路易斯告诉我们："如果你知道好的创意可以来自任何人，你就不会错过任何的创新机会。以我为例，我向公司里的每个人询问如何应对我所面临的挑战，我乐于接受任何人的想法。"路易斯的经验适用于许多其他的挑战，特别是当挑战是全新的时候。例如，在新冠疫情期间，人们必须在遵循 SOP 和创新之间做出选择。当企业被封锁，员工在家工作时，原有的正常经营方式就行不通了。领导者必须转向并采用全新的方式来完成任务。

领导者如果想要有效地挑战现状，路易斯所展示的接纳新创意的能力就是领导者必须培养的一项技能。你需要明白，每个人都有自己的独特视角，来自不同背景的多样化人群则可以群策群力、集思广益。多视角的信息和观点可以帮助你形成更好的决策方案，改进过时的系统。无论信息来源如何，成功的领导者鼓励所有利益相关者分享信息和观点，乐于接受不同的想法和创意，并利用集体智慧提出一个更有效的解决方案来应对挑战。否则，公司可能忽略消费者、员工和利益相关者等的重大需求变化，导致与社会脱节，失去生存的根基。领导者在寻找需求、趋势和机会时必须更加包容和谦逊，以保持关联性和有效性。

研究人员发现，除非组织能持续鼓励人们与外界保持沟通，否则人们与外界之间的互动次数会越来越少，同时新的思想也被隔绝在外。一个经典的研究检验了人们之间的关系，它考察了人们一起工作的时间长短和项目小组中沟通的三个层面（具体的**项目沟通、人际口头交流和专业绩效**）之间的关系；与此同时，每个团队的绩效由其部门经理会同实验室总监一起考核。绩效较高的团队与实验室之外的人或本组织其他部门的人员保持着明显更多的沟通，例如，他们与市场部、制造部或外界的专业团体的沟通更多。有趣的是，一起工作时间最长的小组对外交流最少，使他们与其他部门的技术进步和思想隔绝。长期在一起工作的团队切断了自己与最需要的信息的联系，从而降低了他们的绩效。他们在一起太久了，似乎觉得没有必要和外人交流，他们只需要互相交流就很好了。

人们向他人寻求建议和意见的担心之一是这可能显示出他们是无能的，他们不知道应该知道的事情。然而，研究表明，这种担心是多余的。当任务更加具有挑战性的时候，人们认为那些寻求建议的人比那些不寻求建议的人更有胜任力。你可以通过提问来改善人们对你的胜任力的看法，并向那些知道他们在谈论什么的人寻求建议。这样做会让他人觉得自己被人肯定。因此，当你遇到一个特别令人困惑的问题时，不要犹豫，去与有相关经验的人聊聊。这是一个发挥他们价值的机会，他们很可能以后会更多地考虑你提出的问题。

你要从不同的角度接受新信息。例如，你要站在那些让你沮丧或激怒你的人的角度思考，想想那个人可能会教给你什么。倾听是为了学习，而不是为了改变自己的观点。此外，要主动寻求你不熟悉的人的意见。另一种策略是通过类比来建立联系。例如，请比较你的组织和另一个组织，如果你和同事们讨论："谷歌将如何管理我们的数据库？联邦快递将如何重新设计我们的物流系统？丰田将如何改变我们的生产系统？丝芙兰会如何改变我们的客户忠诚度计划？Salesforce 将如何让我们成为'最佳雇主'？"你会有什么新的收获呢？

提问和寻求他人的建议会带来整个组织内部的知识共享。这种求知欲也增强了人与人之间的关系。你必须倾听外部世界的声音，提出一些好的问题。你永远不知道一个伟大的想法会从哪里冒出来。

将每一份工作都视为一次冒险之旅

当我们请人们讲述是谁发起的在他们最佳表现经历中提到的项目时，我们假设大多数人会说是他们自己。但令人惊讶的是，事实并非如此。有一半以上的案例中提到，激发他们最佳表现的项目发起人是他们的直接上级，而非他们自己。在组织中，没有人能够从零开始做成任何事情。因此，无论你的工作项目是自己发起的还是上级分配的，都不是最重要的。区别在于人们是如何看待这个任务的。他们可以把这个项目看成另一项需要完成的任务，或者他们可以把它看成一次冒险——一种可能发生的事情。卓越领导者则把它看成一次冒险。

无论是你主动寻找挑战还是挑战找到你，这并不重要。重要的是你所做出的选择。重要的是你挑战现状的目的是什么。问题是：当机会来临时，你准备好了吗？你准备好去把握机会了吗？组织的可持续能力、电子商务、精益制造、大数据、社交媒体营销、敏捷开发项目、混合工作等的真正魔力在于让每个人都参与进来，使日常工作更有挑战性和更有意义。

即便你已经从事当前的工作多年，你还是要把今天当成工作的第一天，问问自己："如果我是第一天开始这项工作，我应该怎么做？"你可以现在就这样问自己。你要对所有能提升组织能力的方法保持高度敏感，识别出那些你总想去做但又从未采取行动的项目，也要求你的团队成员那样做。

你要成为一名冒险家，一个探路者。在组织中你有哪些地方还不曾去过？在服务的社区里有什么地方你还不曾前往？请制订一个计划去考察这些地方，去实地考察一家工厂、一座仓库、一个配送中心，或者一个零售商店。拜访一下你感兴趣的职能部门、事业部或者重要客户。当你成为"神秘顾客"时，看看顾客的体验怎样，或者打电话给你的客户服务部门了解他们的反应，或者到市场一线体验一下员工的具体工作。

你不需要成为高管才能了解组织周围正在发生的事情。你无论身在何处，都可以去找寻新的想法。如果你希望推动创新，希望人们倾听来自部门之外的声音，那就把收集新想法作为自己最先考虑的事项，鼓励人们眼耳并用地去观察、倾听组织外部的世界。你可以从攻坚小组、顾问委员会、意见箱、早餐会、头脑风暴会议、客户评价表、神秘购物者或神秘客户那儿收集想法，还可以走访竞争对手。在线聊天室也是与外界交流思想的极佳场所。邀请客户、供应商、其他部门的同事和客户参加你的会议，就你的部门如何改进提出他们的建议。

你要把收集想法作为每天、每周和每月计划的一部分。请试试打电话给三个已经有一段时间没有使用你的服务或购买你的产品的客户，问问他们的理由是什么。当然，你也可以使用电子邮件，但人们更喜欢听见彼此的声音、看见彼此的笑容。你可以到销售前台，询问客户是否喜欢你的公司。你可以到竞争对手的商店购物，或者独自去自家商店购物，看看商店里的销售人员是怎么说的。你可以打电话到自己公司的办公室，听听他们是如何接听电话和处理问题的。请在每周的员工会议上至少拿出四分之一的时间来收集改进流程、技术、新产品和服务的想法。

这些方法可以帮助你的眼睛和耳朵保持对新想法的开放。让自己广开言路，保持开放和接纳，乐意倾听、考虑和接受来自公司外部的想法。如果你从不观察你的组织之外发生的事情，那么你就跟不上潮流。

采取行动
寻找机会

致力于成就卓越的领导者欢迎来自任何人的想法，他们擅长利用自己的观察力不断地学习技术、政治、经济、人文、艺术、宗教及社会中的新思想。他们寻找机会应对组织环境中不断出现的变化。他们积极主动，不会在变革中随波逐流，他们创造和引领趋势，他们抢占先机去应对组织环境中不断出现的变化。

你不必去改变历史，但是你必须改变"惯常思维"。你需要积极主动，不断地激发并采取新的行动。领导者要走在变革的前列，而非亦步亦趋，要使自己和追随者避免陷入虚假的安全感。创新与领导力密切相关，这需要你更多地专注于试验和创新，而非专注于日常的运营工作。请记住，最具创新性的想法往往不是来自你和你的组织。在绝大多数时候，创新思想来源于你和你的组织之外。因此，优秀的领导者会认真洞察外界，以期发现绝佳的创意。卓越领导者不仅需要向内看，更需要向外看，那是未来和创新所在。

领导变革是一次冒险之旅，它考验你的意志与能力。这个旅程艰辛但充满刺激。逆境让你更好地了解自己。为了让自己和他人表现出色，你必须了解自己工作的目的和意义。

挑战现状要求你必须**通过积极主动和从外部获取创新方法来寻找改进的机会**。你可以采取以下行动：

- 在每周的团队例会上以这样一个问题开始:"你上周采取了什么行动使自己表现得更好?"
- 请在你的工作单位或社区承担一项艰巨的任务。积极主动地寻找机会锻炼自己,学习一些东西。
- 寻找创意。请拜访一个不同于你的组织的其他组织。从他们那里发现和学习做得很好且对你的组织很有帮助的东西。

此外,请利用你与他人交流的机会,把他们的注意力引导到你认为重要的领导力方面。与他们讨论以下问题:

- 如果你是我们最强的竞争对手,你会做什么来打败我们?
- 你最近听说或了解到的一个令人惊讶的事实或趋势是什么?它对我们的业务或组织会有什么启示?

第 7 章
试验并承担风险

> 领导者不惧怕冒险,他们总是勇于走出自己的舒适区。
> ——克里斯·辛茨

你永远不知道发挥领导力的机会在何时何地出现。詹娜·温盖特的经历就说明了这一点。她是辛辛那提动物园和植物园的兼职管理员。当她的一位同事决定成立美国动物园管理员协会的地方分会时,詹娜就和她一起进行。显然,她们需要从动物护理人员中招募成员,但她们也被要求参加国家组织的年度筹款活动——犀牛保护。正是在这个过程中,詹娜挺身而出,发挥了领导作用,帮助新成立的分会产生了可衡量的和持久的影响力。

虽然既不是一个正式的活动策划者,也不是经验丰富的资金筹集人,詹娜却积极地参与犀牛保护活动。由于寻求赞助和资金的非营利组织数量众多,而且几乎都拥有专业的筹款负责人,詹娜知道她的团队必须另辟蹊径,采用与众不同的筹款方法。詹娜说:"整个过程基本上就是'边走边想'的努力。"同事们提出了几个筹集资金和吸引赞助商与捐赠者的想法。但是她们没有办法预先知道这些方法是否可行。她们决定设定不同的赞助等级——从将赞助公司的名称和标志印在 T 恤衫上，到去辛辛那提动物园进行个性化的游玩。詹娜说："我们不知道能够募集到多少捐款，我们只是进行试验、学习改进，然后继续前进。"

他们认识到，要进行有效的募捐活动推广就必须做点什么与众不同的事情，而不是简单地发送一般性的电子邮件通知，或者在社交媒体上发帖子。所以，她为同事们组织了一些欢乐时光活动，大家在那里进行交流，谈论保护犀牛有多么重要，然后他们会分成小组，给小企业、餐馆和"夫妻店"打电话。"向他人要钱总是让人感到担心和尴尬，但是一群人一起做这件事就鼓舞了我们。"

詹娜告诉我们，她和她的同事试验了很多方法。有些方法成功了，有些则失败了，但她补充道："我们从错误和失败中吸取经验，然后再试验其他方法。一个很有趣的事情是，我们从第一次烘焙销售中学到，不要在 7 月的炎热夏天在室外卖甜点，会融化的。"

首次募捐活动有几个固有的风险，尤其是她们能否获得人们的捐款，特别是她们不被允许向辛辛那提动物园现有的捐赠者募捐。因此，詹娜把目光投向了组织之外的慈善基金会和社区捐赠者。例如，她联系了与动物园相关的各种承包商，这些承包商又联系了分包商，分包商又联系了他们的朋友。另一个风险是她们的筹资目标设定得太高。事实上，分会会长认为她们太雄心勃勃了！对于詹娜来说，如果这次活动没有成功，她担心可能影响动物园的同事对她的看法。然而，对詹娜来说，这件事是值得冒险的，她们是在为一个有意义的事业努力。

在整个美国动物园管理员协会中，一个分会通常需要 6 年左右的时间，才能为犀牛保护活动筹集到 2 000 美元的资金。辛辛那提分会在第一年就筹集了 9 000 美元，5 年后，通过拍卖、商品销售和抽奖等形式，她们筹集到了 3.5 万美元。这是当年全美所有动物园中获得捐赠最多的，包括那些大得多的动物园，如圣路易斯动物园、圣地亚哥动物园和布朗克斯动物园。詹娜的成功很大程度上归功于她对犀牛保护活动的全新思考方式。

想要成就卓越,你必须像詹娜那样进行方法创新。你需要积极主动,然后坚持不懈。领导力不是维持现状或者做其他人都在做的事情。每个个人最佳领导经历案例都说明了大胆想法的必要性。你不能以一贯的方法来完成新的或非凡的任务。你必须试验未被验证的方法。你必须打破各种束缚,冒险超越对自己和他人的限制,试验新的方法,并抓住机会。

领导者还需要更进一步。他们不仅要乐于大胆试验、承担适当的风险,还要让其他人也加入其中,与不确定共舞。独自出发探索未知是一回事,让他人追随你则是另一回事。卓越领导者与个人探险者的不同之处在于,他们能够营造使人们想加入其中共同奋斗的氛围。

领导者让冒险变得有安全感。他们把试验变为学习的机会。他们不会把大胆试验简单地界定为打破常规、跨越式发展。他们更多的时候是从细微之处、从试点着手开始变革、积蓄力量。他们的梦想也许宏伟远大,但在具体的做法上却是步步为营、小步快走的。这些小的、可视化的行动更容易赢得初期的胜利和支持。当然,在你试验的时候,并不是所有的事情都尽如人意。错误和失败会随之产生,它们是创新过程的一部分。因此关键在于领导者要倡导从经历中学习。

卓越领导者致力于试验并承担风险。他们知道成就卓越需要:
- 赢取小小胜利。
- 从经历中学习。

这些能帮助领导者将挑战化为探索,将不确定化为冒险,将恐惧化为决心,将风险化为回报。这是取得进步、永不停歇的关键所在。

赢取小小胜利

> 我们把这个大项目分解成几个小部分。
> 这有助于提高我们的专注力,
> 确保每个人都知道自己的责任是什么。
> ——阿贝·穆克卡纳切里

有一句非洲谚语说:"不要用双脚来测试水的深度。"当你试验新事物时,这是明智的忠告。领导者应该有远大的梦想,但要从小事做起。加里·贾米森在个人最佳领导经历中告诉我们,他在一家跨国公司工作时曾做过的一个项目:

> 在项目刚开始的时候,人们普遍认为它似乎永远都不可能完成。你要在项目早期向团队证明项目是可以完成的,这一点很重要。为此,我规划了整个项目的时间表,确保即使在困难的情况下,也要让具有重要意义的、明确的可交付成果得以完成,以此作为早期的关键里程碑。这些早期的里程碑使团队成员对他们的交付能力充满信心。然后,我把其中的里程碑任务作为一个小小的胜利,并展示了实现这一里程碑任务的好处。这不仅激发了大家的热情,也鼓舞了大家的斗志。

为了让人们做他们以前从未做过的事情,你需要分步推进,把漫长的旅程分解成一个个里程碑。你要带领大家步步为营地前进,创造出一种持续前进的氛围,通过密歇根大学教授卡尔·韦克所谓的"小小胜利",你要使人们感受到前进的势头。小小胜利是"一种有形的、完整的、已实现的重要成果"。小小胜利奠定了一个好的开始,让大家认识到只用现有的资源和技能就可以完成工作。小小胜利将试验的成本降到最低,同时也减少了失败的风险。在这个过程中最令人兴奋的是,每获得一次小小胜利,就能带来一股跨越障碍、继续向前的驱动力量。种植一棵树阻止不了全球变暖,但种植100万棵树就能够带来实质性的影响,而正是那第一棵树促使变化发生。尽管谷歌的登月计划(moonshot)项目雄心勃勃、令人鼓舞,并且获得了很多的报道和关注,但谷歌众多创新项目很少被提及,人们不太关注那些小小胜利——持续的、短期的、渐进式的屋顶发射(roof shots)项目使谷歌的产品一年比一年变得更好。同样,在写作时,如果我们把今天的写作目标设定为9万字,那就会让这个目标变得极其艰巨,难以完成。如果你把它分成若干个500字或两页的章节,然后在几小时或一天内完成一部分,这会让你感觉更可行——而且值得庆祝。

图7.1显示,那些认为领导者是卓有成效的与他们观察到领导者在"**识别出可量化的里程碑以推动项目进度**"来取得小小胜利的行为频率呈显著正相关关系。下属的关键敬业因素也显示了类似的数据关系。例如,当他们的领导者非常频繁/几乎总是通过小小胜利取得大的成功时,超过90%的下属表示他们在工作中的效率变得更高。

科学界一直都很清楚,一个重大的突破需要数百名研究人员长期努力工作才能获得,无数的小小贡献最终形成一个重大的解决方案。所有技术上的"小"进步,无论行业如何,都比伟大的发明家及其发明创造出了更大的组织生产力。快速的原型设计,以及大量的产品,可以更快地为市场带来更高质量的产品。研究发现,在不同的职业和学科领域,人们能够想出更多的点子,超越了他们最初对自己能力的估计。

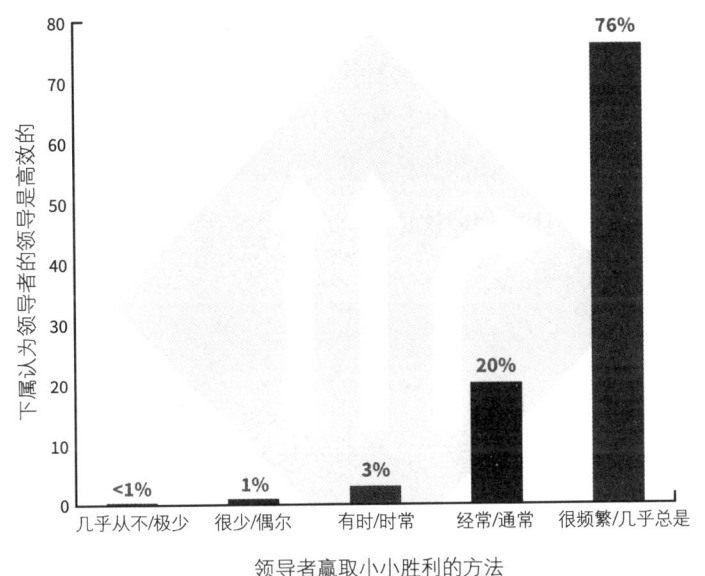

图 7.1 领导者通过赢取小小胜利来提高下属对其领导效能的评价

大量调查表明，激励员工绩效提升的关键是支持他们在有意义的工作中取得进展。伟大的胜利固然很好，却是少见的，而小小的、渐进的、持续的工作进展对人们的工作动力则有重大影响。研究人员分析了来自 7 家公司的近 1.2 万份调查问卷和员工日记，发现"即使工作进展很小，让员工感到他们正在朝着重要目标前进也能影响他认为这一天是美好的还是糟糕的"。我们的数据也支持了这些结果，领导者"**识别出可量化的里程碑以推动项目进度**"的程度与下属报告自己对工作期望的清晰度之间成正相关关系，也与他们对组织成功的动力和投入成正相关关系。当人们目标清晰时，他们就会全力以赴投入工作，而不是总在彷徨："我们要怎样才能解决这个问题呢？"

同理，"日拱一卒，功不唐捐"。你要先从小事做起，然后日积月累就可以做成一件大事。如果你的志向是做成一件非凡之事，那么首先就要从小事做起，在前进的过程中逐步设定更大的目标。一个公司的测试开发工程经理卢宏表示，她"让团队专注于他们在工作中可以做好的事情。通过促进从经历中学习、总结成功和失败的经验教训并广泛传播，使人们在试验和冒险过程中有安全感"。就像加里和卢宏所做的那样，在一个大项目开始的时候问问自己："那个标志着我们已经取得了重大进展的、有意义的早期里程碑是什么？"请与你的团队沟通清楚，然后定期庆祝你们取得的进步。你也要找到让人们能够成功地完成任务的小方法，让人们想要参与其中并长期投入其中。

培养坚强品质

你提出的问题如果过于宽泛，就会限制人们的想象力，使人们无法想象自己将来具体能做什么，更别提现在能做什么。领导者经常面临这样的两难境地，他们希望人们超越自我、做到最好，却又担心会失败。领导者想要人们接受挑战却又担心他们不堪重负，希望人们充满好奇却又担心他们迷失自我，希望人们充满激情却又担心他们压力过大。小小胜利总是出现在很多人的个人最佳领导经历中，领导者会利用小小胜利来激发团队热情，克服困难和压力从而表现出色。

心理学家发现，那些经历过高强度压力却总能积极面对压力的人有一种与众不同的心理品质，我们称之为"坚强"（Hardiness）。无论是公司管理者、企业家、学生、护士、律师、战士，还是囚犯，意志顽强的人都更能够经受严峻的挑战，从失败中复原。坚强是一种人们可以学习的品质，领导者可以帮助他们培养这种关键品质。

坚强有三项关键要素：**投入、控制和挑战**。你要将逆境化为优势，就需要全力以赴投入其中。你必须参与、付出，同时怀有好奇心。你不能被动等待。你也必须掌控自己的生活，努力影响正在发生的事情。即便你所有的试验都没有获得成功，你也不能沉溺于无助和消极之中。最后，如果你能够将挑战视为从经历和教训中学习的机会，你在心理上就会变得坚强，毕竟，你不能总是待在"保险箱"中。人们的自我提升和目标实现，源自不断经历人生中不确定的事，毫不费力就能得到舒适感和安全感既不切实际也不会长久。

莫琳·柯林斯的行动表明，在团队面临新冠疫情带来的严重情绪和身体健康危机时，坚强发挥了关键作用。虽然持续改进的衡量方法在医疗保健组织中很常见，但关于减轻新冠疫情对每位护士、住院患者及其家属的影响却缺少相关的方法。例如，虽然患者隔离是一种常规流程，但新冠疫情中有很大的不同。由于病毒的传播途径未知，且具有高度传染性，因此医院采取了最严格的隔离措施。患者的完全隔离使得家人和朋友不能前去探望，他们与护士和护理团队的沟通也很少。这意味着在新冠疫情期间，护士是最接近患者的人。他们立刻成为了患者维持生命与关系的关键，并成为了缺席的配偶、兄弟姐妹和孩子的"替身"，成为了患者精神的守护者。莫琳很快认识到这种新的"隔离"方式必须得到补救，让患者和家人能在生命中最可怕和最艰难的时刻仍然可以保持联系。

莫琳提醒团队成员，我们需要关心那些躺在床上的患者和那些不在现场的亲人。亲人是患者和医疗团队不可或缺的一部分，他们的影响是巨大的。尤其是，父母在婴幼儿患者的支持、保障、安全和护理方面发挥着关键作用。父母不在孩子身边会造成严重的心理问题和安全风险。尽管大家也对新冠疫情的未知后果感到恐惧，但他们绝不允许上述事情发生。

护理团队确定了合适的沟通联系设备，这些设备可以为患者提供视频连线，包括通常用于患者教育的 iPad，用于病历绘制的笔记本电脑，以及护理人员的个人智能手机。莫琳专注地倾听团队的建议和他们的思考过程，最重要的是他们为什么要选用这些设备。莫琳知道这不仅仅是医护部门的事情，她召集了一个特别工作组，请 IT 部门的同事参与支持。

她调动了整个医院的力量，大家都团结起来支持这个特别工作组。他们知道自己的职责是帮助患者和他们的家人保持联系，他们为自己的方案深感振奋，并感谢高管团队的认可和批准。为了找到一个恰当的解决方案，特别工作组为患者制定了一个虚拟探视和沟通的政策。这个政策包括定期直播、集中设备管理、明确患者和家庭的沟通期望等。这个模式很快被公认为最佳实践范例和优秀的跨部门协作模式。他们在传统的医疗系统中创造了有效的变革和创新。

莫琳的经历表明，你的看法决定了你如何应对改变和压力。要启动一个新项目，迈出第一步，你就必须相信你能做成。你必须开放好奇、勇于尝试，并且寻找方法来学习进步。有了坚定不移的态度，你就可以把压力转变成积极的成长和重塑自我的机会。同样，你可以让你的团队做到这一点。

分解任务，重视进步

领导者要认识到，你必须把大问题分解成小的、可行的行动。你也要知道，在开始新项目的时候，你必须先试验很多小方法，然后才能把事情做好。并不是所有的创新都能成功，而确保成功的最好方法是试验很多小创意，而不仅仅是一两个大的创意。领导者要帮助其他人看到，如何将他们的项目分解成可衡量的里程碑，推动项目前进，并促进持续的进步。

这也是文卡特在印度领导一个技术开发团队的工作方法。由于产品需要改进，他要求团队提出如何改进的想法。几个星期过去了，他得到的唯一回应是这项任务"超出了他们的能力范围"。文卡特认识到他需要分解任务，让团队成员感到可以完成：

> 我把这项任务分解成了一个为期10周的计划，并让他们先开始尝试完成第一周的任务。任务分解之后，第一周的任务对他们来说已经变得十分清晰且完全是能够完成的，实际上，他们只用了三天就完成了。接下来，我鼓励他们开始第二周的工作，他们又顺利完成了，结果，全部工作在六周内就完成了。启动循序渐进的实施步骤和鼓励小小胜利是成功完成这项任务的关键。

"积小胜为大胜"方法尤其适合VUCA的工作环境。你一旦设定了目标，就要循序渐进地前进。在开始时，你要为大家提供指导和培训，提供一些早期的成功案例。你给团队成员安排远远超出能力范围的任务，就像把一群滑雪新手送到专业滑雪场的顶端，很容易带来挫折和失败。你要让他们从初学者的斜坡开始练习，然后逐步迈向高级斜坡。你可以先找出一个可行的项目，让大家认为他们可以利用现有的技能和资源完成。

雷欧娜·夏普纳克在指导她8岁女儿的棒球队学习棒球时就是这么做的。在练习的第一天，她让每个孩子都试着击球。她把一个柔软的海绵球扔给一个站在大约10英尺外的小女孩。雷欧娜扔的是柔软的海绵球，但那女孩尖叫着把头埋了起来。于是，雷欧娜对她说："嘿，苏西，没问题的，你先到队伍后面去吧。贝琪，你往前站。"但贝琪同样尖叫着把头埋了起来。雷欧娜认识到她需要调整自己的训练方式。她走到车里，从公文包里拿出一些记号笔。她用记号笔在每个球上画出笑脸——红的、黑的、蓝的和绿的。现在，当孩子们看着一个球时，她们就会看到一个笑脸。她把女孩们叫回来，告诉她们："现在，我们要玩一个不同的游戏。这一次，你们的任务是区分笑脸的颜色。你们做到这一点就很好。"

于是她们又重新开始。雷欧娜向苏西扔了一个球，苏西一直看着这个球，然后说："这是个红球。"然后，贝琪走到前面，看着扔来的球说："这是个绿球。"所有的女孩都大叫起来，因为她们能认出笑脸的颜色。雷欧娜说："太好了！现在我要你们做同样的事情，只是这次我要你们在球飞过来时把球棒扛在肩上。"她们很快也都做到了。孩子们的兴奋情绪继续高涨。第三轮，她让孩子们用球棒触碰棒球上面的笑脸。后来，经过一段时间的训练，在孩子们的第一场比赛中，她们以27：1击败了对手。

个人最佳领导经历的目标达成是一步一步实现的，而不是一蹴而就的。虽然人类确实有关注消极的倾向，但你需要关注进步——不是关注愿望与现实之间的距离，而是关注你已经前进了多少。消极情绪无处不在，具有感染性，很容易扼杀你的进取心。你要认识到有很多你无法控制的外部因素在影响你的表现。不同的结果来自你引导大家关注正在完成和学习到的是什么。

强调积极正向的领导者不仅会让他们自己，而且会让追随者在未来的事业中更好地学习和取得成功。研究还表明，那些能够保持积极心态的人更有创造力，更有创新精神，因为他们不会沉溺于挫折和失望之中。他们持续拥抱各种新的可能性。在个人健康方面，他们得抑郁症和心血管疾病的概率更低，因此，寿命也更长。

卓越领导者接受现实，但不会轻言失败；他们也不会陷于自怨自艾。他们重振团队，重新评估，继续向前迈进。他们通过分享自己战胜困难的决心来激励他人。因此，你要想化挫折为优势，就要拥有积极的心态，努力从经验中学习成长。通过从经验中学习并关注积极的一面，同样的错误就不会再犯，你和你的同事就能为下一个挑战或机会提前做好更充分的准备。

从经历中学习

> 我们努力了解失败是怎么产生的，
> 以及如何在未来预防和减少失败。
> ——袁威廉

当你挑战现状的时候，你有时会失败。尽管你把挑战看作一次机会，你全力以赴，但你可能还是会遇到挫折。当你做一些新的和不一样的事情时，你可能犯错误。这就是试验，而且，正如科学家们发现的，在新概念、新方法和新实践的试验过程中会需要大量的尝试和出现大量的错误。

如图 7.2 所示，根据下属的报告，那些最高效的领导者会问"**当事情**

同我们预期发展不一样时,我们能从中学到什么",而不是互相指责或推诿。随着他们频繁践行这种领导行为,他们的领导力的有效性评价也急剧提升。此外,领导者越注重从经历中学习,下属在工作中就越高效。当领导者很少/偶尔询问"我们能从中学到什么"时,下属认为领导者高效的比例不到10%。

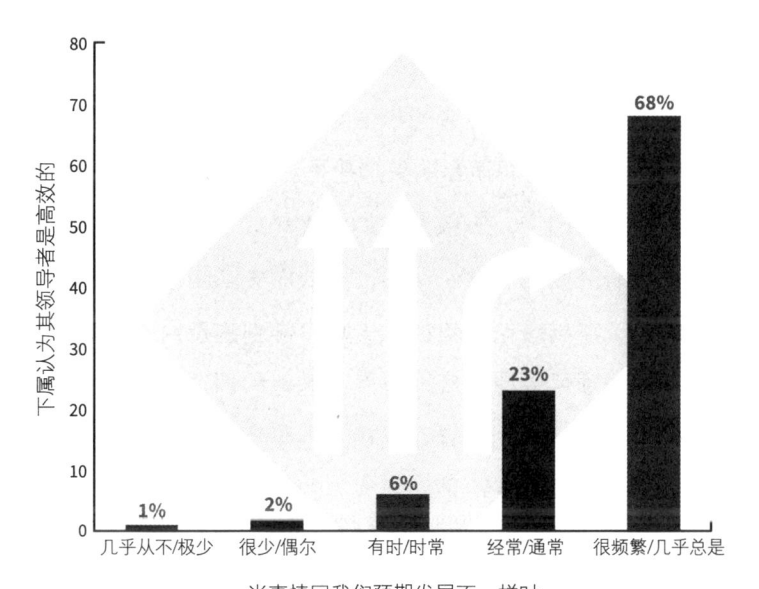

图7.2 领导者问"我们能从中学到什么"提高了下属对其有效性的评价

此外,总是践行这种领导行为与很少践行这种行为的领导者相比,绝大部分下属认为组织更加重视他们的工作。

在我们的研究过程中,人们一次又一次地告诉我们,错误和失败对于获得成功来说是必不可少的,失败是成功之母。没有这些错误,他们就无从知晓他们能或不能做什么(至少在现在)。他们说,没有这些错误和失败的经历,他们就不能实现自己的愿望。这看似有些自相矛盾,但很多人都认为,当允许他们失败的时候,他们的整体工作质量就会提高。这也在一位陶艺老师的课堂上得到了验证。

在开学之初,他把学生分成两组。他告诉第一组学生,他们可以通过生产更多的陶罐来获得更好的成绩(无论质量如何,生产30个将获得B,生产40个将获得A)。他告诉第二组学生,他们的成绩完全取决于他们生产的陶罐的质量。意料之中的是,第一组的学生为了取得更好的成绩,尽可能多地生产出陶罐,第二组的学生则非常谨慎,在他们设法制作最好的陶罐的过程中十分谨慎。令他吃惊的是,他发现,那些按数量而不是质量来评价的学生,也取得了最好的成绩。事实证明,制作大量陶罐的做法自然会带来更好的质量。例如,这些学生对错综复杂的窑炉,以及各种各样的位置对他们产品的美观有何影响更加熟悉。

在陶艺老师的实验中,失败最多的学生是成功最多的学生,这与其他关于创新过程的研究完全一致。例如,一项对美国国家航空航天局航天飞机项目员工的研究得出结论,他们从失败中学到的东西比从成功中学到的多,并且在随后的项目中更彻底地汲取了这些教训。正如这项研究和其他对创新过程的研究所表明的那样,成功并不孕育成功,它滋生失败。失败孕育成功。当然,失败从来不是任何努力的目标。然而,成功总是需要一定程度的学习,而学习又总是包含误判、错误和失误。

成为主动学习者

出于对领导力与学习之间关系的好奇,我们进行了一系列的研究,以了解学习策略的范围和深度是否影响了领导行为。我们深入研究了领导者是如何学习的,并认识到人们对学习方式有不同的偏好。我们发现,在学习过程中,不管他们喜欢的学习方式是什么,越来越多的人在最大限度地践行卓越领导者的五种习惯行为。热爱学习的领导者更乐于接受与试验和领导力相伴随的模糊性、复杂性和范式转变。

我们采访了一位刚刚上完第一堂滑雪课的领导者。他向教练报告说,上完第一堂课之后,他一整天都在滑雪,但一次也没有摔倒过。滑雪教练却回答说："其实，我认为你今天收获不大。如果你还没有跌倒过，你就还没有真正学会滑雪。"这位滑雪教练知道，如果你第一次滑雪时可以一整天都站在滑雪板上，那么只是表明你是在做你已经知道怎么做的事情，而不是强迫自己尝试新的或更难的动作。如果你的目标是保持成功，那你就不会有新的提高，因为当你尝试做一些你从来没有做过的新动作时，你一定会摔倒。这是可以确定的，任何学过滑雪的人都非常清楚这一点。

领导者不会批评或惩罚在创新、试验新事物或挑战极限过程中犯错误的人。相反，他们会问："我们能从这次经历中学到什么？"你无论是跟踪自己的表现曲线，还是跟踪一个新产品、新流程或新服务的业绩表现曲线，这些绩效曲线总是显示出先降后升的趋势。这就是学习曲线的形状：**先下降再上升**。学习不会发生在没有尝试和犯错的情况下。此外，研究人员还发现，给人们一个尝试的机会可以提高他们的动机水平。这些研究支持了我们的研究，即领导者越频繁地挑战员工"**尝试采用新的和创造性的方法进行工作**"，下属就越愿意"在工作需要的情况下，更努力、更长时间地工作"。

我们发现领导者都是优秀的学习者。首先，他们对自己的技能和才干怀有一种谦逊感。许多领导者尽管事实上取得了"非凡的"成就，却不断提升自己的才干。请想一想，在你的组织中，谁最有可能志愿报名参加领导力发展项目。很有可能是那些领导力表现优秀的人。同样，经常到教堂做礼拜的人不是那些寻求救赎的罪人，而是那些知道生活充满艰辛、诱惑和挑战的普通人。

我们学习的唯一方法就是走出舒适区，做之前从未做过的事情。如果你只做你已经非常熟悉的事情，那么你永远学不到任何新东西。组织要促进大家学习，就需要建立起宽容失败的环境。高科技公司高管乔·黑格从他的个人最佳领导经历中学到的一个经验是："学习需要包容犯错的人，也需要允许一些低效率和失败。学习需要让人们尝试他们从未做过的事情；

有些事情，他们第一次可能做不好。"你要向他人展示你对他们的学习成长感兴趣，就要学会在他们掌握精通和创造成果之间进行必要的权衡。

学习能力是一个人的重要技能，它是预测一个人在未来的新的和不同的管理岗位中取得成功的重要指标。当你全身心地投入学习中——投入试验、思考、阅读或接受指导中，你就会体验到进步带来的兴奋和成功的滋味。关于学习，学无止境，多多益善。卓越领导者抱着初学者的心态来从事每一份新的工作，同时也知道在学习过程中难免会犯一些错误。棒球全垒打冠军汉克·亚伦深有同感地说："我的座右铭是永远保持挥杆状态。无论是遭遇失败、挫折还是任何麻烦，我唯一能做的就是继续挥杆。"《哈利·波特》的作者J. K. 罗琳表达过类似的观点："生活中不可能没有失败，除非你过得谨小慎微、平淡如水，如果是这样，你已经承认了失败。"对企业家的研究发现，那些尝试过自主创业（或创业生活）但最终放弃的人比那些在职业生涯中没有这种"失败"经历的职员收入更高。

你需要吸取经验教训。如果你能从失败中吸取教训，历史就不会重演，但如果你不去尝试和冒险，总是循规蹈矩、小心谨慎，你就会被历史潮流所抛弃。那些留下最持久遗绩的人是那些犯过错误、失败过，但又再次尝试的人。不断地尝试创造非凡。无论是在哪个领域，失败都是成功之母。

培养你的学习能力要从培养成长型思维模式开始，这个概念是斯坦福大学心理学家卡罗尔·德韦克提出来的。她说："**成长型思维模式认为人的基本特质是可以通过后天的努力培养出来的。**"她在研究中，同时比较了固定型思维模式——"**认为人的基本特质是固定不变的**"。那些拥有成长型思维模式的人，相信人们可以通过学习成为更好的领导者；那些拥有固定型思维模式的人则认为领导者是天生的，不能培养，他们认为任何培养都无法让一个人超越他的天赋。例如，研究已经证明，在处理模拟的商业问题时，那些有固定型思维模式的人会比那些有成长型思维模式的人更快地放弃，表现得更差。同样的情况也出现在学校的学生、赛场中的运动员、教室里的老师，甚至恋爱中的情侣中。在挑战环境中发挥关键作用是人们的思维模式而不是能力。

要培养自己和他人的成长型思维模式，就需要拥抱挑战，挑战是学习的催化剂。当你遇到了挫折——即使很多时，你也必须坚持。你一定要相信努力是精通一项技能的必由之路。天赋和好运并不能使你变得更好，只有努力工作才能使你到达顶峰。请向他人征询反馈，看看自己在这方面做得如何；从建设性批评中学习，把周围人的成功视为启示而非威胁。当你相信你能够持续学习时，你才能够做到。只有那些相信自己能变得更好的人才会更加努力去做。

营造学习氛围

一个有趣的悖论是，人们在冒险时首先需要有安全感。恐惧会抑制冒险、越界和挑战权威。恐惧还会妨碍判断力，限制创造力，阻碍解决问题。人们需要有一种"心理安全感"，才能够自由地发言，提出探索性的问题，挑战传统或提出相反的观点。如果人们没有足够的心理安全感，就不愿意，甚至不能去尝试、冒险和学习。研究人员发现，只有30%的员工认为自己的意见在工作中很重要。研究人员估算，如果这一比例增加一倍，就会大幅度减少员工的流动率、提高员工的生产率。

"心理安全"的概念不是员工的个性因素，而是工作场所的特点。心理安全存在于一个相互信任和尊重带来的坦诚沟通和充满责任感的环境中，当人们有意见分歧时也有机会进行坦诚沟通。心理安全感让人们相信，如果他们犯了错误或寻求帮助，他们的同事不会看不起他们、挑剔他们、嘲笑或惩罚他们。如果没有这些安全感，人们就不愿意冒险走出自己的舒适区去分享信息，以及寻求帮助。即使人们认为他们有重要的话要说，他们也会保持沉默。

对杰出员工的研究表明，如果人们想要成为最好的自己，就需要一个支持性的环境。一项涉及全球2万多人的研究表明，当组织让员工有安全感时，高度敬业的员工数量增加了347%，工作出色的员工人数增加了154%，中度和重度倦怠的员工数量减少了33%。当同事关系良好时，人们会更愿意学习。在组织中建立起相互支持合作的氛围，比建立内部竞争、"赢者通吃"和胜者为王的氛围，更有利于培养领导者。

那种认为"在伟大的组织中，人们很少犯错"的观点是错误的。在最好的工作场所，人们犯错更多，而不是更少；其原因是人们在为自己的错误承担责任时更有安全感。例如，在观察病房护士的表现时，领导者和同事关系最好的单位报告的错误数量最多（例如，药物治疗错误）。这并不是因为它们的效能更低；相反，在这些单位中，人们更愿意在错误发生时承认错误，然后找出方法确保同样的错误不再发生。犯错是通向伟大想法和创新的道路，在领导者的支持下，人们更能从舒适区之外的尝试和冒险中学习（而不是失败）。

那些重视创造学习环境的组织会为员工提供各种系统性的学习机会，包括正式的和非正式的发展机会，例如，课堂学习项目、在线学习项目、外部研讨会，以及教练和辅导。轮岗或特殊项目工作带来的挑战也会激发人们的自我发展。例如,企业文化研究和教育公司O. C. Tanner Institute发现，一个蓬勃发展组织的六个文化基本要素之一是组织有良好的个人体验和职业成长的机会。

此外，那些鼓励学习和创新的组织总是为员工提供在正式工作之外的学习时间。这样的组织环境培养了员工的好奇心，是跳出思维束缚的关键。加州大学戴维斯分校神经科学中心的研究表明，好奇心让大脑为学习做好准备。通过刺激与奖励和快乐相关的大脑回路，让学习成为一种更令人愉悦的体验。对周围发生的事情抱有强烈的好奇心，常常是感知和理解未来的前提。

请想想如何在组织内部和外部培养"好奇心对话"？你可以从以下的

步骤开始:"我一直很好奇你是如何终身从事一个职业的,如果你愿意花20分钟跟我说说,我想知道你是如何做到的?你职业生涯的关键转折点是什么?"在这个对话中,你可以询问对方一个职业中的最大挑战是什么,他为什么一直采用一种独特的工作方式?他如何应对艰难情境?他是如何提出一个特别的创新想法的?这类对话没有固定不变的问题,你必须根据对方的回应来调整提问。由好奇心和对学习感兴趣而引发的问题,总会开启一个良好的对话。

同样,在与同事的交谈和团队会议中,你可以提出一些能让他人参与的问题,尤其是让那些原本可能不会发言的人发言。通过提问,你为他人创造了一个发表意见的空间。这表达了你对他们的观点的兴趣和尊重。你要对他人的想法表现出真正的兴趣,请他们告诉你更多关于他们的想法和经历:"你能再说多一点吗?""你能举个例子吗?"对敢于冒险的人表现出赞赏而不是评判;例如,你可以说:"谢谢你说出这个故事。"另一种情况是,以一种可能激发人们不愿表达的沉默和防御心理的方式提问。例如,不要问:"当我们做 XYZ 时,人们注意到了哪些错误?"相反,你应该重新思考这个问题:"当我们做某件事的时候,我们是否把每件事都做到了应有的水平?"试着达成共识,而不是假设沉默就意味着同意。你可以问问大家:"谁有不同的观点?""我们可能没有考虑到什么?"

创造一个有利于学习的氛围包括帮助人们实事求是地思考,评估风险到底有多大?最坏的情况是什么?人脑成像技术带来的研究表明,人们的大脑往往会高估风险,夸大其后果,低估自己应对风险的能力。因此,人们对不希望发生的事情的恐惧往往比对他们希望发生的事情的投入更能推动他们做出选择;也就是说,他们行动的理由是最小化潜在的损失,而不是最大化潜在的收益,也就是"避害大于趋利"。赖安·迪默是一家在线零售商的计划经理,他在个人最佳领导经历中发现:"冒险从来不是一件容易的事,有时甚至令人恐惧。但我认识到,冒险是必要的,因为它要求你和同事不仅要挑战你的工作内容，还要挑战你的工作方式。有时冒险会有回报，有时则不会有回报，但有一点始终是正确的，那就是如果你不冒险，你就不会获得任何回报。"没有冒险，就没有收获！

人们知道，他们在第一次尝试新事物的时候并不总是能做对，学习新事物可能有点让人胆战心惊。他们不想让自己在同事面前难堪，也不想在上级面前出丑。领导者要创造一种学习氛围，就必须让他人去尝试、去好奇、去提出问题，最终的目的是让他们能够从经验中学习。

增强复原力和坚毅

复原力、坚毅和坚强都是一种精神状态，而不是身体状态。它们与你如何看待生活中的压力、混乱、不确定、模糊和变化有关。在人类历史中，人们能够克服各种艰难险阻，不是因为身体的力量，而是因为百折不挠的精神。人们应对生活和领导工作中的逆境需要决心和力量。你不能被挫折击垮，也不能让障碍挡路。当计划受阻时，你不能气馁。当阻力变大或者竞争日趋激烈时，你不能轻言放弃。你也不能让其他有诱惑力的新项目转移你的兴趣或分散你的注意力。关键是你要学会应对难以避免的错误、挫折、失败，以及随之而来的压力。你要更多地在挑战中前进，而不是后退。研究人员发现，与那些无法有效应对挑战和不确定带来的压力的员工相比，那些复原力强的员工缺勤天数更少，工作满意度更高，工作时间更长，身体也更健康。

很明显，在2020年因新冠疫情封锁社区高峰期间，那些应对危机最好的人是对逆境有强大适应能力的人。尽管面临痛苦、损失和苦难，他们仍然能够在各种个人变化中保持希望，找到生活的意义和更大的使命。他们全力以赴去做一些即使非常小的事情，尽力去减少损失。他们志愿帮助他人，想方设法去满足他人对食品或设备的需求，为最脆弱的人群购买日用品，或者想方设法地向志愿者和急救人员表达感激之情。

第7章 试验并承担风险

篮球名人堂成员和体育组织高管帕特·威廉姆斯在他的整个职业生涯中都在研究领导力,他指出,历史上最伟大的领导者都曾面临巨大的挑战,他们都有大约30个理由可以放弃,但他们没有放弃。帕特说,他们拥有"华特·迪士尼所说的'坚持到底'。他们都经历过可怕的艰难岁月,我们敬佩这些领导者的理由是他们永不放弃"。在他担任体育组织高管50多年的生涯中,帕特也经历过无数的胜利和失败,他说:"如果我没有充分利用那些绝望和挫折,我就不会成为今天的我。我从这些挫折而不是胜利中学到了更多,挫折带来了更多的进步。"

帕特所描述的复原力是一种能力,即从挫折中迅速恢复并继续追求未来的能力,类似于心理学家所说的坚毅——"对长远目标的热爱和坚持不懈"。坚毅体现在设定目标之后,对一个想法或项目的全情投入、专心致志,长期不懈地努力直到战胜困难取得最终成功。研究证据显示,无论是学校中的学生、军事学院中的学员、行业内的专业人士,还是艺术家或学者,人们越是有坚毅的品质,就越是能取得最终的胜利;越是有坚毅的品质,就越是能做到更好。

就像成长型思维一样,复原力和坚毅可以被培养和强化。研究人员称,那些不轻言放弃的人"习惯性地把挫折看作暂时的、局部的和可以改变的事情"。当失败或挫折发生时,你不要立刻自责或指责那些参与工作的人。相反,你要反思导致失败的原因,并向大家传达这样一种信念:这种情况可能是暂时的,而不是长期的。你要强调失败或挫折是一个偶然现象,并不是每次都会发生的。即使在高压力和极端逆境的时候,那些复原力强的人仍然坚持前进,相信一切都会过去,一切皆有可能。

在团队取得进步和获得成功的时候,你要通过把成就都归功于团队中的奋斗者和那些做出突出贡献的人,在团队中培养一种成长型思维。这传递了一种信念,那就是更多的成功即将到来,并且乐观地相信好运会长期伴随你的团队。通过给团队成员分配可以胜任的具有挑战性的任务,你要把大家的注意力集中在奖励而不是惩罚上,要鼓励大家看到一切皆有可能。

你要通过团队会议等形式培养同事们保持谦逊、戒骄戒躁,把时间和注意力集中在值得学习的东西上,而不是简单地总结工作,相互追责问罪。你也应带头承认自己的错误和缺点,为大家树立榜样。道恩·麦凯尔是一家信息技术公司的销售副总裁,在她个人最佳领导经历中,她发现在一个新项目开始时,每个人都陷入了消极情绪和一堆"如果……会怎样"的担忧中。她认识到:"这种状态不会带来任何好的结果,于是我把谈话引向了积极的愿景,围绕着我们能够做些什么来展开讨论,让大家看到机会、资源和可能性。"

在领导者的个人最佳领导经历案例中,大多数都涉及了变革和压力,几乎每个人都描述了他们曾经经历过的心理坚毅、复原力和坚强。面对挑战,他们全力以赴,而非轻言放弃,积极掌控局面而非束手无策,主动迎战而非落荒而逃。他们充满激情,坚忍不拔。即使面临失败和挫折,他们也从不放弃。他们的经历表明,即使在最艰难的时期,人们也能体验到生命的意义,掌控自己的命运。他们可以克服巨大的困难,不断进步,逆转乾坤,成就卓越。

采取行动
试验并承担风险

领导变革是领导者的职责，也是他们想要做好的事情。他们总是在寻找机会持续地改进、发展和创新。他们知道现有的做事方式不能实现未来的愿景，因此，他们勇于试验，从小事着手，推动工作的持续进展。他们总是在问："我们可以在哪里试一试，我们需要改变什么？我们如何能够做得更好？"

然而，变革会让人感到焦虑、恐惧和无所适从。卓越领导者让自己和他人相信，变革是一个机会，让每个人都能掌控自己的生活，追求自己的未来。他们使人们清晰地理解变革的要义和目的，建立起强烈的使命感和责任感。

你要通过一次次的小小胜利引领变革朝着正确的方向前进，将大项目分解并明确短期目标，采取一些尝试的方法（例如，建立实验室、进行初步测试、试点项目）让人们开始行动起来，推动项目的进展，激发人们的投入和持续奋斗的内在动力。

每当你尝试新事物时，无论大小，都有意想不到的事情发生，错误和失败难免。你不可能第一次就做到最好，即使第二次、第三次也未必能行。这就是卓越领导者需要营造持续学习的氛围的原因。你要让大家知道，他们在尝试和承担风险时，不会因失败而遭受惩罚，相反，失败是学习的机会，失败是成功之母。最好的领导者都是最善于学习的人。领导者需要有成长型思维，相信任何人都可以通过努力学习得到提升。你也需要营造一个学习的环境——鼓励大家不顾困难坚持下去，分享成功和失败，把持续改进作为做事的常规方式，并有机会看到积极的榜样和与他互动交流学习。

要想挑战现状，你必须不断地赢取小小胜利，从经历中学习，进行试验并承担风险，要做到这些，你必须：

- 奖励冒险者。赞赏他们，表彰他们。给他们机会分享他们学到的经验教训。
- 在组织中找出几位擅长挑战现状的成功人士。采访他们，了解他们认为成功的创新和试验的关键要素是什么。然后，根据他们的见解进行尝试。
- 组织一次员工大会，问问他们公司里最让他们烦恼的是什么。在三个月内，努力解决三个员工提到最多的阻碍工作效率和成功的问题。

在每一次互动对话中，你都有机会把大家的注意力引导到你认为重要的领导力方面。请找机会和他人讨论以下这些问题：

- 你在什么时候感觉到可以畅所欲言、提出质疑、提出新想法或提出担心的问题？是什么让你有这种感觉？我们怎样做才能让员工在工作场所更有心理安全感，更愿意去冒险，更能够从错误中吸取经验教训？
- 你最近犯过什么错误或做过什么事，让你希望能够"重新来过"？你从这段经历中学到了什么？

习惯行为4
使众人行

- 通过建立信任和增进关系来促进协作
- 通过增强自主意识和发展能力来增强他人的实力

第 8 章
促进协作

要想获得成功，团队必须采用一种双赢的心态，
而不是一种独赢的心态。
——陈丽丽

当吉尔·克里夫兰成为一名跨国高科技公司的项目群经理时，她得到的第一个工作上的指示是"学会信任自己的团队。我独立自主地工作了很多年，如今要学会下放权力，真不是一件容易的事情。但是，我明白一个道理，为了团队，也是为了我自己，要想成功，我需要学习如何提升团队的凝聚力和协作精神，凡事都要以信任为基础"。团队对所有的领导者而言，都是至关重要的。

吉尔认识到她需要帮助下属成功，给他们提供工具，同时信任下属能够完成他们的工作。于是她开始创建一个环境，让大家能够舒服地提出问题："我感到，如果我能提供一个让大家感到安全的环境，允许团队犯错误，那么团队就会从错误中更好地学习和成长。我想让大家知道，真正愚蠢的问题，是那个没有被提出来的问题。"她还认识到"领导者如果不能给团

队注入一种信任感，让团队得出自己的结论，领导者也不可能得到团队的尊重"。

她在团队内创建了几条沟通渠道，以便支持面对面的沟通。她预留了一些专门的时间，除去每天日常的互动和电话沟通以外，她还专门与团队中的每个人谈话，以便了解彼此的期望和关键目标的进展情况。这样就有机会让人们提出各种问题或疑虑，一方面履行自己对下属的承诺，另一方面也促进下属不断成长。此外，她还非常重视团队能同其他部门的同事发展良好的工作关系：

> 我期望自己不要成为信息的瓶颈。我记得我曾经有过一次极其无助的经历，当我在执行一项任务的时候，我知道我缺少一些关键的信息，而我的前任经理为了自己的一己私利，为了让自己显得很重要，对我信息不透明，让我不知所措。这样的事情绝对不会促进团队之间的相互合作，事实上，它只能带来不信任。我认为团队要想获得成功，唯一的方式就是要让每个人都能够获取信息，一起研究问题和解决问题。

这意味着要让团队拥有项目的所有权，让他们自己决策要做什么，以及如何去做。"对我来说，最好的方式，就是把权力赋予他人，"她说，"让创造性和自由能够得到发挥，不断激发出新的创意与思维。我必须放下控制欲，让员工对自己的工作负责。"在放于之前，她知道要为团队提供"必要的培训与支持"，同时也清楚一点："我必须下放一些责任，下属在一些特定的工作任务中，有可能成功，也有可能失败。团队必须知道，虽然我总是为他们提供支持和指导，但是他们最终要对他们的工作成果和工作质量负责。"

她也认可团队成员的专业特长，特别是那些核心团队之外的成员，因为"只有当员工感到自己很重要的时候，特别是从别人的眼睛里能够感受到重要时，他们才会感受到被授权"。她认知到一点，那就是认可他人的工作非常重要，因为"知道自己的工作有人关注，不仅会提升个人的责任感，而且会增强自豪感"。

吉尔深深地认识到团队合作的一个至关重要的基础是需要有共同的目标。例如，她期待员工能够知道"他们正在做什么，他们为什么要做，以及他们在为谁而做。团队必须看到他们是作为整体的一部分，而不是一个独立的小齿轮"。要创造这样一个合作的氛围，领导者需要明白，他们需要围绕着一个共同的目标去打造团队，目标决定着团队要做什么和不做什么。就像所做的一样，领导者必须把信任和团队合作列入项目的日程中，而且要把它们作为高优先级的工作事项，而不是随意为之。

如同吉尔的经验一样，领导力不是一场独角戏。领导力需要团队的共同努力，领导者如何构建关系和促进团队之间的合作，对人们的行为将会产生重要影响。当谈到个人最佳时刻和人们羡慕什么样的领导者时，人们最喜欢说的就是团队和团队合作，认为团队合作是达成个人成功的关键要素，特别是在环境条件不好和时间紧急的情况下，更是如此。来自全球各行各业的领导者有一个共识，那就是"你不可能一人成事"。

除非大家有一种很强的团队意识，愿意一起共创未来与承担责任，否则团队不可能取得卓越的绩效。卓越的领导者往往致力于下面这些核心要素，以促进团队之间的相互合作：

- 营造信任氛围。
- 增进相互关系。

团队协作是达成和保持团队高绩效的关键要素。随着组织业务越来越多样化，地域分布越来越广，不论是在本地，还是在世界各地，团队合作技能对解决各种冲突和紧张局势都至关重要。我们的实证研究表明，那些花费很多时间与精力开发团队合作关系的领导者，往往会被下属认为是最有效的领导者。同时，作为回报，这些下属的投入度也是最高的。为了让人们能够工作在一起，在构建团队协作与促进团队关系方面，信任是一项主要因素。

营造信任氛围

> 要想获得信任，就需要构建良好的团队关系，
> 进行开放的沟通，让团队成员参与计划与决策，
> 为团队提供培训，让团队成员对项目任务有责任感。

信任是人类关系中的核心问题。没有信任，你就不能领导他人；没有信任，你就无法使人相信你，也不会相互信任；没有信任，你就无法成就卓越。不能信任别人的人，也不能成为卓越的领导者，因为他们不相信别人的言辞及工作，最终所有事情都要自己亲自动手去做，或者总是密切监督他人，最终成为一名事无巨细的微观管理者。他们对其他人不信任，最终导致他人对领导者也不信任。要想建立和保持长期的社会关系，信任必须是相互的，不断地相互交换信任。信任不应该只是你脑子里想的，更应该体现在你的心里。

作为一名薪酬顾问，马太·沃森在他的职业生涯中始终认为"信任是靠自己赢得的，而不能被自动给予，然而我没有给人以这样的机会，让人们去赢得信任"。然后，新冠疫情来了，他发现他"别无选择，不得不依赖团队的知识与能力，非常清楚的一点是，我本来早就应该这样做的。团队协作对工作效率和人际关系都很重要。信任是团队合作的真正基础，作为一名领导者，你需要成为传递信任的第一人"。

马特·苏见证了信任是如何在他的组织中传递的。例如，由于最初新冠疫情的隔离措施，公司中的很多人被迫在家里远程工作，很显然，部门总监对这样的安排并不舒服。多少年来，总监对团队的管理，差不多都是

在一个办公区域，而且在一小时内都能找到人，但是，她现在不得不让团队在线上实时解决问题。他们尝试了各种可行的解决方案，经常要与客户一起解决他们的问题。

总监惊讶地发现，通过运用这种全新的"灾难应急"的方法，一些过去经常出现的问题，竟然一个电话就解决了。她的团队把这些成功的故事传递给了更大的团队，每个人都从这些正向的团队合作中受益良多。从新冠疫情的事件中，总监见证了一个事实，因为信任和合作，让她的整个团队都变得更加强大，而且为客户带来了更好的服务结果。

投资于信任　研究表明，员工是否相互信任，会影响个人、团队与组织的绩效。那些高度信任他人的人，与那些认为世界充满猜忌和怀疑的人相比，能够更好地调整心态和获得幸福感。那些值得信任的人更容易被当作朋友，更多地被倾听，也因此更有影响力。在对7700个团体进行的112项研究表明，团队成员相互信任的程度对团队的绩效将会产生重大的影响。安永公司对在巴西、中国、德国、印度、墨西哥、日本、英国和美国的10000名正式员工的调查表明："信任是让员工全情投入，产生高绩效，并持续创新的工作环境的基石。"

事实上，个人和社区在新冠疫情期间生活得如何，也与信任有很大的关系。在一个来自149个国家的大规模研究分析中，研究者发现："人们对社会和政府机构的信任，是精神健康的最重要的来源，也是唯一的决定因素，因为信任，所以向前看，相信能够战胜新冠疫情。"

在其他的一些危机研究中，比如洪水、地震、暴风和其他事故中，也发现了同样的结论。换句话说，信任是人们在面临逆境和困难的时候，影响身体健康和生活状态的一个主要因素。在远程工作环境中，信任首先必须建立在"情感信任"的基础上，员工能够感知到他们的领导关心他们，关心他们的问题。

此外，值得信任的公司在关键业绩目标方面，会远远超过其竞争对手，包括客户忠诚度、员工留用率、市场竞争地位、道德行为表现、可预期的财务结果与利润增长。比如，一家被大众所信任的上市公司，在 6 年中，其股价表现一直是 S&P 500 公司平均值的 1.3 倍，给投资者的年回报率达到了 28% 左右。在英国，一个基于相互信任的外购合同，与那些列有专门罚则条款的合同相比，通常会带来 40% 的附加价值。在《财富》杂志上，前 100 家最令人向往的公司，有 2/3 都拥有值得信任的公司标签，这些公司在经济表现上往往超越同行，包括旷工、工伤与辞职现象等，都在逐步减少。更进一步，几乎 2/3 的来自全世界的受访者都指出，他们不愿意购买他们不信任公司的产品。

当信任成为常态，也就是说，当团队的每个人都相互信任的时候，决策将会更敏捷、更高效，创新会涌现，利润会增加。有一个经典的研究实验，在一个角色演练中，企业高管们得到了一些同样的信息，要对一个在困境中的制造企业做出市场决策，然后，高管们一起作为一个团队，基于给定的信息，解决一个问题。团队中的一半人被告之，他们可以相互信任（"基于过去的经验，大家可以相互信任，可以公开表达自己的情感和不同的意见"）；另外的一半人则被告之，彼此之间没有信任。在 30 分钟的讨论结束以后，每个人要提交一份关于讨论的简要调查问卷。

那些在角色扮演中被告之可以相互信任的团队成员，与那些被告之没有信任的团队成员相比，无论是他们的对话还是决策，都有明显的不同，他们显得更加积极。那些具有高信任度的团队成员，能够更加开放地表达自己的感受，不仅对团队面临的基本问题和目标有了更清晰的认识，同时提出了更多的可供选择的行动方案。他们还认为团队的研讨会议让他们对结果有了更大的信心，对会议的满意度更高了，执行决议的动力更强了，而且团队的凝聚力也更强了。

在低信任度的团队，大家缺乏真正的开放和坦诚的交流，有时甚至会发生误会。那些经历了这样遭遇的管理者回应："真是一群蠢货。我真诚地对待他们，但是他们不合作。"团队成员的反应不乏敌意："我讨厌与他们一起合作,我们在一起不能超过10分钟。"毫不奇怪,在低信任的团队中,超过2/3的团队成员表示,他们会认真考虑是否要换一个工作。

要知道这只是一个模拟活动。这些真正的管理者之所以有那样的行为,是因为他们被提前告知他们不能信任角色扮演中的同事。这表明一个事实,仅凭一个建议,在几分钟之内,就能形成信任或不信任。在模拟活动结束后,当被问到是什么因素导致了两个不同团队在结果和情感方面的差异时,不止一个人认为,信任是其中的决定因素。

当你营造一种信任的氛围时,你创造的是一个允许人们自由表达和开放创新的环境;你培育的是一个开放交流和真诚讨论问题的场所。你想要动员人们打破规范,激励人们达到最佳的自我状态。你要倡导的一个信念是,人们可以信任你,可以基于每个人的最大兴趣去做事情。为了得到这样的结果,你就必须首先愿意付出信任的风险,你必须倾听他人,你必须和他人分享信息和资源。先有信任,才能成事。

首先付出信任

构建信任有一套流程,首先必须有人(可以是你,也可以是别人)愿意冒险,要第一个展现自己的诚意,而不是控制。领导者必须首先付出信任。如果你想要高绩效,总是少不了信任与合作,在要求别人信任你之前,你必须首先展现出对别人的信任。

首先付出信任,不是一个容易的选择,因为你其实是在冒着某种风险。你面临的风险是别人会不会出卖你的信任,会不会滥用你的信息和情感。你冒的风险是,别人不会利用你,你可以信赖他们去做正确的事情。这需要自信,但是回报也是巨大的。

信任是具有传染性的。当你信任他人时,他们也很可能信任你。然而,你要知道,如果你选择不信任,不信任也是会传染的。如果你展现出不信任,其他人也会犹豫,选择不信任你。所有的这一切,全看你如何做出榜样,是否愿意克服自身的防卫性。一位美国的前游骑兵成员肯尼·托马斯说:"信任不是无中生有的,而是你自己努力争取的结果。"

自我主动披露是你选择首先信任他人的一种方式,让他人知道你的立场,你的价值观,你想要什么,你期待什么,以及你愿意(不愿意)披露有关你的信息。当然没有人能够保证他人会欣赏你的这种坦率行为,大家都会赞同你的想法,或是以你希望的方式去解读你的言语和行为。但是当你首先承担了开放自己的风险,他人也会更倾向于承担这样的风险,最终导向一个相互理解的状态。

正如马苏德·费克哈拉德所说,当他组建一个海外外包产品开发团队的时候,体验了一次什么是最佳个人领导力。马苏德:"项目开始的时候,我就对大家说,我需要他们的帮助。我告诉他们,这是我第一次领导这样的一个项目,我需要他们的帮助和他们的专业知识,只有这样才能让项目圆满成功。我想向他们展示,我完全信任他们,期望得到他们的帮助。"马苏德说,他对团队所展现出的这种信任,"最终让人们愿意敞开心扉,愿意互相分享信息。这使得团队能够全身心地投入工作中,并且承担起各自的责任"。

信任是不能强迫的。如果有人不理解你,不认同你的善意,也不认可你的能力,你也很难改变他们的观念和行为。然而,你必须记住,选择信任他人,在大多数时候,对大多数人来说,都是很安全的。人类与信任不可分割:没有信任,人们很难在凹上有效地开展工作。

对他人表示关心

在新冠疫情期间,一家美国国内新闻媒体公司的副总裁辛恩·麦克劳克林认识到一个问题,当他与分散在全国各地的新闻总监开电话会议时,他必须做出一些重大改变,包括电话沟通的频次、形式、内容及目标等。按照过去的惯例,一年一次面对面的会议和一年两次的电话会议,已经不再有效，也不能让团队做好工作，于是辛恩开始决定通过视频会议，对每个人每星期进行两次检查。这对辛恩和团队的影响都是巨大的。

因为电话是从辛恩的家里打出的，团队成员在电话中的语调是随意的和私人化的。辛恩回忆说："我们比以前分享了更多的信息。每个人都感到更舒服了。"此外，因为他能够在视频中看到团队成员，能够清晰地观察到很多人好像有一点疲惫，他感觉到团队有一些焦虑和压力。"许多时候，我看到人们好像有一点焦头烂额的样子，好像需要一些帮助，"辛恩说，"这个时候，我会立即调整会议，去帮助他们解决问题。我之前从来没有这样做过。"

辛恩通过自己的亲身经历，不仅认识到倾听和与他人保持情绪的同频状态有多么重要，而且意识到一些小事情也需要关注。"我经常对人说：'谢谢你！我随时可以提供帮助，我理解你们的感受。'我可以感受到他们似乎少了一些痛苦，好像他们突然感受到没有那么孤独和孤单了。"自从新冠疫情以来，辛恩不断地给团队打电话，不管开了多少次会议，就像他总结的那样："你真的需要知道人们的情况，了解他们的工作到底怎么样。"

辛恩认识到对人表示关心和满足他们的需求，是促使他人行动的核心，特别是在有压力的时候。你对他人的关心也是你对他人表达信任的最清晰和最不含糊的信号。当其他人知道你把他们的利益放在自己利益前面的时候，他们会毫不犹豫地选择信任你。人们需要看到你这样的行动——倾听他们，关心他们的想法和他们的担忧，帮助他们解决问题，接受他们的建议。当你对团队的需求呈现出开放的态度，当你关注他们的需求的时候，人们就会对你更加开放，这也正是辛恩所学到的经验教训。辛恩的行动表明，即使在远程工作的环境，我们也可以获得信任和维护信任。辛恩增加了与团队的联系，他总是有意识地寻找信息，了解人们的感受，一旦发现人们有困难，他就会伸手去帮助他们。

通过增加电话会议的次数和积极关注他人的感受，辛恩还展示了积极倾听的能力，这是对别人显示关心的一种关键能力。我们在研究中发现，领导者倾听下属不同意见的程度和团队对工作场所的感受之间存在密切的联系。那些总是倾听他人的领导者，几乎 9/10 的人报告说，团队有"很强的团队精神"。那些很少积极倾听不同意见的领导，只有 1/5 的人报告说，团队有很强的团队精神。我们的研究发现，下属报告说他们的积极性与生产力的水平，也与他们感知到的领导者是否积极倾听他们意见的程度直接相关。

当人们相信你把他们的利益放在心上，你关心他们的时候，他们更有可能接受你的影响。此外，还有一个事实是，当人们越感受到你倾听他们，理解他们的情感与想法时，他们会变得更喜欢你，与你的关系也会更和谐。有数据表明，倾听的频率与下属感受到领导者是否真心关心他们的利益，以及是否关心他们的个人与职业发展，是直接相关的。此外，如图 8.1 所示，领导者的直接倾听与下属感受到组织的重视之间有直接的关系。

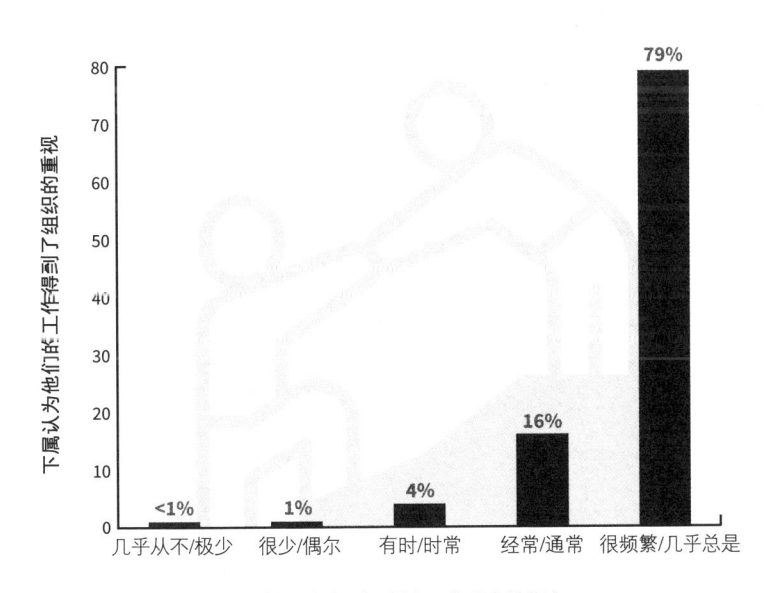

图 8.1 下属认为他们的工作得到了组织的重视与
领导者积极倾听下属多元化观点的频率的关系

真正的有效倾听不仅仅是简单地付出关心。根据一项调查，涉及3500名左右的学员，他们参加了一个教练技能发展项目，最好的倾听者，可不是在他人说话时保持沉默的人。他们表现出来的特点是，在倾听的同时，往往会通过提问，"更有效地发现和洞察"他人的需求。有效的倾听更像一个对话，需要的不仅是听他人发言，更多的是将倾听这个过程发展为一个积极对话的体验，使对方感受到自己是有价值的，是得到支持的。倾听不只是用耳朵听别人讲话。倾听还意味着在某种程度上要让沟通更积极正向，让被倾听的对象感受到支持和价值认可。对他人独特的观点进行认可，事实上展现的是对他们和他们思想的尊重。对他人经历的事情保持足够的敏感，会帮助创造一种纽带，让双方的意见和建议更容易被接受。

有研究表明，那些熟练掌握了倾听和同理心技巧的领导者，团队绩效可以提升40%。同理心也被认为是智慧领导的基石，因为同理心"不仅是从另一个人的角度看待问题，同理心真正的优势是让人拥有一种创造关系的能力，这意味着同理心比经验更重要"。在一个涉及来自18个国家、横跨20个行业和300多个组织的15000名领导者的研究中，发现同理心是影响组织全面绩效最重要的驱动力之一。那些被下属认为"有同理心行为"的领导者，也被他们的上级认为是更好的经理人，而且他们的自我幸福感也更高。对他人展现出关心，关注他人的问题，传递自己的同情心，不仅能够帮助领导者，而且能帮助下属，有效地提升他们的能力，完成他们的任务。

展现同理心对构建人际关系的信任非常重要。这也是安迪·陈学到的经验，他是一家国际技术公司负责全球业务的产品市场经理。他说一定要与人分享自己的个人最佳领导力实践："同理心至关重要。你要理解别人的感受，然后决定你要做什么，帮助别人取得成功。我期待人们想到我的时候，是关于我如何帮助了团队，而不是团队如何帮助了我。"当人们相信你把他们的利益放在心里——你真的关心他们——他们更可能接受你的影响，同时，当你基于他们的需求和利益工作，对他们显示出同理心和关怀时，你将对他人的生活产生重大的影响。

分享知识和信息

对于领导者而言，分享知识和信息是赢得信任和获得自信的关键成功要素。如前面所说，我们的研究表明，员工们需要相信领导者知道自己在说什么，在做什么。你要通过分享知识和信息的方式，展现你的能力，不但你要这样做，同时要鼓励他人这样做，把团队有价值的资源和人才链接起来。领导者要充当知识建设者的角色，为团队成员树立行为榜样。最终，团队成员之间，以及团队与领导者之间，不仅相互信任会增加，绩效也会提升。

达雷尔·克洛茨巴赫是一家跨国计算机软件公司的技术经理，通过分享自己知道的信息和技巧，积极倡导团队的合作。他用他的知识和信息把团队的人联结在一起，相信团队可以从中受益。他还会花时间，用他自己的话说："在公司里闲逛，这样我可以收集一些非正式的信息，这些信息对团队是非常有价值的。"他从外面带回来信息，并且在会议中分享，让每个人都能得到跟他一样的即时的工作动态情报。

有一个刚刚从大学毕业的新员工，达雷尔认识到她的工作有一点繁重，于是他调整了她的工作，以便她适应自己的角色。例如，当他为这位新员工安排工作时，他不会告诉她要具体做什么，而是通过分享工作的愿景与目标，给她指明方向：

> 我给她自由选择的机会，让她以最适合自己的方式去行动。我对她最主要的一点要求，就是当她遇到困难的时候，一定要过来问我，而不是不知所措，然后我们可以一起解决问题。此外，我让她与我一起参加我主持的团队会议，以便让她能够知道事情的来龙去脉，以及我，最终是我们，将会如何处理这些事情。

分享你的经验、知识与信息，对构建团队的信任非常重要，同时表明你关心他人的福祉。当接受印度中央银行系统的一个新职位的时候，迪维亚·帕里产生了一些焦虑。但是她的顾虑很快被打消了，因为她的新经理，在她入职的第一天，举行了这样一场欢迎仪式：

> 她祝贺我接受了新的工作岗位，并且询问我对于这个新职位和角色的感受，对相关的设施是否感到舒适，以及我个人的抱负、兴趣等。她让我放心，语言不会是一个问题，事实上，当同事跟我说话的时候，都是用英文沟通的。她给我介绍了部门工作的各方面的情况和信息，以及面临的一些关键问题。大家友好的交流，信息的分享，对我的关心和对我在新职位上所做的安排，以及对我的信任，让我立即对我的工作有了一种积极和乐观的情绪，同时也让我更加开放，最终对我的上级产生了很大的信任。

迪维亚的经历和达雷尔的实践表明，促进相互关系就是要在团队内构建一种相互信任的氛围。就像迪维亚所说的："实践证明，对人表示关心，不仅关心人的现实问题，也关心人的职业志向，用心倾听他们，将会产生一种信任，促进相互之间的合作。"事实上，当人们分享知识和信息的时候，团队成员之间的信任会提升，同时绩效也会增长，由此，我们强调的是，关心团队的需要有多么重要。如果你通过分享信息展现出一种意愿，你愿意信任他人（不仅信任人品，也信任专业能力），下属将会更愿意克服在分享信息中的疑虑。然而，如果你不愿意信任他人，把持一切信息而不分享，或者你过度担忧和保护你的地盘，把一切都控制在自己的手上，你不仅会损害团队的信任，而且会降低团队的绩效。一些管理者创造出了不信任的环境，他们通常倾向于采取一种自我保护的姿态。他们显得很强势，总是紧握权力不放。在这些人的管理下，人们也会把持信息和扭曲信息，不断传播不信任。这再一次强调了为什么领导者要选择首先分享信息的重要性。

增进相互关系

> 我们不需要英雄；我们需要人们一起合作，
> 让人们看到我们是一个团队，我们如何获得成功。
> ——玛丽亚

人们在相互信任的环境下一起工作效率更高，人们会很自然地请求帮助和分享信息，几乎靠直觉就能设定共同的目标，这是西沃恩·皮科特的个人最佳领导力实践。西沃恩是一个新人，在一家电子电器制造公司工作，也是一个大型产品开发领导职位的第一位女性。她负责一个延迟了好几个月工期的项目。为了挽回进度，她解释说："有很多事情需要做，其中最重要的是确保人们认识到他们是如何相互一起工作的，以及认识到团队的成功不只是一个人或者某一个小组的事情，特别是在短期内，大家需要拥有一个看得见的最终目标而一起努力奋斗。"

西沃恩增进了团队之间的相互关系。虽然她每周都会定期召开会议，以便让自己与团队保持信息的畅通，但是没有人会等到会议召开的时候，才去阐述一个特别的问题。当问题发生的时候，人们主动寻找帮助，找到那些最有能力解决问题的人，然后放手并期待他们去寻找解决方案，让他们提出自己的建议。西沃恩让团队一起合作寻找最佳的解决方案，同时防止问题在未来再次发生。

当人们意识到他们需要彼此帮助才能成功时，协作才会发生。意识到彼此之间是相互依赖的，是相互合作和协作的一个重要前提条件，在这种情况下，每个人都知道仅靠一己之力是无法取得成功的，除非其他人都能成功，或者通过团队协同而不是单打独斗，才能让工作更高效。高级软件工程师莱昂·佩雷佩利茨基观察到，全球各地的项目团队能够如此顺利地合作，主要原因是他们认识到一点，通过合作可以比单独工作完成更多的工作，因为团队成员都是经验丰富的工程师，他解释道：

> 他们常常能自己想出解决问题的办法。然而，我们在多年的工作中发现，如果能让整个团队参与进来，我们的收益可以扩大两倍以上。首先，解决方案的质量会更高，更稳定，更不容易出错。其次，整个团队都知道其他成员在做什么，愿意寻找方法帮助他们，因为他们知道其他人也在帮助他们做同样的事情。

如果没有"我们大家在一起是一个团队"的感觉，就不可能创造出一种条件，让大家一起进行积极的合作。这种"一起工作"的感觉，并不要求人们位于同一个工作地点。莱昂的下属在世界不同地区工作，但他们知道他们可以互相联系，彼此相互寻求帮助。为了创造这些条件，领导人需要制定团队合作的目标，明确各自的角色，支持互惠互利的原则，让大家一起为了项目目标而努力，同时保持长期联系。

明确合作目标与角色分工

没有一个人能够独自制造一辆高性能的汽车、制作一部电影、创造一次顶级的客户体验、将客户连接到云端，或者根除一种疾病。每一项集体成就的最基本要素就是要有一个共同目标。对集体目标的关注，才能让人们一起相互合作，并产生一种相互依赖的感觉。如果你想让个人或团体合作，你必须给他们一个很好的理由，比如，一个只有通过合作才能实现的目标。

作为一家爱尔兰半导体知识产权公司的业务开发总监，约翰·道尔需要确保团队成员承担工作责任，按时完成他们的任务，最重要的是，他知道他们是一个团队，他们有着相同的最终目标。约翰告诉我们他是如何做到的：

我让团队成员知道他们每个人的工作都是相互依赖的，只有通过合作和团队的共同努力才能取得成功。每个人都完全了解客户的反馈，他们也完全了解项目将对整个公司产生的财务影响。事实上，这有助于营造一种氛围，让每个人成为团队的一员。

我还确保每个团队成员都意识到自己的角色对项目的整体成功有多么重要。我要求团队成员拥有一种全局观，了解他们不仅对项目的成功，而且对公司的整体成功所产生的影响。最后，我让团队成员将工作的重心聚焦于一些特别有价值的事情，让我们与过去的其他项目有所不同。最终，让大家都朝着同一个共同目标而努力。

和我们研究的其他以身作则的领导者一样，约翰意识到，与强调个人目标相比，让每个人专注于团队的共同目标，将会促进更强的团队合作意识。为了合作，为了成功，角色必须进行设计，以便确保每个人对最终的结果而言，都是有增量价值的，是具有累积效应的。每个人都必须清楚地认识到，除非他们每个人都尽自己所能，为团队做出应有的贡献，否则团队就会失败。在一艘要沉的渔船上，两个人这样说话是行不通的："你那一边的船要沉了，但我的这一边没事。"

数据非常清楚地表明，如果领导者不能让团队建立合作关系，这样的领导者就不可能被下属评价为有效的领导者，如图8.2所示，超过9/10的下属表示，他们的领导者经常或几乎总是致力于建立合作关系，与那些他们共事过的其他领导者相比，这些领导者往往会被评价为"最佳领导者"。经常发展合作关系的领导者，其下属还报告说，他们对组织的长期成功的承诺度也是最高的。

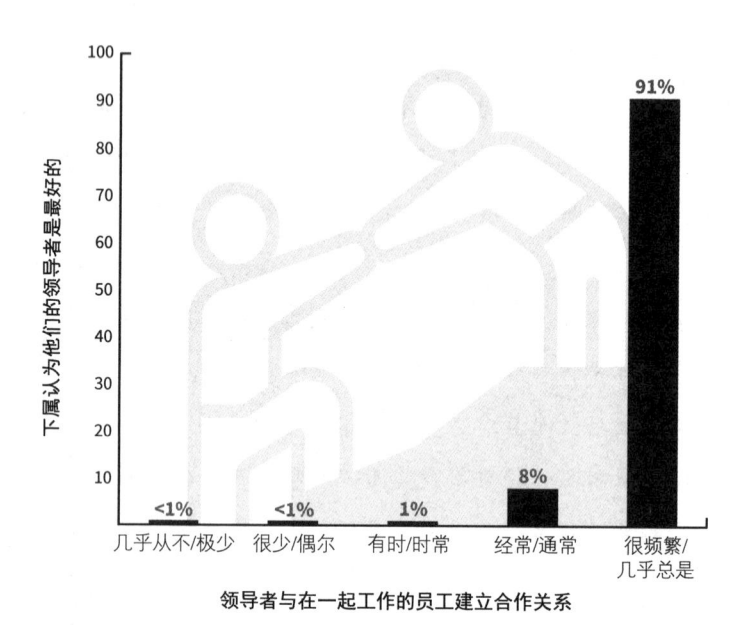

图 8.2 领导者与下属建立合作关系与领导者被下属认为是最优秀的领导者之间的关系

支持互惠互利

在任何有效的长期关系中，都必须有互惠互利的意识。如果一方总是付出，另一方总是索取，那么付出的一方会感到被利用，而索取的一方会有一种优越感。在这样的环境下，合作几乎是不可能的。互惠的力量在一系列涉及囚徒困境的研究中得到了有力的证明。在囚徒困境中，双方（个人或团体）面临一系列决策的情景，决定是否选择合作。他们事先不知道对方会做什么。就参与者而言，有两种选择策略——合作或竞争，以及四种可能的结果——赢输、输赢、输输和赢赢。

当第一个人选择不合作策略，而第二个人选择真诚合作时，就会出现某一个人的利益最大化。在"我赢了，你输了"的方法中，一方以牺牲另一方为代价。如果双方都选择不合作，并试图最大化个人收益，那么就会出现双输的结果。如果双方都选择合作，双方都会盈利，尽管在短期来看，采用合作方式的个人收益低于采用竞争的方式。

来自世界各地的科学家被邀请参加一场计算机模拟测试，研究在赢赢与输赢两个模式下，有什么样的制胜策略。最后的结论："简直太令人惊讶了，获胜者是提交的所有策略中最简单的一个：在第一轮选择合作，然后跟随另一方在前一轮所做的举措。这一策略之所以有效，其关键在于引导他人的合作，而不是击败他们。"简而言之，那些选择投桃报李的人，比那些总是试图最大化个人利益的人更有可能取得成功。

通过使用这样的策略成功解决两难困境的方法，绝不仅局限于理论的研究。每天都会出现类似的困境：如果我试图最大化自己的个人利益，我会付出什么代价？我应该为了别人做一点放弃吗？如果我选择合作，别人会占我的便宜吗？互惠互利的方式是此类日常决策最成功的方法，因为它既表明了合作的意愿，也表明了不期望被利用的态度。作为一项长期战略，互惠互利将风险降至最低，而不是升级：如果人们知道你会做出善意的回应，他们为什么会挑起麻烦？如果人们知道你会感恩互惠，他们就会知道，与你打交道的最佳方式是选择合作，成为你的合作伙伴。当你了解他人将会如何回应时，特别是在你明确了自己行为的时候，与他人一起合作的压力就会减小。

具有普适性的感恩互惠原则已被证明是"文明生活中非常重要的一部分，以至于所有重要的道德准则，都包含着与感恩互惠一样的黄金法则"。互惠互利会促进关系的可预测性和稳定性。你希望别人怎样对待你，你就怎样对待他们，他们很可能加倍回报于你，这正是弗洛里安·木霍尔德在接受威尔逊·里彻森管理的能源政策咨询公司职位后的经历："威尔逊将我们的关系建立在信任之上。他明确表示，他愿意首先迈出第一步，付出信任。几小时后，他邀请我和他一起做一个项目，立即开始与我分享他的客户，把客户直接介绍给我。我记得我非常激动，还把这件事情告诉了妻子，说我很高兴与他合作，因为我觉得他信任我的能力。"当然，回报是丰厚的："我知道，由于威尔逊的信任、支持和他带给我的感觉，我的表现比我预想的还要好。"更有意思的是，弗洛里安说："我必须回报威尔逊的信任。"

一旦你帮助他人成功，认可他们的成就，让他们群星闪耀，他们是永远不会忘记的。"互惠互利法则"开始发挥作用，人们更愿意对他们得到的帮助进行回报，尽他们所能让你成功。无论合作的回报是有形的，还是无形的，当人们明白合作会让他们过得更好时，他们便会倾向于认可他人的利益，承认其合法性，以便促进自己的福利。

创建项目让大家一起共同努力

许多在西方国家长大的人，强调个人主义和通过竞争获得成功，他们认为，如果每个人都基于个人的贡献而获得奖赏，结果将会更好。从过去的经验来看，情况并非如此。在一个讲究投入产出的世界，竞争策略往往会输给合作策略。

个人努力工作需要激励，同时一定要注意，激励不能仅仅针对个人，还要基于团队的共同目标，只有基于团队的最终结果进行激励，效果才会更好。例如，大多数利润分享计划都是基于实现公司的目标，而不仅仅是独立单元或部门的目标。当然，团队中的每个人都有不同的角色，但在一个世界级的团队中，每个人都知道，如果他们只做好自己的工作，就不太可能实现团队的目标。总而言之，如果一个人可以独自成事，为什么需要一个团队？

吉姆·维斯特曼在海军陆战队服役的第一天，他和他的同伴们就学会了铺床叠被，每个人都深刻地认识到合作的意义，"一起工作"的精神被深深地注入进了他们的灵魂。吉姆回忆说："当训练教官开始数数，你有三分钟的时间整理床铺，要把它们按要求叠得平平整整。当你完成后，你会被告知要重新排队。我们的目标是让排里的每一张床铺都整理完成。"起初，吉姆为自己感到骄傲。他很快整理了床铺，三分钟后，只有大约十个人完成了任务。但是教官没有表示祝贺。每个人的床铺都要整理，但情况并没有按预想的发生。训练继续进行，吉姆一次又一次地整理自己的床单。最后，一位教官看着吉姆的眼睛说："你们的床还没弄完。你在干什么？"这时吉姆意识到，他们要整理的是每一张床，而不仅仅是只顾自己的那张床。然后，他和他的床友们开始合作，他们一起整理床铺的速度大约是单独铺床的两倍。

尽管如此，并不是每个人都能在时限内完成任务。最后，吉姆意识到："好吧，当我们自己完成后，我们还必须去帮助我们旁边的队友，然后再帮助下一个，等等。我经历了一个过程，从最初的想法'我会递给我的床友一个枕头，但我不会给他铺床'，到最后我会帮助任何需要帮助的人铺好床铺。"吉姆最后顿悟了：如果不帮助身边的人，自己也不可能成功。

学者们已经发现，当一个组织有很多的"施予者"（Givers）（那些帮助他人的人），与那些充满"接受者"（Takers）的组织相比，通常会更有效率。如果能够知道一个组织中愿意相互帮助人的数量多寡，就能够精准地预测一个团队的效率高低。例如，在一系列研究中，团队因为整体表现好而获得奖励，从而促使团队成员愿意成为一名"施予者"；而在"接受者"的团队文化中，通常奖励的是团队中表现最好的个人。虽然竞争型的团队与合作型的团队相比，完成任务的速度更快，但是由于成员之间相互隐瞒关键信息，他们的准确性较低。

为了提高竞争型团队的准确性，研究人员接下来做了一个变化，让他们在合作型团队的奖励结构下完成另一项任务，即奖励整个团队的高绩效。这次的结果如何？准确率没有提高，但是速度下降了，因为人们正努力实施转型，即从竞争过渡到合作，从索取转变为付出。人们似乎一旦把同事当作竞争对手，就无法信任他们。即使在一个奖励性的结构下完成一项任务，也会产生一种赢输的心态，即使在移除奖励的方式以后，这种心态依然存在。

大家一起共同努力会强化相互合作和相互帮助的重要性。任何试图尽可能多地从他人那里获取利益，同时尽可能少地为他人付出，最终的结果总是适得其反。你必须确保一件事情，让团队一起共同合作所获得的长期收益，大于单独工作或与他人竞争的短期收益。你需要让人们认识到，通过合作，他们可以更快地完成项目，而不是只考虑短期的成败和自己的一些事情，也不要抱怨、指责或与他人竞争稀缺的资源。

维持持久的社会关系

在这个 VUCA 的世界中，一种关键的货币叫作社会资本——你认识的人的价值总和，以及你们之间将会做什么交易。当社会关系变得越来越强大、越来越紧密时，相互之间的信任、互惠互利、信息流动和团队合作，就会变得越来越多，相互的关系也会变得越来越好。拥有强大的社会关系是人类幸福的最好源泉，胜过财富、收入和拥有的物质，而那些未能实现这一最基本需求的人会经历孤独、焦虑、抑郁、自卑、肥胖和愤怒。领导者找到了一些实质性的方法，将人们彼此连接起来，包括团队内部和团队外部。

新冠疫情凸显了社会联系的重要性。尽管世界上几乎每个人都被要求保持一定的"身体距离"，但人们对社会联系的渴望与日俱增。人们发明了各种各样的方式来与他人互动。即使在危机最严重的时刻，人们还是发明了各种虚拟的和面对面保持联系的创新方式，似乎这样的需求是没有止境的。

具有广泛人际关系连接的人，通常是那些积极参与直接工作和个人专业之外活动的人。尽可能多地与来自各种不同单位、部门、项目和专业的人员进行互动。虽然专业化有其好处，但从领导力的角度来看，你不要让自己陷入一种困境，成为一只井底之蛙。如果你的关系只局限于你的专业范畴，那么你的影响力就会减小，不能跨越很多其他领域。当涉及一些社会关系时，具有一定的深度和广度，是极具价值和意义的。

当你和你的团队对彼此的关系有足够的信心，在需要寻求帮助时，也可以扩大社会关系。

当人们向我们寻求帮助的时候，我们往往会有一种冲动，这通常是在生命早期就形成的一种强大的、自发的、情绪化的反应。由于人们低估了在请求帮助时得到积极响应的可能性，事实上概率是50%，让我们失去了许多机会。例如，潜在的朋友和客户不再联系了，相互联系的机会被浪费了。在有人寻求帮助的时候如果说"不"，往往会被视为冷漠、无理、麻木不仁，甚至残忍，要为此付出相应的社会代价。相比之下，说"是"则是一种积极且正向的体验，而同意帮助或合作，则会加强人与人之间的联系。当你让别人开心时，你自己也会感觉良好，这种互动就会加强彼此的关系。感觉到与其他人的关系，会让你更愿意给他人提供帮助。例如，那些在紧急情况下为受害者提供帮助的旁观者，往往是那些觉得自己与当事人有某些共同之处的人。

让人们感觉到一起共事的人是彼此联系在一起的，会增进一种幸福感，同时也会促进同事之间的相互责任感。研究表明，高质量的人际关系有助于人们的成长，从而带来更健康的身体、更高的认知、更广泛的思想和更强的抗压能力。他们更开放，也能够更好地了解自己和他人的观点。

虚拟连接的关系是促进协作和建立信任的好方法吗？毫无疑问，虚拟连接的手段是丰富的，而且也是必要的。在全球经济中，如果人们不得不飞到世界各地交换信息、做出决定或解决争端，任何组织都无法良好运作。全球新冠疫情期间，虚拟通信的指数级增长也证明了这一点，这种强烈的需求导致开发了无数的全新的应用程序和平台。由于现在有很大一部分人都开始远程工作，而且只是间歇性地到办公室上班，虚拟连接实际上成为人们交流、学习和开展业务的一种重要媒介。

但是，按一下键盘、点击一下鼠标、开启一个视频，并不能像面对面交谈那样获得同样的结果。

在一个越来越依赖虚拟连接的时代，有一种诱惑，人们相信虚拟连接会自动带来更好的人际关系和更大的信任。遗憾的是，虚拟信任与面对面相比，无论是信任的建立还是维护都要困难得多。即使在占当今劳动力20%的Z世代员工中，72%的人表示他们更喜欢在工作中进行面对面的交流。

虚拟信任和虚拟现实一样，离真实事物还有一步之遥。人类是群居动物；他们的天性是想面对面交流。比特、字节和像素级的图像，构成了一个非常脆弱的社会基础。虽然像电子邮件、语音邮件、App应用程序和文本文件等进行联系非常方便，但它们不能替代面对面的积极互动。如果你主要是在虚拟环境中认识你的团队成员，你可能对他们不够了解，在处理非常重要的事情的时候，无法信任他们。在一个越来越依赖电子信息连接的世界里，这听起来可能有一点不可思议，但你必须心里明白，如何将新技术带来的好处与人类需要接触的社会需求相结合，并做好它们之间的平衡。数据和信息可能是虚拟共享的，但是在如何相互理解、及时感知、知识学习、公平、包容，以及线上或远程办公的行动力度方面，仍然任重而道远，有很多问题需要解决。

为了提升社会资本，你必须加强长期的关系，做时间的朋友。当人们希望维持他们之间的相互关系，并且喜欢当下的关系时，他们更有可能进行各种可能的合作。当他们知道自己会在某个活动中偶遇时，还要继续在一个项目团队中一起工作几年，或者参加后续的工作组，他们就会更愿意为他人着想。无论是面对面还是远程，如果你知道必须再次与人打交道，在明天、下周或者一个可以预见的未来，你一定要重视你们之间的相互合作。今天相互之间的互动越频繁，明天相互之间的合作就会越紧密。最终，持久的关系，而不是一次性的或短期的关系，将激励人们找到更好的合作方式，以确保未来的相互成功。

采取行动
促进合作

"你不能独自成事",是卓越领导者的口头禅,这是有充分理由的。你确实不可能单凭一己之力成就卓越。相互协作是让组织、社区,甚至虚拟教室有效运作的基础。通过营造信任的氛围和促进下属之间的长期的、有效的合作关系,可以推动团队的合作。要培养一种相互依赖的感觉,即团队中的每个人都知道自己需要其他人的帮助才能成功。如果没有那种"我们在一起"的感觉,就不可能保持团队的有效运作,也不可能激发人们的相互关心,尽自己所能帮助整个团队获得成功。信任是合作的生命线。为了创造和维持长期的关系,你必须信任他人,他人也必须信任你,彼此之间相互信任。没有信任,你就无法领导,也不可能成就卓越。如果你能与你的下属自由地分享信息和知识,表明你了解他们的需求和兴趣,愿意接受他们的影响,能够充分地利用他们的能力和经验,最重要的是,在你要求他们信任你之前,你要展现出你是信任他们的。

在促进人际关系方面,面临的挑战是如何确保人们认识到他们需要相互帮助才能成就卓越,他们是真正相互依赖在一起的。合作性的目标和角色分工有助于达成共同的目的。人们需要知道的是,为了实现共同的目标,最好的激励是你和其他人会互惠互利,会相互帮助。帮助得到帮助,就像信任得到信任一样。通过支持互惠互利和合作项目的方式,奖励共同的努力,最终让人们明白,合作是最符合他们的最大利益的。

鼓励人们多互动,鼓励尽可能频繁地面对面交流,可以增强长久的人际关系。我们建议采取以下行动,以便促进合作,建立信任和促进关系：

- 增加人际之间的非正式互动，不仅是数量，还有质量，让他们更有效地在一起工作。
- 一定要做到,使用"我们"的频率至少是使用"我"的频率的三倍。不能只是自己一个人这样做,还需要大家也一起这样做。"我们"是一个有包容性的词汇,象征着对团队合作和协作的一种承诺。
- 当事情的进展没有按计划进行的时候，要开放信息，要勇于承认，要将注意力集中在经验教训的学习和分享上面。千万不要做"枪杀"信使的事情。

此外，要进行定期的领导力对话，要让人们知道这件事情很重要。要利用好每一次互动的机会，要将人们的注意力引向领导者认为最重要的事情方面。寻找机会与他人谈论这些问题：

- 为了成就卓越，我们可以做什么，以便更好地与合作方建立关系？
- 我们正在做什么来确保让人们感到被包容，并且参与到决策之中，让他们的工作更富有成效？

第 9 章
赋能他人

> 我强调一点，团队中没有人比任何其他人更聪明或更好，
> 成功的关键是分享知识和信息，
> 而不是把知识和信息隐藏起来。
> ——桑杰伊·巴利

卓越的领导者为员工提供积极努力工作所需的自由度和灵活性。同样重要的是，领导者在鼓励团队自主决策的同时，还会提供系统的指导和明确的方针。在人们能够感受到舒适和自信地迎接挑战的时候，他们必须对自己的能力和所承担的角色有信心。否则，人们会感到不知所措和无能，倾向于安全行事，而不敢去冒险，去寻找各种机会。

这是一家总部位于悉尼的全球安全软件公司，安东尼·帕努乔在担任亚太地区支持和服务高级主管时意识到一件事情，他的部门中有很多人不知道如何有效地执行任务和履行职责。

为了解决这一问题，安东尼开展了一项为期一年的"回归基础"的计划。他们查看了所有运营流程，并开始系统地记录需要完成的工作。他们

围绕四个主要工作角色制定了一份工作手册，其中详细列出了团队成员每天、每周、每月、每季度和年度要做的事情。这样就为团队提供了一个系统框架，让大家知道需要交付的成果是什么、为什么做，以及如何做。

当被问及工作手册是否会让人感到被微观管理时，安东尼解释说，他们只是规范了一些基本内容。"有了手册以后，"安东尼告诉我们，"团队成员在管理客户时，拥有很大的信任度和自由度，被授予了权力，对最终的结果负责。"正如安东尼所指出的，每个客户的需求都不一样，在与客户打交道的过程中，这种情况时常发生：

> 我们必须相信我们的员工能够理解需要做什么，并围绕下一步要采取的行动做出明智的决策，这方面你是根本无法描述清晰的。他们需要有一定的调整能力，决定什么是正确的，以及如何做出决策。否则，管理者将要对团队成员每天日常遇到的每个事件进行微观管理，这样做的结果只会适得其反，并使团队士气低落。

安东尼的一名团队成员也谈到了这个问题，他认真地告诉我们，在安东尼的领导下，他既没有感受到被限制，也没有感受到放任自流。他说："安东尼很善于找到中间的平衡点。我在这种风格的领导下真的被激发了，因为我需要自己独立应对一切。与此同时，他也会检查我的工作，他会问：'你想过这个吗？'于是我们会针对我所做的工作进行持续的对话。他会做出一些调整，引导我沿着正确的方向前进。"另一位团队成员告诉我们，安东尼能够让人们表现出他们的最佳状态，因为"安东尼帮助我们了解自己的目标是什么，并为我们的成功提供所需的工具"。

安东尼承认，他有时会对放手感到一丝不安。他解释道：

> 有时候，作为一名领导者，你会觉得如果你不紧盯着，那么结果就可能出问题。但我学会了信任，相信下属（被授权人）的

能力。我学会了放弃控制权,允许人们拥有一些空间,创造一些我没有想到的但是他们有能力创造的东西。当我做到这一点时,我发现,我的团队真的有能力推动一些事情的进展,达成一些优秀的成果,并开发出目前正在世界范围内使用的流程和工具。

一旦像安东尼这样的领导者意识到仅靠自己是无法成就伟业的,他们就开始理解授权的好处,开始放弃控制权。他们为人们提供了更多的机会,让每个人发挥自己的才能,做出重要的决定。

当团队成员觉得自己有能力和信心去获得领导者的信任和支持时,他们会更主动地承担责任,自发地去寻找那些能够提高组织绩效的方法。数据表明,那些经常或几乎总是确保"员工能通过学习新的技能在工作中成长,并得到自身发展"的领导者,与那些被认为很少拥有这些领导行为的领导者相比,其下属的敬业度得分要高出66%。

安东尼的经历,说明了卓越领导者应该如何赋能他人。领导者通过增强下属的能力和信心,倾听他们的想法,促进他们的行动,让他们参与重要的决策,认可和奖励他们的贡献,让人们最终拥有更多的自主权和更好地承担团队的责任。

创造一种氛围,让人们充分参与并感受到对自己生活的掌控,是赋能他人的核心。卓越领导者总会营造一种环境,培养人们的能力,增强他们执行任务的自信心。一个人如果对自己的能力充满自信,人们会毫不犹豫地承担责任,要求自己对结果负责,对自己的成就更加自豪,并想尽一切办法期望成就卓越。

为了赋能他人,卓越领导者致力于两项关键行动:

- 增强自主意识。
- 培养胜任力和自信心。

领导者提升人们对自己能力的信心,这件事情意义重大。领导者从控制转向把控制权交给他人，成为他们的教练和导师。他们进一步培养现有的人才，帮助他们学习新技能，并且提供持续增长和变革所需的组织支持。归根结底，领导者要把他们的下属转变为领导者。

增强自主意识

> 他与我们分享权力，增强我们的能力和执行的意愿。
> 由于他给予了我们更多的自我选择权与真正决策的机会，
> 我们开始获得了一种令人难以置信的全新的能力和信心。
> ——凯西·莫克

领导者认同和接受关于权力的一个悖论：越分享权力，你越会变得强大。早在"授权"一词成为流行词语之前，卓越领导者就明白授权的重要性，必须让追随者感到强大、有胜任能力和卓有成效。那些感到自己是软弱的、无能的和无足轻重的人总是表现不佳；他们没有归属感，一有机会就希望逃离组织。

对自己的权力不自信的人，无论他在组织的职位或地位如何，都不能有效地发挥出自己的影响力。能力不足的管理者倾向于采取小心谨慎的方式和独裁的风格。无能也会催生出一种组织体系，大家都喜欢玩弄政治手腕，"粉饰太平"和"推诿扯皮"成为他们处理部门间分歧的首选方式。

在过去的四十年里，我们询问了成千上万的人，了解他们感觉无力和充满力量时候的经历。想想那些让你感觉到无力、脆弱和无足轻重的行为或情景，你就像别人棋盘上的一枚棋子。你的感受是否与其他人报告的一样，其中的这些行为和情景，真的让人感觉很无力？

人们报告的一些具有代表性的让他们感觉到无力的行为和情景：
- "没有人对我的意见或问题感兴趣，也没有人倾听或关注我。"
- "我对影响我如何开展工作的重要决定没有任何发言权。"
- "我的老板在众多同事面前质疑我的观点与想法，用一种诋毁的方式否定我个人和我的想法。"
- "我的决定没有得到支持，虽然管理层表示过他们将会支持我。"
- "某些人窃取了我的工作成果，得到或接受了奖励。"
- "我没有得到与我的工作至关重要的信息，我被排除在信息圈子外。"
- "我被赋予了责任，却没有相应的权力。"

现在想一想，当你感觉自己有力量、很强大、很高效，你是自己所做事情的创造者时，你是一种什么样的感觉？你的回忆是否与其他人所回忆的行为与情景相似，这些行为和情景让他们觉得自己很重要，并且具有重要意义？

一些具有代表性的让人们感觉充满力量的行为和场景：
- "所有重要信息和数据都与我共享。"
- "对如何处理一些事情，我们拥有自由决策权。"
- "我参与了项目的关键决策。"
- "组织投入了资源帮助我学习和成长。"
- "管理层公开表达了对我的能力充满信心。"
- "主管告诉其他人我正在从事一项伟大的工作。"
- "我的经理花时间让我知道我做得如何，以及哪些地方我可以改进。"

当你审视人们什么时候感觉无力，什么时候感觉充满力量时，有一个明确和一致的信息：从字面上，感觉有力量，感觉有能力，来自一种对自己生活的强烈掌控感。世界各地的人都有这样的基本需求。当人们感到能够决定自己的命运时，当他们相信自己能够调动必要的资源和获得支持来完成一项任务时，他们就会为结果而坚持不懈地努力。然而，当人们感到被他人控制时，当他们认为自己缺乏支持或资源时，他们自然会表现出一种态度，不愿去承诺，不愿去追求高绩效。即使你可能屈从安排，但是你绝不会全力以赴，事实上，如果给予机会，你是可以做出更多贡献的。

在增强他人能力的时候，领导者要相信人们足够聪明，有能力自己解决问题。金贾尔·夏是一位软件工程领导者，在数字现金解决方案领域拥有一家初创公司，基于他个人的最佳领导力实践，他认为领导力"不是要拥有更多的权力，而是要赋能并让身边的人成为领导者。当人们感到拥有决策权，能够对事物产生真正的影响时，他们会感到更有力量"。金贾尔希望团队的每个成员都能在开发新软件时，提供自己的意见，如果他们有任何问题或担忧，都会在项目开展之前得到充分的讨论。金贾尔指出，采取这些行动有两个目的，"因为每个人的输入信息都得到了重视，他们觉得自己被赋予了权力，每个人也都知道组织其他部门正在做什么，他们对事情的进展有发言权"。他发现，"团队成员对整个系统的责任感更强，而且，由于人们感觉自己很强大，当机会出现的时候，他们也愿意为组织的其他部门承担领导责任"。研究表明，那些能够对他们的工作施加最大影响的员工，平均而言，他们的工作效率更高，生活也更幸福。像金贾尔这样的卓越领导者，分享了自己的权力，增强了下属基于选择原则的自主权、自由度和个人责任感。他们欣赏那些能够帮助他们提升自主意识和自信心的领导行为，让他们感觉更有力量，可以极大地增强他们的工作意愿，以及在工作上的承诺度。

提供选择权

虽然刚刚在一家中国国际贸易公司开始职业生涯，但约翰·张告诉我们，在他的个人最佳领导力实践中，最让人印象深刻的一件事情是关于他的经理的做法："经理首先认真倾听了我的意见，然后问我，你觉得我们应该做什么？"在经过几次对话后，经理再次问约翰，你认为我们应该做什么？然后说："这件事的决定权交给你。"

在谈论了多项选择以后，约翰选择了一个特定的策略，然后"他对我表示了全力的支持，我随后也尽了最大努力，以确保我们的成功。我不可能让我们不成功"。约翰的案例表明，给予选择权，可以提升一个人的承诺度。

给予选择权至关重要，因为选择权可以让人感受到自由。什么时候人们意识到他们没有任何选择的时候，他们感觉到的是自己被限制住了，就像迷宫中的老鼠一样，当没有其他选择时，他们通常会停止运动，最终待着不动。通过为人们提供真正的自主选择权，领导者可以减少人们的无力感，提高人们的意愿，让他们更充分地发挥能力。研究表明，当人们感觉有更多的选择权的时候，可以激活大脑中的奖励链路，让人们感觉更轻松，同时增强他们的内在意愿，让他们能够跨越舒适区进行其他的试验和冒险活动。一个高绩效的组织，一定由一群这样的人员组成，他们愿意从事一些超出其工作职责范围之外的工作，其背后的原因是他们能够对所做的工作，以及如何开展他们的工作，有自己的选择权。

在我们的研究中，我们询问人们，他们的领导者在多大程度上"给予他们自由度和选择权，让他们自己决定如何开展工作"，以及这种领导行为如何影响他们在工作中的态度与意愿。图9.1中的结果表明，当他们的领导者"几乎从不/很少"给予他们很大的自由度和选择权时，只有1%的下属认同这样的观点，他们会自豪地告诉别人他们的工作单位。当领导者"偶尔/有时"表现出这种领导行为时，这种不满的情绪几乎没有什么变化。当人们报告他们的领导者"经常/几乎总是"给予人们自由度和选择权时，自豪感发生了一个戏剧性的转变（这一数字上升到了 77%）。下属在决定如何开展工作时，如果能够感受到自由度和选择权，不仅可以提升自豪感，还会提升团队精神、承诺度、动力和生产效率。例如，超过 95% 的下属表示，当他们的领导者能够"经常"地提供自由选择权时，他们具有更强烈的团队精神，同样，95% 的人还表示，他们会因此感觉到自己是非常重要的。

下属会自豪地告诉其他人他们在哪里工作

几乎从不/极少	很少/偶尔	有时/时常	经常/通常	很频繁/几乎总是
1%	1%	4%	17%	77%

领导者在决定如何开展工作方面给予人们的自由度和选择权的程度

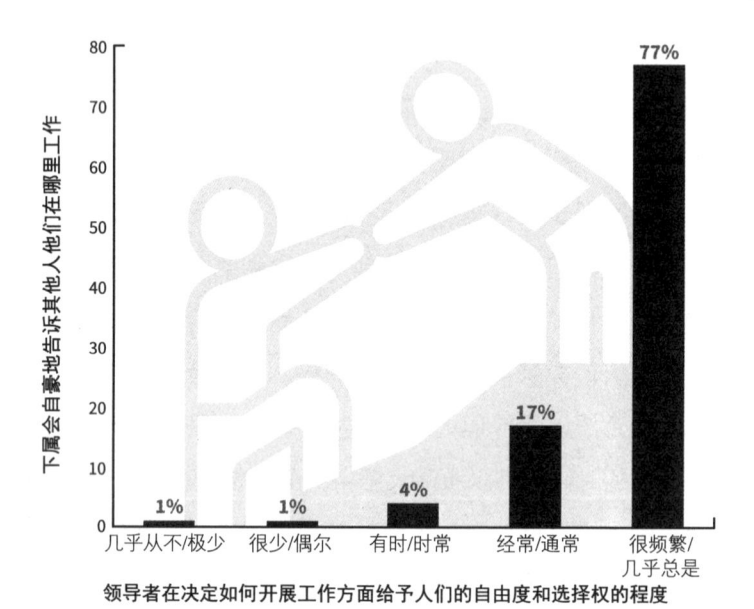

图 9.1 当下属觉得他们在决定如何工作时有自由度和选择权时，他们对组织的自豪感会增加

下属对领导者整体效能的评估，与该领导者为人们提供自由度和选择权的频率密切相关。那些经常给予人们自由度和选择权的领导者，82% 的人被下属评价为高效的领导者，并且还会向自己的同事赞扬他们的领导者。对于那些位于底部很少展现这些行为的领导者，只有不到 1% 的下属，会评价或认为他们是高效的领导者。

如果领导者总是告诉他们的下属应该做什么和怎么做，人们就无法学会独立思考，也不会积极主动行事和自我决策。如果没有机会行使某种程度的选择权，当应对客户或同事突如其来的请求时，他们就会感到准备不足和手足无措。如果他们还要去问"老板"应该做什么，即使他们认为自己知道需要做什么，并且觉得自己也可以做得到，那么也会降低整个组织的效能。最有效的领导者总是让人们有机会运用自己的知识和技能做出最佳的判断。这就需要领导者做好准备，让下属有能力做出选择，同时培养他们应用组织的原则和标准做决策的能力。

给予人们选择权，让他们自己做出决定，当事情进展不顺，或者出现问题时，他们不会责怪"公司"或管理层。毕竟，如果不喜欢事情的发展状态，他们可以采取一些措施与行动。通过提供选择权，可以让人们变得更加积极主动和更有责任感；从本质上讲，他们是自己领导自己。

做好工作岗位设计

为了让人们拥有更多的控制权和自由度，我们需要对人们的工作进行设计。在面对问题的时候，人们期望能够采取非常规的行动，实施独立判断，做出对工作产生重大影响的决策，而不必向其他人请示。让人们从一套标准的规则、程序或进度表中解放出来，可以让他们更具创造力，更有主动性和责任感。当人们的工作职责范围定义宽松的时候，他们拥有更多的选择权（灵活度和自由决策权）。狭窄的工作类别会限制人们的选择。新冠疫情迫使许多组织，无论是大型的，还是小型的组织，所有的部门和职能工作都必须为人们提供更大的自由度和自由决策权，特别是对一线和中层的服务人员。重组和设计工作岗位，就是要让人们拥有更多的行动自由，帮助他们更好地完成工作。工作重新设计的目的是让人们更自由，更好地完成工作；同样，对于远程工作来说，也应该这样设计工作。

请想象一下，你如何摆脱多层的管理控制和各种签字。这些要求往往是无效的，不仅浪费了时间、金钱、人才和激情，而且会让客户望而却步。当人们拥有必要的灵活度和足够的权力，以便满足客户的需求和解决客户的问题时，他们便会付出额外的努力，为客户做出及时的响应。为了感受自己对工作的控制，人们需要能够从事一些非常规的例外行动，进行独立的判断，并做出影响工作的决策，而不必请示他人。让我们看一位同事讲述的案例，两种不同的零售体验，让我们了解工作中的自由度将会如何影响客户的体验（它们可能让客户沮丧，也可能让客户愉悦），以及对收入产生的影响。

我走进了当地的一家叫作"阿尔法"的男装店。我需要买几条新的工作裤。在试了几次之后，我选择了一条工装裤，标签价格比正常价格低60%左右。我感到很高兴，于是走向结账柜台。收银员扫描了一下标签，告诉我这条裤子是不打折扣的。我指出，标签上写着销售金额，但收银员说，因为电脑没有显示销售折扣，所以什么也做不了。我坚持认为这是销售货架上的东西，没有更新电脑信息那可不是我的错误，我觉得自己有权获得折扣的价格。收银员终于松口了，拿起电话给"楼上"的经理打电话。我不知道具体的对话内容，但大约15分钟后，非常尴尬的是，收银员终于被允许按照标签上显示的价格，把裤子卖给了我。

这次经历后不久，我需要买一件衬衫和一套新西装，但这次我去了"贝塔"男装店。我又一次被吸引到货架上，挑选了一件衬衫。当我去结账时，销售人员告诉我它放错了货架。然而，我还没来得及说一句话，这个人就表示这不是一个问题，并兑现了销售货架上广告的折扣。我很高兴。结果，我决定马上就去找一套我需要的西装。我最后购买了一套还没有上架销售的西装，最终的交易总额，那可是不低的。

这两种经历的根本区别在于，贝塔组织的员工得到了信任，拥有权力做出自己的判断。然而，阿尔法组织的员工，则被视为某种机器上的齿轮，在通常情况下，他们既不受信任，也不受尊重。这些思想不只适用于一线零售人员。例如，研究人员发现，市级和县一级的政府管理人员的决策权（"有意义的自由决策权"）与其总体绩效表现之间，存在着直接正向的关系。

只有适应性很强的个人和组织才能在当今充满活力的全球环境中茁壮成长。领导者必须支持越来越多的个人拥有自由决策权，以满足客户、合作伙伴、供应商和其他利益相关者不断变化的需求，这种要求越来越高，需要不断提升员工的能力和经验。正如葛瑞丝·陈的案例，这样做的结果，其回报是很高的。

葛瑞丝是一家大型半导体芯片制造商的项目集经理，她领导着一个复杂的项目，需要来自日本和美国方面的支持，并需要来自多个管理层、业务合作伙伴和供应商的输入信息。至关重要的是，工作规范要求和定义不能非常具体和明确，如果那样的话，人们就没有任何回旋的余地。她确保人们拥有一定的自由度和决策权，在工作中能够跨越专业和边界。葛瑞丝授权团队成员，让他们拥有项目各个部分的所有权，作为各自领域的所有者，他们要对结果负责。她坚持要"给供应商提供一些余地，例如，在一些对供应商至关重要的条款上，不能卡得太死，反过来，作为交换，在一些对我们的商业模式至关重要的条款上，我们也获得了相应的更多空间。最终，双方都对合同的条款和条件感到满意，绝对没有什么强人所难的不愉快的感觉"。这种个人最佳领导力实践，强化了她的一种观点，即"授权团队和鼓励团队成员发挥出自己最大的潜力，真的能够激励团队达成最佳的结果"。当人们感到被信任，能够做出自己的判断和决策的时候，人们的责任感就会得到提升，最终，满意度和盈利能力也会更高。

增强责任感

领导者明白，选择的权力取决于承担责任的意愿；人们拥有越多的选择自由，他们就必须承担更多的个人责任。而且，正如葛瑞丝的经历所表明的，越来越多的人相信其他人都在为自己的工作承担责任，他们越是信任和合作，就越有能力做到这一点。当人们相信别人会做好自己的工作时，他们也会更有信心做好自己的事情。在一个紧密相连的全球工作环境中，选择权与责任感二者缺一不可，变得越来越重要。

在研究所谓的"宜家效应"（由于亲身参与创造而更加认可）的影响力实验中，研究人员发现，当人们亲自参与一项任务，并且能够完成任务时，他们会比没有亲自动手制作的人，更看好他们的产品，更愿意承担额外的任务，而不会在完成后被丢弃，或在中途就放弃，从未将作品装配完成。换句话说，当人们直接参与创造和完成某件物品时，责任感会更高。

如果你问人们这样一个问题，在租车以后，是否会在还车之前清洗车辆，他们可能认为这是一个愚蠢的问题。"当然不会。"他们会说。他们之所以不清洗那辆车，是因为那辆车并不是他们的；他们知道租车公司会在他们还车以后负责清洗。那再问这些人，他们是否会自己洗车，或者去当地的洗车店洗车，大多数人都会肯定地回答，他们一定会的。为什么？因为这是自己的车，他们拥有那辆车。运用这个比喻，很明显，当人们觉得自己拥有某物，而且是自己的时，他们就会在乎它。然而，当人们感觉自己只是在租赁时，他们不太可能像拥有它一样小心翼翼地对待它。同样，当他们看不到谁会在下一次使用这辆车时，他们对自己的行为，也几乎没有任何负疚感。

在你的组织中，有多少人之所以不为某件事情负责，是因为这件事与他们无关？有多少人只是"租用"他们的工作场所？有这种感觉的人，他们可能无所事事，也可能悄悄地辞职。虽然在正式或法律意义上讲，人们并不拥有自己的工作，但研究表明，当他们在心理上感觉拥有所有权时，他们对自己的组织会更有责任感。如果想要卓越的事情发生，卓越的领导者往往会创造一种环境，让人们在心理上感觉有一种所有权。

在安迪·基尔的个人最佳领导力实践中，他面临着一个挑战，他要将一个大城市水处理设施团队,从各自为政、相互争斗转变为一个有凝聚力的、相互协作的团队。他首先从运营管理者开始,让他们负起责任。安迪授权他们进行工厂流程的变更,包括工厂停工,无须事先与上级进行沟通。"他们花了一段时间,"安迪承认,"才习惯了这样一个想法,即作为持牌的水处理厂运营管理者,他们不仅有权而且有责任始终尽最大的能力优化工厂的运作流程。"他让运营管理者制定他们的团队内部工作规则(比如,在暴风雨后,何时打开小溪取水口),而不是由管理层发号施令,从而让他们拥有一套全新的程序。同样,运营管理者也制定了自己的工作规则、关系准则和人际规范,帮助他们摆脱多年的相互竞争、相互抱怨和糟糕的人际关系。

通过强调运营管理者要"关注问题,而不是人",提升了人们的责任感。正如安迪所解释的那样,让每个运营管理者都要负起责任,对安迪的计划的成功至关重要,"要求运营管理者写出自己的使命宣言和目标,这给予他们一种全新的使命感,并为他们创造了一个机会,让他们看到一个超越轮班工作的最终产品图像。他们由此可以看到他们是如何相互联系在一起的,他们应该一起如何更好地合作,而不是各自为战"。在同事面前分享每个人的成功,是安迪强化团队意识的方式之一,谁应该对什么负责。这不仅加强了团队成员对个人能力的认知,安迪还发现,通过这样的方式,还能"帮助他们认识到其他领域的同事是多么能干"。

当人们愿意承担个人责任并对自己的行为负责时,他们的同事更倾向于与他们合作。他们通常也更愿意合作。每个人都愿意承担责任,对团队的相互合作至关重要。每个人必须为团队的有效运作尽自己的一份力量。

一些人认为,团队和团队的合作行为可能减少个人的责任感。他认为,如果鼓励人们集体工作,他们对自己的行为要求会不一样,承担的责任会少一些,不会像在鼓励竞争或独立行事的环境中那样负责。当团队有共同的目标时,几乎没有证据支持这种观点。有一些人在集体工作中会变得游手好闲，会想方设法地偷懒，让其他人帮忙，但这种情况不会持续太久，因为他们的同事很快就会厌倦，不愿意承担额外的工作。要么偷懒者最后自己承担责任，要么团队将此人踢出团队。

增强自我决策权意味着让人们控制自己的生活，意味着你必须向他们提供一些事情，让他们在主观上可以控制并对其负起责任。你可以通过多种方式培养个人责任感：确保每个人，无论什么任务，都有客户；增加他们财务上的支配权，取消或减少不必要的审批步骤，以及在组织内外，为他们提供更大的纵向和横向的进出自由。

你不能忘记一点，要为人们提供必要的资源（例如，材料、资金、时间、人员和信息），让他们能够自主执行任务。没有什么比这样做更让人受到打击的了，即让人承担大量的工作责任，但是什么也做不了。此外，扩大一个人的影响力范围，一定要与组织的迫切需要和核心技术相关。让其选择走廊的油漆颜色，可能是一个开始，但是随着时间的推移，你应该准备好让人们拥有更大的决策权，对一些关键问题进行决策。

培养胜任力和自信心

我训练他们，给他们提供所需的工具，让他们自己奔跑。
我给予他们空间和自由，
让他们有信心去做一些以前没有做过的事情。
——布伦达·阿霍

选择权、自由度和责任感可以赋能他人，让他们感觉更有力量和能更好地掌控自己的生活。然而，尽管加强自主权是必要的，但是仅仅这一点是不够的。没有知识、技能、信息和资源来专业地完成工作，内心感到没有能力去执行所需的任务，人们就会感到不知所措和无能为力。即使他们有足够的资源和技能，有些时候，人们也可能缺乏自信，不知道是否能够发挥自己的能力，或者如果事情进展不如预期，他们是否会得到支持和帮助。有些时候，人们只是因为缺乏自信，而没有去做一些事情，他们知道要做，却没有去做。

提升胜任力和自信心，对于兑现组织承诺和维护领导者和团队成员的信誉至关重要。要成就卓越的事业，你必须投资于提升人们的能力和意志力，这一点尤为重要，特别是在面临巨大不确定性和重大变化的时期。

请想象一个场景，你面临的挑战大于你的能力。你感觉怎么样？和大多数人一样，你可能感到焦虑、紧张、恐惧等。现在再想一想另一种情况，你的能力水平超过工作中的挑战。你感觉怎么样？最有可能的是，你会感觉有一点无聊和没有激情。没有人在焦虑和无聊的时候达到最佳的工作状态。当人们面临的挑战略微高于他们当前的技能水平的时候，完成的工作是最好的。这个时候他们会感觉到有一点紧张，但不是压力过度。这是一种临在当下的"心流"状态——这个时候，人们感觉他们完全沉浸在一项活动之中，在活动过程中的状态，呈现出的是一种全身心的投入、充分的参与和愉快的享受。他们相信一点，自己的能力与挑战水平是适配的，尽管事情可能有一点困难，需要多付出一些努力。在一项为期十年的追踪研究中，管理者报告说，当他们在"心流"状态时，生产力提高了大约五倍。

虽然"心流"不可能出现在每一种任务和每一种情况中，然而"心流"确实是巅峰绩效的典型特征。对于卓越的领导者来说，要努力创造条件，使"心流"成为可能。这意味着他们要不断评估下属的能力，是否能够应对所面临的挑战。这种评估不仅需要关注每个人的意志力，还要关注其能力水平。在斯里尼·拉贾马尼负责的一个长期项目中——他们为一家欧洲信息技术服务和咨询公司提供服务，他实施了一种政策，每四个月就要做一次工作轮换。除此之外，他还设立了每周的"午餐学习"课程，每个人都有机会，无论他们的级别和角色是什么，在非正式环境中，向团队其他成员展示他们的核心工作和学到的最佳实践。斯里尼解释说，这意味着：

当一个人被轮换一个新的角色时，他已经对自己需要做的事情有了很好的理解，而不会完全找不着方向。随着时间的推移，这样的分享能够帮助团队建立起巨大的抗打击能力。作为一个团队，他们可以应对团队的大多数问题，而不会出现瓶颈。此外，在个人方面，团队的分享，让大家更加紧密地联系在一起，因为他们清楚地知道，旁边的同事正在经历什么样的挑战。随着人们在角色中的成长，他们完成了一个全面的转型，从我们的团队转型到组织中更大的角色。

如图 9.2 所示，数据也支持斯里尼的经验。下属认为领导者越频繁"确保人们在工作中学习新技能和发展自己"，他们就越有团队精神。同样，领导者越是培养人们的胜任力，就越能让人成就卓越，同时还能让人感觉受到重视。

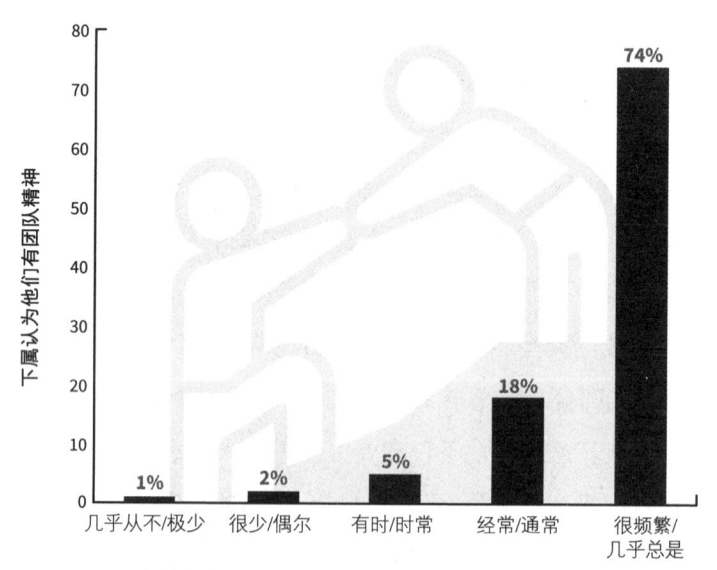

图 9.2 当下属感觉他们的领导者重视他们在工作中的学习和成长时，团队精神会增强

教育和共享信息

人们不会去做他们不知道如何做的事情。因此，增加自由度和自主权需要相应地增加培训学习和发展技能。人们如果不知道如何完成一项关键任务，或者害怕犯错误，是不会行使自己的判断力的。研究表明，那些被视为"伟大工作场所"的公司，它们会"确保员工得到他们所需要的培训，并让他们参与影响他们工作的决策，这样不仅能够开发能力，还能够提升承诺度"。此外，研究还指出，这些组织"明白一点，随着业务的持续增长，他们需要聘用能够随时进入未来工作岗位的员工，而不是临时做培训，或者从外部招聘，或者干脆失去应有的市场机会"。

西莉亚·霍德森曾中途接管了一个小团队，当时她接手了一个澳大利亚项目，该项目帮助当地领导人发起、管理、资助和领导当地的社会投资业务。她和菲奥娜一起工作，菲奥娜是一个很害羞的人，非常害怕在公共场合讲话。但是菲奥娜很乐意在活动中分发姓名徽章，但仅此而已。她甚至假装生病以便逃避演讲。西莉亚问菲奥娜："我们怎样做才能让你在公共场合讲话？"然后她轻轻地把菲奥娜推到了前边。菲奥娜与一个小团体进行了交谈，然后是一个稍大的团体，然后是另一个更大的团体。在不到一年的时间里，西莉亚告诉我们，菲奥娜如今能够站在一个大讲台上，向大批观众颁发商业奖项。随后，菲奥娜走到西莉亚面前说："噢，天哪，我真不敢相信我能在公共场合发表演讲！"

像西莉亚一样，卓越领导者让人们看到他们可以提高、发展自己的能力，而且能够做出比他们想象得更多的事情。卓越的领导者会问这样的问题："我如何帮助你，让你工作得更好？""为了帮助你达到你期望的目标，你需要培训什么样的能力？""我们需要一起克服什么样的挑战，才能帮助你实现那个不可思议的目标？"或者正如西莉亚所感叹的那样："你需要我做什么，以便让你能够做好你的工作，让你出类拔萃和与众不同？"

要想赋能他人需要先期进行主动投资，从而提升员工的能力和树立他们的信心。这种投资一定会产生回报。研究发现，那些在培训上花费高于平均水平的公司，与那些花费低于平均水平的公司相比，往往拥有更高的投资回报率。除此以外，前者还享有更高水平的员工参与度和承诺度，更好的客户服务标准，以及更多地认同公司的愿景和价值观，并与它们保持一致。此外，研究还发现，那些报告说没有接受良好培训的员工，其中的40%在第一年内就离开了他们的岗位。缺乏培训和发展是他们离职的决定因素。

分享信息是又一项重要的教育策略。这一因素的作用非常突出，它会让人感觉很有力量或感觉很无助。硅谷著名作家和全球战略大师尼罗弗·莫晨特也赞同这一观点："当每个人都能准确地知道决策的信息时，他们会表现得更好。掌握信息会让他们了解什么是重要的，同时信息能够让他们基于不同层面进行考量，做出权衡和取舍。当决策背后的原因没有被分享时，决策看起来可能是武断的，甚至可能是自私的。"这也正像艾瑞卡·朗所做的一样，她把她的电子商务团队召集在一起，向团队解释了他们当下所面临的挑战和机遇，概述了团队需要完成的任务，她希望团队承担的项目任务，以及高级管理层对团队的期望。艾瑞卡接着说：

> 管理者通常认为，屏蔽信息有助于团队更加专注地工作，这或许与管理者的权力欲有关。然而，我发现分享信息可以促进团队之间的协作和沟通。让每个人都拥有同样的信息，不仅有助于让他们觉得自己在团队中是重要的，是有价值的成员，而且实际上也有助于工作的展开。他们掌握的信息越多，就越了解自己为什么要做自己正在做的事情，也就越会"认同"团队的总体目标。

让人们变得更加聪明，是每个领导者的职责。在当今世界，如果你的下属在工作中没有成长，没有学习和提高，他们很可能选择离开，并在其他地方找到更好的机会。

组织工作的重心是提升员工胜任力

如果人们缺乏对组织运作方式的基本理解，他们就不能像主人翁一样行事并发挥领导作用。为了充分理解关键的组织问题和任务，他们需要能够回答诸如这样的一些问题："谁是我们最有价值的客户、服务对象、供应商和利益相关者？""我们在市场上的表现如何？""我们如何衡量成功？""过去五年我们的业绩如何？""我们将在未来六个月推出哪些新产品或新服务？"如果你的下属不能回答这些关键问题，他们如何协同工作才能将共同的价值观和共同的愿景转化为现实？他们如何知道自己的表现情况，如何影响其他团队、单位、部门，最终影响整个企业的成功？如果他们不能回答这些问题（这些问题是每个"主人翁"或者首席执行官都应该回答的问题），他们怎能感到自己很强大，或者说有能力呢？

当拉杰·利马耶以副经理的身份加入印度首屈一指的技能发展培训中心时，他的团队成员感到不仅能力不胜任，也没有成就感。为了应对这些情绪，他立即制定了定期会议，每次会议都有新的主题和新的主持人，并齐心协力地让在场的每个人分享他们的想法。他会见了每个人，问他们在工作中想做什么。虽然他们的答案并不完全相同，但拉杰确信他发现了团队所做工作的挑战性，并为每项工作增加了新的内容：

> 我尽可能地删除不必要的常规任务，如果不能删除，那就轮换。在六个月的时间里，我们将日常任务减少到了最低限度，因为每个人都分享了如何改进这些任务，或者寻找到了替代方案。我们通过创造一种学习氛围，让人们超越自己的工作职责和组织界限，帮助每个人变得更有竞争力。人们被分配了重要的任务，我同时也让他们对此负起责任。

像拉杰一样，卓越的领导者会仔细观察下属，了解他们在工作中所做的事情，同时寻找解决方案，让他们的工作和岗位变得更加充实。他们为下属提供足够的信息，让团队成员拥有一种主人翁精神，能够自主做出决策，不断培养他们的能力和增强他们的自信心。卓越的领导者总是这样给下属安排工作，他们会让人们觉得他们的工作与企业的重要问题密切相关。一定要寻找机会，让团队成员参与处理关键问题，让他们加入项目组、委员会、团队和焦点问题小组。让他们参与到直接影响工作绩效的项目、会议和决策中，这样的行为会帮助团队提升能力、增强主人翁意识和加强责任感。

建立自信心

即使人们知道如何做一件事情，但是如果缺乏自信心，他们也可能不会去做。增强他人能力是非常重要的一步，它是人们心里的一种内在需求，对自主决策有重要的影响。人们有一种内在的需要，即影响他人和掌控自己的生活，从而获得一种秩序感和稳定的生活。自己感觉很自信，认为自己能够有效地应对各种事件、情况和人员，才能让他们随时准备好行使领导力。如果没有足够的自信，人们就会没有信心去应对严峻的挑战。缺乏自信会让人表现出无助、无力和严重的自我怀疑，最终让人精疲力竭。通过建立人们对自己的信心，你可以提升他们的内在力量，让他们在未知的领域能够勇往直前，做出艰难的选择，直面冲突等，因为他们相信自己的能力，相信自己的决策力。

信心会影响人们的表现。在一项研究中，研究人员告诉一个小组的管理者，决策是通过实践培养出来的技能：一个人越努力，越有能力。研究人员告诉另一个小组的管理者，决策反映了他们的基本智力能力：一个人的基本认知能力越强，他们的决策能力就越好。在模拟实践中，两个团队的管理者都要处理一系列生产订单，需要做出各种人员配置决策，并制定不同的绩效目标。当面临苛刻的绩效标准时，那些认为决策是一种可以获得的技能的管理者会继续为自己设定具有挑战性的目标，使用良好的解决问题策略，不断提升组织生产力。另一个小组的管理者则认为，决策能力是一种内在的禀赋（也就是说，你要么拥有，要么没有），当他们遇到困难时，随着时间的推移，他们会对自己失去信心。他们降低了对组织的期望，解决问题的能力也下降了，组织生产力也因此降低。

在一组相关的研究中，研究人员告诉管理者，人是很容易改变的，或者相反，"员工的工作习惯是不那么容易改变的，即使有良好的指导。一些微小的改变，并不能改善整体的结果"。那些相信自己可以通过行动影响组织结果的管理者，与那些认为自己在改变事情方面无能为力的管理者相比，往往拥有更高的绩效表现。另一项研究还发现，对一些新入职的会计人员进行研究，那些自信心很高的人，在十个月后，被他们的上司评选为工作表现最好的人。他们的自信心水平，与他们在被雇用前的实际能力或接受的培训相比，能很好地预测他们工作的表现。研究人员将这些研究成果应用于青少年，发现在土耳其的全国曲棍球锦标赛中，自信心最强的人，积极性也最高，例如，他们会进行高强度的练习，就是证据。

这些研究与经验强调了一点：无论工作多么困难，只要对自己保有信心，相信自己的能力，这对于提升意愿和坚持付出持续不断的努力是至关重要的。通过与下属沟通，同时也相信他们会取得成功，你可以帮助他们提升自己，并在充满挑战的环境中坚持下去，而不会中途放弃。西莉亚·霍德森是这样告诉她的员工的，这些员工过去一直被告知应该做什么，却几乎没有什么自主权。西莉亚解释道，"每个人在本质上都想成为团队的一名有价值的贡献者。""如果我能让他们看到自己的潜能，并真诚地告诉他们，那么他们就能提升自信心，成为最好的自己。所以我会帮助他们制定一个愿景，让他们看见自己的未来。"她对团队的指示是"排除万难，不断前进"。西莉亚说，这意味着"你愿意尝试，你愿意继续向前，而不会停下来。问一问自己'最糟糕的情况是什么'，我们需要那种勇往直前的勇气，直到无处可去。团队真的接受了这一观点。他们从中获得了内在的力量"。

教练和辅导

虽然卓越领导者确实会向他人表达他们的信心,但你不能只是告诉他们可以做一些事情,而实际上他们真的做不到。领导者需要提供教练和辅导,如果人们没有从他们所尊敬的人那里得到建设性的反馈、让人反思的问题和积极的教导,任何人都不可能成就卓越。一家非常大的保险公司发现,当领导者被评价为高效的教练时,员工们的敬业度要高出八倍。这些员工表现出了更强的能力、更高的效率和更好的承诺,他们的感受会更好,感觉从公司那里得到了大力的支持。

培养和发展员工往往是行业内顶尖管理者的核心能力。在一项为期三年的培训影响研究中,那些取得重大进步的员工,与那些很少或没有改善的员工相比,他们与管理者进行教练对话的可能性要高出四倍。这意味着一个人的进步不仅仅与培训有关,还可能与教练、辅导有关。卓越领导者可以随时为员工提供教练服务,帮助员工将培训中学到的知识和技能应用到实际环境中。

美国陆军上校、家庭医生布莱恩·贝克深深理解领导者作为教练的重要性。当他作为基地医院指挥官抵达基地时,他被告知那里是"陆军部队中问题最多的一家医院"。工作人员个个才华横溢,但士气很低落。他们遵循严格的规章制度,医生和护士之间的冲突司空见惯。既没有远见,也没有友情,只有恐惧和敌意。然而,在布莱恩的领导下,该医院在两年内,就从其认证机构获得了堪称典范的评级,而没有任何人员的变动。

布莱恩所做的其实就是教练的工作。他倾听和辅导人们,并从根本上改变了文化和决策的流程。恢复员工的自信心是第一个挑战。为此,布莱恩连续召开了一系列会议,旨在让他能够与所有下属公开会面和进行交流。任何主管都不允许参加这些会议,因为他希望进行公开和诚实的对话。布莱恩承诺，不会对会议讨论的结果采取任何直接的行动，也不会与任何人讨论在会议中所说的事情。他解释了他的管理哲学，他喜欢参与式管理和支持性的管理方式（不是指令性的）。会议营造了一种氛围，让人们坦诚开放、真诚关心和相互信任，最终恢复人们对自己能力的信心，这些对成功都至关重要。

从布莱恩的角度来看，他面临的领导力挑战是如何教育一群非常聪明和有能力的员工，而这些员工没有能够发挥出他们应有的潜力。他解释说，他来这里不是为了告诉人们应该做什么，而是为了确保他们了解他们需要做什么，以及如何做：

> 如果你不确定他们真的知道需要做什么，你不能只是告诉他们出去做一件大事。所以，你要问一系列的问题，引导他们进行思考，比如，你问"你打算怎么做这些事情"，但你永远不会假设自己能够掌控一切。要明白，是他们面临问题，而不是你。你是教练，你是导师，但你让他们做出决定并采取行动。如果这是他们的计划，他们更有可能实现那个计划。我帮助他们做的一件我认为最重要的事情：让大家相互尊重和感受团队的力量。在那之后，一切都变好了。

当处于领导力的最佳状态时，领导者从来不会从他人手中夺取控制权。像布莱恩一样，他们把决定权交给下属，并为他们承担责任。当领导者为下属提供教练、培训、增强自主权，以及分享权力时，他们表现出对他人能力的高度信任和尊重。当领导者帮助他人成长和发展时，这种帮助就会得到回报。那些觉得自己能够影响领导者的人，他们反过来对领导者也更加依恋，更愿意致力于如何高效地履行他们的职责。他们对自己的工作拥有一种主人翁精神。好的教练和导师明白，要想提升他人的能力，需要注意并相信他们是足够聪明的，能够自己解决问题，只要领导者给予他们选择的机会，给他们提供相应的支持和教练。卓越领导者会推动人们自我成长和发展能力，为他们提供各种机会，不断通过挑战性的任务磨炼和提升他们的能力。

每个组织的成功都是大家共同努力的结果。正如我们在第8章中所说的，你不能独自一人成事。你需要一个团队，他们有能力、有信心，反过来，团队也需要一位既有能力又自信的教练。当你开启一项有挑战性的任务时，尝试着为自己找一个教练。有一个人可以学习，可以模仿，总比什么事都靠自己去摸索要容易得多。

采取行动
赋能他人

赋能他人本质上是一个把每个人都变成领导者的过程，使人们能够自主采取行动。通过向他人提供更多的权力，创造一个良性循环，帮助他人不断应对各种挑战。当领导者让人们拥有选择权和自主权，能够自己设计和决定工作与服务的方案，并推动他们采取行动，提升他们的责任感时，领导者就是在赋能他人。

领导者不仅帮助他人提升能力，还要帮助他人建立信心，推动他人不断行动，不断超越自己。他们确保下属拥有必要的数据和信息，以了解组织如何运作、如何取得成果、如何赚钱和如何做好一份工作。他们投资于人，不断提升他们的能力，并指导他们如何将他们所知道的一切付诸实践，激励并支持他们去做一些过去想都不敢想的事情。卓越领导者帮助人们独立思考，并积极引导人们达到自己的最佳状态。

为了践行使众人行，你必须增强人们的自主意识，提升他们的能力，从而赋能他人。为此，我们建议采取以下措施：

- 利用一切机会培养员工的胜任力。在你开始与人互动之前,问一问自己:"在这次交流中,我能做什么,让对方感觉到他们比交流之前能力更强?"在交流结束时,再问一问自己,你是否认为对方在离开时感觉到自己是有能力的。如果你认为你让他们觉得自己能力不足,那就返回去,重新再来一次。
- 增加人们的预算权限和签字权。一旦人们被赋予了更大的经济责任,他们就会拥有更多的主人翁精神,同时更好地管控自己的工作。
- 找到方法,确保员工参与影响其工作的决策过程。想办法帮助那些各式各样的少数群体,向他们伸出援手,让决策显得更公平和更具包容性。

与你的下属就领导力进行持续的对话,让他们知道领导力对你、对他们和组织都很重要。寻找机会与他们谈论这些问题:

- 我们在让人们感到有一种归属感方面做得如何?在我们的团队中拥有多样化的背景和观点有什么好处?您是否觉得我们的流程和计划是公正的、公平的,能够为每个人提供尽可能公平的结果?
- 我们最近采取的行动或做出的决定是否让人感到不重要或不受重视?如果是这样,我们要做些什么来确保这种情况不会再次发生?

习惯行为5
激励人心

- 通过表彰个人的卓越表现来认可他人的贡献
- 通过创造一种集体主义精神来庆祝价值观的实现和胜利

第10章
认可他人的贡献

人们看重自己的贡献能够得到认可。
认可无须费心，只需真诚即可。
——阿方索·里维拉

  琼·尼科洛在她的职业生涯中期，成为了一家金融服务公司的总经理，她发现，激励人心仍然不容易。她不喜欢在公共场合表扬别人。然而，她知道自己的下属值得表扬，也需要对他们的工作进行认可。作为一个严谨认真的人，她知道认可他人的贡献是一项关键的领导技能，于是她开始向内反省，问自己是什么阻碍了她不爱表扬他人。从表面上看，表扬人似乎是一项简单的任务，那没有什么大不了的。

  经过大量的自我反省，她提出了自己的一些理论。她担心如果她表扬一个人，别人会认为她偏爱那个人。她还觉得表扬人和鼓励活动花费了太多的时间。对她来说，表扬和鼓励他人只是在众多事项中又一个增加的事务。她担心，认可只适用于那些敏感型的人（例如，感情外露的人、喜爱搞笑的人），而不适用于那些严肃的、绩效导向的管理者。而且，对他人进行认可，会对女性产生一种不恰当的刻板印象，而男性同事不会出现这样的情况。然而，她越想，越意识到她的同事应该得到表扬和认可，现在该是她与自己的抗拒和解的时候了。她决定放手试一试。

之后不久，在一次演讲中，她特别公开感谢人们在项目中提高了协作精神。她和团队都感觉非常棒！她说："我发现我的精神境界提高了。团队得到了认可，我觉得他们应该得到那样的荣誉。"

琼觉得自己很脆弱，不能敞开心扉感谢团队。但她知道，她已经与同事建立了一种以前从未有过的人际关系，事实上，在几个月以后，证明了这样的关系是非常有益的。在那之后，沟通变得更加开放，她感觉自己的防卫性也降低了。这是她的一个真正的转折点。

在接下来的几周里，她在工作关系中投入了巨大的精力，人们也对她的领导力给予了热烈的回应。事实上，她开始从不同的角度看待她的同事。她专注于完成自己的工作，并与周围的每个人建立起了人际关系。与她最担心的恰恰相反，当她表扬一个人时，不但没有人会嫉妒，而且时间证明了她所做的认可都是值得的。早上上班的时候，她感到比以往任何时候都更有活力，晚上回到家里时，她对自己的工作成就也越来越满意。起初，人们尚不清楚这些变化将会如何影响生产力。它们会转化为对公司有益的东西吗？很快，她发现这种新的人际关系给团队带来了前所未有的团结，激发出了一种团队精神，在需要真正付出的时候，每个人都能够毫无保留地贡献出自己最大的价值。

与和我们交谈过的其他领导者一样，琼逐渐明白，认可他人其实就是认同好结果和强调好绩效。这样做的结果就是要塑造一个环境，让每个人的贡献都能得到关注和赏识。太多的管理者错误地认为取得成果就是工作的全部。管理者的真正工作是要让组织成为一个好的工作场所——在这里，人们喜欢来工作，而不仅仅是接受订单和达成月度销售任务。

在我们的个人最佳领导力案例研究中，人们报告说他们会经常长时间地紧张工作，这一点也不奇怪。在这种情况下，有一些人可能想放弃。要以这样的节奏坚持好几个月，人们需要鼓励和肯定。换一种说法，他们需要内心的激情来继续这段旅程。领导者激励人心的一个关键方式，就是认可个人的贡献。在我们的工作坊和研讨会中，参与者总结出了众多的能够让人成就卓越的关键领导力实践，几乎每个列表中都提到了要认可他人的贡献。认可他人的贡献在远程工作环境中更为重要，因为你不能轻易地提供"现场"表扬和认可。认可他人不仅有助于保持积极的工作文化，而且是生产力的重要驱动因素。员工调查表明，"拥有一个有爱心的老板"比薪酬来得更重要。你需要认可和赞赏每个人的优秀表现，通过这种方式展现你对每个人的关怀。

像琼一样，卓越的领导者知道，与周围的人建立友好的关系是多么重要，不要把任何人都视为理所当然的，要欣赏每个人和他们所做的事情，把他们当作独一无二的个体。所有卓越的领导者都会致力于认可他人的贡献。他们这样做是因为人们需要鼓励，才能发挥最佳状态，并且在长时间的工作压力下和遇到困难的时候，让他们能够坚持下去。要到达任何一个艰难旅程的终点，都需要能量和决心的加持。人们需要情绪上的燃料来维持他们的激情。

要认可他人的贡献，需要注意以下两个要点：
- 期待最佳表现。
- 个性化认可。

将这些要素付诸实践，可以振奋人们的精神，激发人们内在的奋斗动力。你要不断激励人们，为了实现更高水平的绩效而努力奋斗，鼓励人们忠诚于组织的愿景，直面领导力的挑战。你要帮助人们寻找勇气和力量，去做他们之前从未做过的事情。

期待最佳表现

> 通过你的行动，向他们展示他们
> 比他们想象的还要更能干。
> ——安吉丽克·费伊

相信他人的能力，是促使人们从优秀到卓越的关键。卓越领导者之所以能获得高绩效，是因为他们坚信下属有能力实现最具挑战性的目标。当我们要求人们描述卓越领导者时，人们谈论的永远是这样一些领导者，他们能够让人们变得更好，把人们的最大利益放在心上，并希望他们尽可能地获得成功。领导者需要对人们抱有很高的期望，相信人们能够成事，并通过各种方式提升他们的自信心，从而帮助他们实现比最初想象得更高的目标。

社会心理学家将这种现象称为"皮格马利翁效应"，它源自希腊神话中的皮格马利翁的故事。皮格马利翁是一位雕塑家，他雕塑了一尊美女雕像，然后爱上了它，并向女神阿芙罗狄忒祈祷，期望能将其复活。阿芙罗狄忒答应了皮格马利翁的请求。领导者在培养下属方面往往扮演着皮格马利翁式的角色。关于自我实现预言的研究，提供了大量的证据，揭示出一个现象，人们的行为往往与他人的期望保持一致。当你期望人们失败时，他们可能就会失败。如果你期望他们成功，他们可能真的就会成功。安妮塔·林在一家跨国连锁咖啡馆工作，她与她的经理共事的经历充分说明了这一点，她的经理被描述为一位"热情、友好和善于鼓励所有团队成员"的好领导。安妮塔告诉我们，她的经理"相信我们都有潜力做好工作，而且总是鼓励我们把事情做到最好。她总是花时间与我们坐在一起，带我们了解商业机会，以及存在的不足，以便我们更好地解决手头的问题。她知道我们所处的环境，同时也非常了解我们日常所面临的问题与挑战"。

积极的期望会深刻地影响下属的意愿，并且这种影响通常是无意识的。你对人的一些信念与看法，可能你自己都不知道。你总是向人们发出一些暗示，告诉他们"我知道你能做得到"或"你不可能做得到"。除非你用言语和具体的行动让人们知道你相信他们能做到，否则你无法让团队达成最高水平的表现。当你深切地关心他人，并对他们的能力抱有坚定的信念，当你培养、支持和鼓励你所信任的人时，你可以显著提高他们的绩效表现。在一系列的研究中，心理学家表明，从"我给你们这些意见，是因为我对你们有很高的期望，我知道你们可以做得到"这句话开始，而团队之后给出的反馈表明，他们在期待的行为改变方面会做得更好，效率提升了40%。卡萝尔·施魏策尔在描述她的领导者对她的高期望时，是这样说的："我认为你一定会努力达成预期。如果有人认为你不行，你不必在意。但当他们让我做一些我以前从未做过的事情时，我想，天哪，我可以试试。我打赌我能做得到。我一定可以的。"

下属的报告显示，他们的动机、承诺度、团队精神和生产力水平与他们的领导者有着显著的关系，即下属的表现与领导者是否"让团队同事知道我对他们胜任工作的能力充满信心"的程度有关。如图10.1所示，之所以会有这样的结果，是因为下属对其领导者的信任程度，与他们观察到的领导者对他们的能力的信心之间，存在着直接的关系。鉴于这一发现，毫不奇怪，超过4/5的下属表示，那些经常或几乎总是表现出对他人有信心的领导者，都被认为是优秀的，他们会将这样的领导者归类为"他们共事过的最好的领导者"。

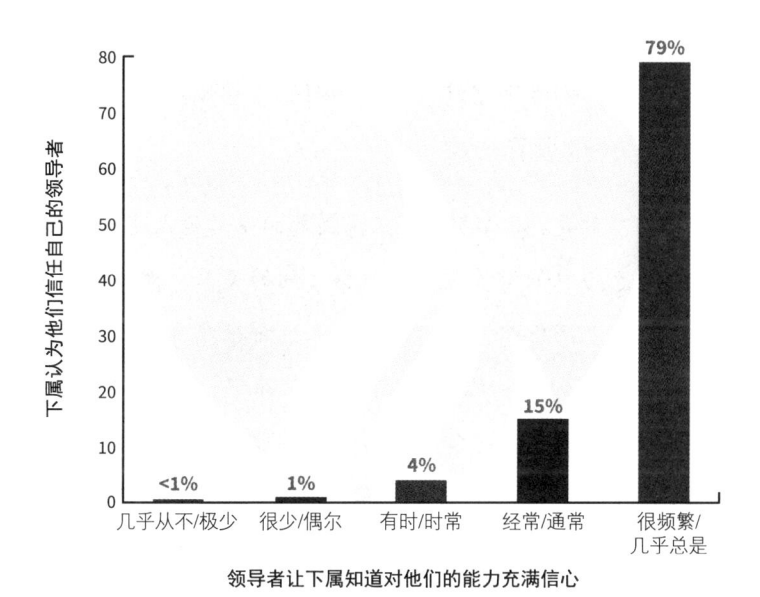

图 10.1 表达对下属的能力充满信心将会增加下属对领导者的信任

向团队表明你相信他们

领导者的积极期望并非微不足道，或说可有可无。他们不仅能让人对未来保持乐观，还能让人在心理上对未来的结果有一个清晰的认知。作为一名领导者，你所秉持的态度与期望，为人们提供了指导原则，指导人们如何应对现实。他们会模仿你对待他人的方式，然后也会应用在工作中。也许你不能把一块大理石雕像变成一个真人，但是你可以挖掘下属的潜力，让他们做到最好，这与帕蒂·科兹洛夫斯基在一家大型电信公司项目团队中所经历的事情是一致的。帕蒂描述了她如何让团队成员知道她对团队的信任，相信他们能够完成项目工作，相信他们的判断，让他们自己寻找信息和做出及时的决策，以及下一步需要做什么。在评审团队绩效表现的会议中，帕蒂有意识地对团队成员所做的贡献做出了真心的感谢，而对那些没有做的事情，不做任何的评论。

结果是团队中的紧张气氛大大减少，团队成员感觉每个人都在全力参与项目。帕蒂发现，人们对没有完成的工作，不但没有相互指责，而且互相支持，告诉同事他们发现了什么，并同时分享资源和想法，让同事知道在哪里可以找到关键数据和资源：

> 非常有趣的是，团队成员真正感兴趣的是其他人发现了什么，以及这些信息与他们所收集到的数据之间的关系。因为团队成员对彼此的能力充满信心，所以对每个人也都很尊重，让我们能够很容易地将多种不同的观点融入最终的产品中。这段经历告诉我，人们是不会辜负期望的。如果你对他们的能力表示出信心，他们就会全心全意投入当下的项目工作中。

要想达成最高的绩效，你必须确保人们有一种归属感，让他们被认可和被珍视，并拥有成功所需的技能和内部相关的资源。认可员工对组织而言，不仅有助于他们在工作中表现得更好，还能帮助他们更好地应对逆境和挑战。芭芭拉·王在中国一家大规模、快速发展的公共部门工作，当她被要求为组织制订一份商业计划的时候，她起初并不太自信，但她的经理帮助了她，让她建立起了自信。经理告诉她，在过去几个月里，他一直在观察她的工作，如果他有任何疑问，他是不会把这个项目分配给她的。"他对我的能力和才干的信任，让我相信我可以独自完成这个项目，并使我在心理上变得更加强大，激励我以一种更加积极的态度继续前行。他期待我能够做到最好，并向我展现了他对我的信任，激发出了我最好的一面。他相信我已经是一名成功者。"

芭芭拉的经理对待她的态度就好像她是一名成功者。例如，每当她有任何轻微的问题或疑虑时，她的经理都会给予支持和安慰，帮助她解决问题并确定改进的方法。"这让我倍感尊重，"她告诉我们，"我同时也得到鼓励，一定要把工作做得更好，而不是垂头丧气，让工作不能达标，让他失望。"

相信他人具有一种强大的力量，能够推动人们达成更高水平的绩效。如果你想让你的下属拥有一种制胜的态度和必胜的决心，你需要像帕蒂和芭芭拉的领导者一样行事。你要向下属表明，你相信下属是一个成功者。并不是说他们有一天会成为成功者，而是要相信他们现在就是成功者！当你相信人们是成功者时，你的行为方式会表现出你真实的态度，这不仅仅体现在你的言语中，还包括你的语调、姿态、手势和面部表情。不要对人大喊大叫、皱眉、哄骗、取笑，或者在他人面前贬低他们。相反，领导者一定要展现出友好、积极、支持和鼓励。领导者一定要提供积极的帮助，分享信息，深入倾听人们的意见，为他们的工作提供足够的资源，给予他们越来越具挑战性的任务，并不断给予支持和协助。

　　这会形成一个良性循环：你相信下属的能力；你的良好期望使你的行动更加积极；而那些鼓励性的行为会带来更好的结果，强化你的信念，即人们能够成功，把工作做到位。当人们看到自己能够做出非凡的成就时，另一个良性循环就开始了：他们会更加努力，不断超出自己的期望。

明确目标和规则

　　积极的期望是产生高绩效的必要条件，但除非人们清晰地了解基本规则和期望的结果，否则这种绩效水平是不可持续的。当你还是个孩子的时候，你可能读过刘易斯·卡罗尔的《爱丽丝梦游仙境》。你还记得槌球比赛吗？火烈鸟是木槌，扑克牌兵是三柱门，刺猬是球。每个人都在不断地移动，规则也在不断地变化。你不知道如何玩这个游戏，也不知道如何获得胜利。你一定了解爱丽丝的感受。

　　萨钦·盖德是一家高科技公司的项目总监，他回忆说，了解清楚自己想要实现的目标，以及如何实现目标是非常重要的，尤其是在困难的时候。设想面对这样一种情况：时间节点充满挑战，需求不断变化，而且需求不清晰，客户的要求也"不现实"——这不足为奇，项目团队成员的士气和动力都很低。萨钦花了相当长的时间倾听所有相关人员的意见，让销售人员负责管理客户的真实期望，并与其他人一起制定明确的指导方针，以解决资源的冲突。同时，他系统地跟踪项目的进展，识别并认可高绩效员工。在一年的时间里，情况发生了显著改善，员工满意度提高了34%以上，人员流失率减少了55%。

相信人们能够取得成功是至关重要的，但如果想让人们全力以赴和全心全意地投入工作，你还必须确保他们清楚自己应该做什么。你需要澄清期望的结果是什么，同时确保规则的一致性和评价标准的一致性。

目标和价值观为人们提供了一套规范，让人们的行动方向更加清晰。目标通常是短期的，而价值观（或原则）则是更长期的。价值观和原则是为目标服务的，是目标的基石。价值观和原则是一个人的行为准则，也是人们的理想与追求，同时也为你的事业定义了边界，你的目标和绩效的评价也都是基于它们设定的。价值观决定着行动的路径，目标帮助人们释放内在的潜能。

在工作、运动和生活中的一种理想状态，往往被称为"心流"。如第9章所述，"心流"体验是指你在工作中的一种极致的享受和感觉一点也不累的状态。要体验"心流"，你需要有明确的目标。目标帮助你集中精力和聚焦能量，让你不分心。目标赋予行动的意图和意义；它们为你所做的事情，提供目的与意义。没有目标的行动，至少在组织环境中，只是一些苦劳和无用功而已。苦劳是对宝贵的时间和精力的一种浪费。

目标为认可提供了条件。目标给人们提供了一些有价值、有意义的事情，让人们为之努力，例如，获得第一，打破一个纪录，建立一套新的卓越标准。目标能够增强认可的意义，因为认可往往是对一个人所取得的成就或者行为榜样的认同。虽然对每一位下属的肯定很重要，但是当你针对相关的行为和大家都知道的成就进行奖励时，认可才显得最有意义。

目标会聚焦人们的能量，让他们关注共同的价值观和原则规范。他们帮助人们时刻牢记自己的愿景，让人们始终走在正确的道路上。目标让人们对行动做出选择，让他们知道是否在取得进步，以及是否需要采取纠偏措施。它们帮助人们设置像手机一样的免打扰模式，合理安排自己的时间计划，将注意力聚焦在最重要的事情上。

提供和寻求反馈

人们需要知道他们是在朝着目标前进，还是在虚度光阴。只有当人们面对一个挑战性目标，并在前进的过程中得到结果的反馈时，才会提升他们执行任务的动机。对目标没有反馈，或者有反馈但没有针对目标，对人们努力工作的动机和意愿，将会产生不利的影响。仅仅宣布目标是否达成，不足以让人们做出更多或更大的努力。人们需要及时了解他们的位置、已经消耗的资源，以及可用的剩余物资的情况。他们需要了解前方的可选路线、期待的前方地形和天气预报情况。综合考虑最终目标和各种反馈信息，人们可以采取一些主动措施，不断进行自我纠偏，确定他们需要什么支持，以及他们将如何帮助他人。

埃迪·泰为一家提供全方位服务的工程总承包公司工作，他负责招聘、培训、职业发展、晋升、项目工程师留用和实习生招聘等各个方面。他发现，定期给人提供反馈，"有助于人们进行自我纠偏，更好地理解他们在更大范围内所扮演的角色。只有目标设定，但没有对这些目标的结果和绩效表现情况进行反馈，是令人遗憾的和不完整的"。团队有人真的这么说了？其中一位下属告诉我们："在我的成长过程中，获得反馈对我个人来说非常重要，因为如果我不知道我在哪里，我又如何计划我要去哪里呢？"她接着说，"当我犯错误的时候，我也很高兴我能得到反馈，因为我会记住这些错误，并努力在下一次改进。如果不犯错误，一个人很难学习和成长，如果没有同事帮助指出你的错误，错误往往就会被忽视，而无法得到纠正。"

反馈是任何学习过程的中心，没有反馈，自信心就会减弱。在一项研究中，研究人员告诉参与者，让他们解决一些创新性的难题，他们的努力将与数百名其他人在同一任务上的表现进行比较。随后，他们收到了表扬、批评，或对他们的表现没有任何反馈。那些对自己的表现一无所知的人和那些被批评的人一样，他们的自信心受到了巨大的打击，只有那些得到积极反馈的人，改善了他们的绩效表现。人们渴望得到反馈。他们想知道自己的情况，没有任何消息会像坏消息一样，产生负面的影响。事实上，人们更愿意听到坏消息，而不是完全没有消息。正如埃迪·泰的另一位下属所说："当人们得到反馈时，它会提高他们的技能。我相信，你对自己的表现和工作情况了解得越多越好。它让我知道我需要做什么。"

正如上面这位下属所说，在没有反馈的情况下，是不会有学习和成长的，反馈是了解你是否正在接近目标，以及你是否行动正确的唯一途径。反馈可能令人尴尬，甚至痛苦。虽然大多数人在理智上意识到反馈是自我反思和成长的必要组成部分，但他们往往不愿意让自己敞开心扉去接受反馈。他们更希望自己看起来一切都很好，而不是要变得更好！研究人员始终认为，专业知识或技能的发展需要人们能够接受建设性的，甚至是批判性的反馈。即使像阿坎沙·夏尔马——在几家高科技初创公司担任人力资源总监这样的高管也承认："接受反馈从来都不是一件容易的事情，但是承认并接受别人给我的反馈，是成为更好领导者的第一步。"

你应该尽量避免提供"三明治式的反馈"，这是一种传统的反馈技巧，即在前面和后面表达一些赞扬，然后在两者之间插入一些批评。研究人员指出，数据表明，"反馈三明治的味道没有看起来那么好吃"。要想让反馈更有建设性，首先，需要解释你为什么要给出反馈。当人们认为这是为了帮助他们，而你表现出的是你真心关心他们的福祉和表现时，他们更容易接受批评。其次，虽然负面反馈会让人感到有一点自卑，但是反馈的目的是要帮助人提升职场上的胜任水平。最重要的是，一定要明确对方是否需要你的反馈；一旦人们了解这一切，并做出了自己的决定，他们对你所提供的反馈就不会那么抵触了。以这种方式给人提供反馈是非常有意义的，它能将反馈转化为一种指导，这是大多数人所期望的。

反馈和指导，不仅对任何自我纠偏系统来说至关重要，而且对领导者的成长和发展也至关重要。对反馈持开放的态度，尤其是负面反馈，是最善于学习人士的共性特征，也是所有的领导者，尤其是有抱负的领导者需要培养的一种素养。希拉里·霍尔在一家跨国企业集团从事审计工作，她从个人最佳领导力实践中得到一个重要的教训："承认我们的某些部分不讨人喜欢，这可能是一种痛苦和尴尬的经历，但这是自我反思和成长进步的必要组成部分。"她认为"要想成为一名卓越领导者需要实践，并且愿意用批判的眼光看待自己"。

当领导者在工作中为人们提供明确的方向和反馈时，他们会鼓励人们向内探索，成就卓越。

关于目标和实现这些目标的进展的信息，不仅会对人们的学习能力和绩效表现产生重大影响，而且对领导者本人的学习和成长也具有重大意义。与其他形式的反馈相比，鼓励他人更具个人色彩，更积极正向，同时也更加有效，它能够加强领导者与下属之间的信任。从这个意义上说，鼓励是反馈的最高形式。

个性化认可

> 每个人的工作方式都不相同，
> 激励每个人的东西也不一样。
> 了解团队中的每个人，了解他们到底想要什么。
> ——杰里米·莫瑟

关于认可，人们常常抱怨的一个问题，就是认可往往是高度可预测的、平平淡淡的和没有个性的。这种一刀切式的认可方式，往往让人感觉是不真诚的、强制性的和没有用心的。官僚式的和常规化的认可，大多数的激励制度就是这样一种体系，不会让任何人感到兴奋。随着时间的推移，这些认可行为甚至还会增加人们的怀疑，损害领导者的信誉。此外，笼统的鼓励性的言辞并不能产生有意义的作用，因为没有人确定这些言辞到底是针对的他们个人，还是针对的什么特别行为。

个性化认可正好可以真正解决这些问题，让人感受到真诚。这种真诚来自对个人实际的了解，以及对他们真诚的关心与关怀。"如果你无法对一些特定的东西进行认可，"一家全球制药公司的人力资源总监纳塔莉·麦克尼尔认为，"你其实是缺乏关注度的，而优秀的领导者会关注下属。优秀的领导者了解他们的下属。当你真正了解一个人，你不仅会认可他们所做的事情，而且会以他们个人看重的方式去认可，因为这正是他们所关心的。"对于那些非个性化认可来说，它往往会被人忽略，而且很快会被遗忘。随着时间的推移，非个性化认可甚至还会加剧人们对公司价值观的怀疑，损害公司的信誉。

莫里斯·陈向我们讲述了他在一家跨国电信公司担任工程师的经历，他亲自证明了个性化认可的必要性。公司调整了总部的激励员工计划。他每年都能获得这样的奖励。他会收到一封电子邮件，告诉他获得了奖励，同时少量的现金已存入他的银行账户。他指出："没有人会来到你的座位旁，和你谈论你所取得的成就。这使得激励计划看起来就像一个'官僚程序'。这并没有让我或其他人对获得奖励而感到非常兴奋。"同样，阿列克谢·阿斯塔费夫回忆说，当他为国家铁路系统工作时，他被叫到部门负责人的办公室，负责人默默地递上了"荣誉证书"和奖金。"我甚至不记得奖金是多少，"阿列克谢指出，"可能是因为我的奖励方式既不'个性化'，也不'可见'，这种奖励对我的表现也没有太大影响。"阿列克谢观察到，从这些经历中得到的教训是：

为了鼓励人们尽自己最大的努力，你应该认可他们的贡献，让他们感受到被信任和被珍视。认可必须是个性化的、精准的和可见的。即使一个巨大的奖励，如果你不能正确地给予，或者让人正确地得到，它很快就会被遗忘，而不能达成激励的目的，让人发挥出最好的表现。另外，即使一个小小的认可，比如，一句专门为你量身定做的"谢谢"，也能激励人们做出出色的业绩。

当人们告诉我们他们得到了最有意义的认可时，最一致的反应是，认可是个性化的，因为个性化，所以会让人感觉很特别。这就是领导者必须关注每个人，了解他们喜欢什么，不喜欢什么的原因。当你做出个性化认可和奖励时，你会得到更多的情感反应。鲍勃·尼尔森在《1001 种奖励员工的方法》(*1001 Ways to Rewards Employees*)中写道："在合适的时间，来自合适的人的一句真诚的感谢之词，对员工来说可能比加薪、正式奖励或一整面墙的证书和牌匾都更重要。"鲍勃指出："这种奖励之所以有力量，一部分来自人们花费时间了解和关注他人的表现，能够找出那些负责任的员工，并亲自和及时地给予表扬。"

当谈到激励人心时，个性化认可的作用显著。鲍勃的观点得到了对来自小型、中型和大型公司的 170 多万名员工的研究的支持，在关于一项什么能让人们把工作做得更好的调查中，个性化认可是最常被提到的主题词。与那些没有得到认可的员工相比，在工作中获得认可的员工，他们认为晋升是公平的可能性要高出两倍以上，同时他们也会更拥抱创新，更愿意付出更多的努力。

了解你的下属

艾米·赖是一家无线技术公司的需求分析师，她意识到，要想让人们在应该得到表扬的地方得到表扬，正如纳塔莉、莫里斯和阿列克谢的经历所表明的那样，你一定要了解你的下属。有时，某些人可能更喜欢私下的认可，而另一些人可能更喜欢公开的表扬，公开的表扬让他们更有魅力。她发现，如何更具体、更直接、更深思熟虑地表达自己的感激之情，人们"更有可能更快地回应我的请求，其他人也更有可能向我敞开心扉，告诉我关于他们面临的问题。如果没有别的事情，了解下属的喜好也能帮助与同事建立持久的关系"。

要获得适当的认可，你需要了解周围人的动机。路易斯·扎瓦莱塔回忆道，他在一家跨国金融服务公司工作的一位经理根本不想了解他的团队成员。因此，路易斯解释说，经理完全依靠财务手段对下属进行激励，这毫无疑问与他的真实意图是相反的：

> 团队中的大多数成员对我们从经理那里获得的经济奖励漠不关心。我们会在没有任何预知或毫不知情的情况下，在工资单上获得一笔匿名的奖金，我们既不知道奖金来自何处，也不知道奖金背后的原因。我们的工作得不到及时的认可，让人们对管理层感到不满。由于缺乏反馈，大多数成员无法确定自己是否工作做得很好，进一步降低了团队的士气和生产力。

路易斯告诉我们，因为经理对了解下属不感兴趣，不关心下属的需求与目标，"对下属的不关心，直接导致满意度和忠诚度水平的下降"。

正如路易斯的故事所说明的那样，你首先必须了解你的下属，才能让个性化认可变得有意义。如果你想让认可个性化，并且让人感觉真的很特别，你必须回顾组织架构图，了解人们所扮演的角色，深入地了解每个人的工作。你需要了解你的下属是谁，他们的感受，以及他们的想法。你需要反复地在大堂里和车间里走动，定期与小团体会面，并经常去拜访同事、主要供应商和你的客户。无论人们在哪里工作，你必须找到虚拟联系的方式，就最近的工作成果进行私人对话，或者查看社交媒体，看看同事们"喜欢"什么，给他们"竖起大拇指"。

关注他人、个性化认可、创造性地和积极地欣赏他人，所有的这一切都会增加团队对你的信任。随着劳动力越来越多地全球化和多样化，而且往往是虚拟的团队，这种关系越来越重要。一家欧洲政府机构的部门负责人丹尼拉·梅德尔这样说："组织结构图根本不重要。一定要把员工当成人，而不是只会工作的机器。"如果你想让员工的认可个性化，让人感觉到真正的特别之处，你就必须超越人们所扮演的角色，看到员工的内心。你必须了解你的下属，了解他们的感受、他们的想法。他们也想知道你是谁。

如果你想了解人们的动机，他们喜欢什么、不喜欢什么，以及他们最欣赏什么样的认可，你必须亲近他们。然而，管理的秘籍说，领导者不应该与下属过于亲近，他们不能与工作中的人成为朋友。让我们赶紧放弃这样的神话吧。

研究人员花了五年的时间，观察了两组人，其中一组是熟识的朋友，另一组只是相互认识而已，让他们表演运动技能，以及做出一些决策。结果是明确的。由朋友组成的小组平均完成的项目是非熟识的人组成的小组的三倍多。当然，这里有一个重要的条件。大家必须坚定地致力于团队的目标。如果不能，那么作为熟识朋友的小组也可能完成得不好。这也正是为什么我们早些时候说过，领导人必须明确标准，并创造条件，让大家拥有共同的目标和价值观。在绩效表现方面，对原则和价值观的承诺和保持人与人之间的良好关系，二者缺一不可。此外，那些与经理有良好关系的员工报告说，他们对工作的满意度是平均值的2.5倍。感受到与他人的联系会激励他们在工作上更加努力，因为人们不喜欢让他们的朋友失望或辜负他人。当人们觉得自己在工作场所有朋友时，他们在公司服务的时间也会更长。

记住，上面所说的一切都是关于人际关系的，而关系是以信任为基础的。把门敞开表达的是一种愿意，是一种允许他人进入的具体表现，敞开心扉也是如此。要成为一个完全被信任的人，你就必须对他人敞开心扉。这意味着你要披露自己的情况，这是建立关系的基础。这意味着你要告诉别人关于你的一切，就像你想知道的关于他们的事情一样，你会谈论你的期望，你的梦想，你的家人，你的朋友，以及你的兴趣和追求。

当然，披露自己的信息可能有风险。你不能肯定其他人一定会喜欢你，欣赏你的坦率，认同你的愿望，赞同你的计划，或者按照你的期望解释你的言行。但是，通过表明一种意愿，你愿意承担这种风险，你可以带动其他人，鼓励他们也承担类似的风险，从而采取必要的第一步，建立相互的信任，奠定关系的基础。

认可要有创意

作为一名技术领导和高级软件工程师，阿努·亚穆南为了与下属建立亲近的关系，她必须找出每一位下属的独特之处。通过运用这些独特的信息，让她在认可和激励下属方面，更具想象力和创造力。正如她告诉我们的：

> 人们喜欢做那些会被认可的事情，如果他们认为未来会受到批评、惩罚或不被重视，他们对工作就不可能有热情。作为一名领导者，我试图找出我的下属关心什么，然后，通过奖励来认可那些具有卓越绩效表现的人。我团队中的一些人渴望得到认可；一些人期待能够单独与高管见面；一些人喜欢被给予机会，让他们能够控制自己某一方面的工作；还有一些人关心的只是奖金或者礼物。

领导者不能完全依赖组织的正式奖励制度，因为组织制度只能提供有限的奖励形式。毕竟，晋升和加薪是稀缺资源，认为人们只对金钱感兴趣，是一种错误的观念。虽然加薪或奖金肯定是有价值的，但人们对认可和奖励的需求，远不止金钱一项。

第10章 认可他人的贡献

布雷兹·西尔伯曼回应了认可要有创意的重要性,同时他补充指出:"要表达有意义的认可,认可必须是真诚的,而且要与当事人紧密相连。"作为一个销售团队的新经理,他发现他的销售代表没有受到应有的尊重,常常感到很无助,而且大家都有一个共同的认知,那就是他们被"像狗一样对待"。他注意到,颇具讽刺意味的是,每个人都和自己家里的狗保持着亲近的关系,或者正想要去买一只小狗。鉴于这些情况,几周后,他告诉我们:

> 我在召开团队会议时,举着一块用金色油漆喷涂的狗骨头。我向他们解释了我是如何考虑他们的反馈意见的,我认为他们提出的所有意见都是正确的,因此,让我们对自己好一点。我设计了两个巨大的海报宣传板,上面有用纸叠成的狗骨头,这是一个积分系统,对一些简单的活动进行奖励,但是这些活动对我们的成功至关重要,比如,打一个电话、预约第一次会面、留下一个语音邮件、在周三之前发送20封给潜在客户的电子邮件等。此外,我还为这种幼稚的奖励活动创建了一个积分交换系统。我专门听取了每个人的意见,了解他们的爱好、喜欢的事情和不喜欢的事情,并选择其中的一个直接与他们的兴趣相关的项目进行奖励。

> 让每个人向其他人解释为什么会选择那样"微不足道"的奖励,让大家感觉非常有趣。骨头最多的人可以选择把它们存起来,并在本周内获得一条金骨。获得金骨的人还拥有一些其他权力,比如,拥有完全的自主权,为团队每周的团队会议制定议程,将周末的大扫除工作委派给一个指定的人,决定团队午餐的地点和食物,等等。

全部奖励的"成本",包括玩具、一罐喷漆和一些海报板,在40美元以下，但据布雷兹说："回报是巨大的，团队在士气、信心和精气神方面得到了提升。"在三个季度的骨头大赛以后，团队在六支西海岸的团队中的销售收入完成率是最高的，在部门 50 多名销售代表中，获得了最佳表现的 MVP，同时还因为完成了一笔最大的交易订单而获得表扬。布雷兹说："这最后的一项成就来自一位销售代表，他在我们的第一次会议上告诉我，他正在考虑在本月底之前辞职不干，不要对他有任何期待。"

人们对各种奖励的方式都是有反应的。比如，在同事面前得到绩效的认可，获得一些有形的奖励，比如，奖励证书、牌匾和其他有形的礼物，所有的这一切，都是成就的有力象征。这就是为什么你会看到它们会被挂在办公室的小隔间里，或者被放在家里的书架上。奖励的方式几乎无穷无尽。在困难的时候，在有挑战的环境中，有时候人们所需要的，只是得到一些支持和帮助。这可以很简单，比如，询问人们感觉如何，或者带他们出去喝一杯咖啡。花一点时间去认可团队的额外付出与努力，会让人们的感受大不相同。数据显示，在被认可方面，那些最具创意精神的领导者往往被其下属看作最有效的领导者，相比之下，只有不到 1/10 的下属认为那些在认可方面很少表现出创意的领导者是有效的。

即时的和随机的奖励往往比预期的正式奖励更有意义。作为几家高科技创业公司的人力资源副总裁，索尼娅·克拉克对我们说："对我们来说，影响最大的一种认可，也是最应该经常使用的一种认可，是现场的即时认可。""当一些非常可怕的事情发生时，我会立即对其进行点评，把它说给周围的人，让他们都可以听到。"同样，安妮塔·林告诉我们，当一家商店在一周内取得了巨大的成绩时，她的区域经理会亲自到现场祝贺。她会在季度经理会议上向那些超额完成目标和任务的店长颁奖。安妮塔表示，她"并不是仅仅根据销售额度来进行奖励的。相反，她会奖励那些敢于突破舒适区的人。例如，她会设立这样一些奖项，如最优秀表现奖、最有支持精神奖，甚至还有最佳勇气奖。在颁奖的时候，她还会为获奖者发表一个个性化的演讲,强调他们每个人在公司所做的贡献"。

认可需要量身定制,并且需要及时,在相关行为发生以后就需要立即进行认可,只有这样,认可才是最为有效的。作为一名领导者,采用外出走动式管理的好处之一,就是你可以亲自观察人们的工作哪里做得好,然后在现场,或者在下一次会议上,认可和表扬他们。正如阿努·亚穆南所言:"无论是什么激励,对我的团队成员而言,我都会对他们所取得的成就进行即时的奖励,而不是三个月或四个月以后。我会把奖励和他们的绩效表现联系起来,让它们尽可能直接、清晰和透明。"

对于大多数远程工作的场所,这样的认可虽然很有挑战性,但同样适用。例如,在虚拟会议中,我们可以为人们创造一些机会,让大家分享他们或其他人为组织所做的超越期望的案例。在有人分享一个故事以后,要立即感谢他们分享案例,并赞扬那些展现出这些优异表现的个人。

仅仅依靠组织的正式激励制度,通常不能很好地将激励与绩效表现直接关联起来。在许多组织中,绩效与认可之间的时间通常拉得太长,让认可失去了一些意义。例如,一项涉及150多个国家和1000多个组织的全球研究发现,1/3以上的员工需要等待三个月以上才能从经理那里得到反馈。

此外,正式的激励制度通常是以货币金钱的方式出现的,虽然金钱确实可以让人们从事一份工作,但是不能让他们把工作做得特别出色。如果完全依赖组织的正式激励制度,那么你的激励手法也将会非常有限。事实上,人们对各种非正式的认可和激励都很看重,这也正是具有创意的表扬和个性化的认可的美好之处。我们看到人们分发的各种奖品,如充气的长颈鹿、五颜六色的斑马海报、印有团队照片的马克杯、水晶苹果、经典汽车游乐设施,以及数百种其他极富想象力的各种表达认可的方式。我们看到过口头的认可,也有非口头的认可,有精心设计的认可,也有谦逊低调的认可。总之,善良和爱心是没有界限的。

最重要的是要理解，真正的认可不一定非得包括任何有形的东西。卓越领导者广泛地利用各种内在的激励方式，即工作本身的奖励，包括成就感、创新的机会和有挑战的工作，所有的这一切，都与个人的努力直接相关。在提高工作满意度、工作承诺度、人才留用和绩效表现方面，这些内在的激励，远比薪酬和福利来得更加重要。

在使用激励手段时一定要有创意，归根结底就是要善解人意。你所使用的技巧，其实不如你真正表达的关心与关怀重要。人们感激你把他们的最大利益放在心上，因此他们也会更关心自己所做的事情。当你真正关心他人的时候，即使最小的一个动作，也会收获巨大的回报。

学会欣赏他人

研究人员指出，如果员工在一个季度内收到四个或四个以上的"打动人心"的积极反馈，那么在接下来的一年中，留职率将提高到96%。然而，没有多少管理者能够有效地利用"谢谢"二字，但它们是最有力却又最便宜的用来表达认可与欣赏的词语。T.C.林是英国一家商业和国防电子公司的项目经理，他指出："有时候，'谢谢'二字比一场盛大的胜利派对还要重要。"他非常高兴地回忆起一些事情，他的经理"经常会抽空来到我的办公室，称赞我的工作做得很好。我当时的感受真是棒极了。此外，当我晚上工作到很晚或在周末工作时，他会打电话过来向我表示感谢"。

奥利维亚为一家跨国个人护理公司工作时，负责管理一个客户服务支持团队，她回忆说，当她说"谢谢"或"我真的很感谢你的帮助"时，这对她的下属来说是多么重要。她说："你可以看到人们脸上的微笑。"当下属知道自己的工作受到了他人的欢迎和认可，这给他们一种温暖的感觉。奥利维亚明白，认可不仅仅是要实现财务结果和年度目标，认可还涉及如何构建信任和建立个人关系，从而打造一支能打胜仗的团队。认可形式多种多样，可以是简单地拍一拍后背、握一下手，或者说一声"谢谢你，你辛苦了"。

奥利维亚和T.C.林二人都亲自证实了研究人员的发现：在员工认可的最有力的非财务激励因素中，个人表彰或个性化认可排在第一位。一些基本需求非常重要，它们需要得到关注、认可和赞扬。调查显示，大多数人（81%）表示，如果他们有一位懂得认可的经理，他们会愿意更加努力工作；70%的人表示，如果他们的经理能够更经常地表达感谢，他们会对自己感觉更好，也更愿意付出努力。每四名辞职的员工中，就有三个或三个以上的人认为缺乏赞赏是他们离职的关键原因。

在一个充满认可的氛围中，人们更容易取得非凡的成就。研究表明，对绩效表现的认可，可以对员工的敬业度产生显著的影响。同样的研究还发现，得到认可的员工更加具有创新精神，每月产生的创新想法是那些不太被认可的员工的两倍。一家电脑游戏公司的高级产品工程师凯文·姜在他的个人最佳领导力实践中表示，他"总是会向团队成员发送感谢邮件，感谢他们实现了里程碑节点目标。我会在项目会议上指出每个做出贡献的人员，并在会议记录中用粗体字标出他们的名字。我确保他们的经理也在同一个电子邮件群组中，这样高层管理人员就能知道哪些人的工作做得很好"。

我们的数据清楚地表明，有一个像凯文这样的领导者是多么重要，"赞扬人们工作做得很好"这种领导力行为将会对他们的下属产生重要的影响。我们发现，只有大约1/50的下属认为他们对自己的组织感到自豪，愿意为自己的组织努力工作。当自己的领导很少表扬人时，大多数人也不愿意致力于组织的长期成功。你需要在这方面树立一个榜样，正如研究人员发现的那样，绩效表现最好的团队成员，得到积极正面的认可是消极负面评价的三倍，甚至可能是六倍；绩效表现中等的团队，平均得到的正面认可大约是负面评价的两倍，而表现较差的团队，平均每个正面认可的后面，就有三个负面评价。

认可一个人的努力付出和工作贡献总是值得投入时间的。人们常常忘记伸出友爱之手，或表达一个简单的感谢。当他们的经理，哪怕是一名同事，认为他们所做的一切都是理所当然的时候，人们自然会感到沮丧，认为不被尊重。有时人们会忽视认可，是因为大家都面临着最后交付工期的压力，按时交付成果的压力超过了一切，而忽视了表达感激之情。然而，这一点很重要，无论压力多大，你都要找机会向人说一声谢谢。

表达你的感谢之情，还有一个对个人的好处。与不感恩的人相比，懂得感恩的人更健康、更乐观、更积极，更能应对压力。懂得感恩的人，他们还会更敏感、更有活力、更有适应力、更愿意向他人提供支持、更慷慨、更有可能朝着有意义的目标前进。表达感激之情和给予认可的美妙之处在于，它们并不难做到，而且你也不需要拥有什么特定的权力和地位才能去做。你几乎不需要付出任何代价，但每天你都会收到红利。你找不到比这更好的投资了。

欣赏他人和提供个性化的认可，需要花一点心思去琢磨。它需要真实可信和真诚地关心他人。这意味着你对另一个人要有足够的了解，并且要回答这两个问题："我能做什么才能让认可成为一个让人难忘的经历，让人始终记住他们的贡献有多重要？""对这个人来说，我的评价或行动，有什么特别和独特之处？"

采取行动
认可他人的贡献

卓越领导者总是对自己和下属抱有很高的期望。他们期待人们能够做到最好,并创造条件让人们实现自己的梦想,让普通人也能够成就卓越。卓越领导者拥有清晰的目标和规范,他们致力于帮助人们做正确的事情。他们会给下属提供明确的反馈,并不断强化下属的行为。通过保持一种积极乐观的态度和为下属提供激励性的反馈,不断激励他人、点燃他人,让人们精神饱满地奋力前行。

卓越领导者总会认可并奖励那些为实现愿景和价值观做出贡献的人和事。他们表达的认可与赞赏,远远超出组织正式激励制度的限制。他们喜欢及时地、创造性地表达感谢。个性化认可需要对人的个性和文化有相当的了解。虽然认可一个人,在开始的时候,可能让人感觉有一点不舒服或尴尬,但是它会帮助我们与他人建立起个人的关系。你要从许多细小的、通常是不经意的赞赏行为中学习和提高,了解什么对你的下属有效,以及如何做出最好的个性化认可。

为了激励人心,我们建议采取以下行动,对个人的优秀表现进行认可:

- 在工作中进行走动式管理,目的非常明确,就是要寻找那些践行组织的愿景、价值观和标准的人。想办法当场认可他们。
- 定期公开地宣讲好人好事的故事,讲述组织中那些践行公司愿景和价值观的人的故事。讲述一个好的故事,不仅是一种非常有效的表达认可的方式,同时也是一种现身说法,"这是我们正在寻找的行为榜样"。

- 每周至少一次，在手机、掌上电脑或书面计划表中做出计划，对每个下属进行认可。研究成果表明，人们需要认可才能全身心投入工作中。

在每一次互动中，你都可以把人们的注意力引向你认为非常重要的领导力话题。关于领导力的定期对话，会让人们知道领导力是一件非常重要的事情。寻找机会与他人谈论如下这些问题：

- 我们在创造一种同伴相互认可的文化方面做得如何，成效怎样？这方面有哪些好的案例，我们如何在整个组织中宣传这些案例？

- 有没有一些办法让我们能够更有意识地关注那些正在做"正确的事情"的人，也就是说，找到那些致力于共同价值观的人，确保团队和组织的其他成员都能感知到他们的行为？

第11章
庆祝价值观的实现和胜利

各种仪式、庆祝活动，不是为了活动而活动，

而是为了感动每位员工的心灵。

——维多利亚·桑德维格

对一些人来说，公司庆祝似乎是一种浪费精力的消遣活动。你总是可以听到一些批评家用一种斯克鲁奇（狄更斯小说《圣诞颂歌》中的主人公，是一个吝啬鬼。——译者注）的语气说："我们没有时间玩游戏。毕竟，这是一个生意。"但是，作为一名卓越领导者和卓越的组织而言，他们明白一个道理，要想打造一个强大和有活力的员工队伍，让人们能够成就卓越，就需要一种文化，让人们感到一种强烈的自豪感，感觉自己的贡献得到了重视。

一家研发公司的业务发展总监珍妮弗·恩斯特告诉我们："组织层面的庆祝活动对我们来说是至关重要的。"

当人们走进大礼堂的时候，他们知道这不是一次例行的会议。墙上的灯光给人一种在剧院的感觉；约6米高的奥斯卡电影一样

的影像在屏幕上播放，管弦乐队雄壮的乐声浸入每个人的心扉。然后活动开始了。房间里一片漆黑。一片欢呼声响起，聚光灯照射在幕布上，我们的总裁，一个在大多数公开场合都沉默寡言的人，穿着燕尾服大步走了出来。房间里突然爆发出笑声；自年底裁员以来被压抑的紧张情绪似乎一下子释放了。笑声还在继续。总裁开始宣布第一个奖项："请呈上信封。"当主持人走向舞台时，一名行政服务人员，身穿拖地黑色长袍，将一个超大的信封放在一个金色的盘子上。

对于每个奖项，高级管理人员都会在邀请个人上台之前，讲述获奖者的研究成果及其影响的各种有趣的故事。其他实验室的同事将奖牌送到台上，放到金盘上面。当获奖者下台时，雄壮的背景音乐响起。在主要成就奖颁发之间，还穿插着播放一些"特别表彰"的视频，这些视频是对那些提供了卓越服务、积极参与、发挥公民权利和奉献精神等价值的认可。每一段视频都有来自组织不同部门的人的分享，畅谈获奖者对他们的帮助，以及对他们的认可与赞赏。在一小时的庆典活动结束的时候，整个房间被点燃了，之后持续数周，还可以听到人们在谈论着这个庆祝活动。

庆祝活动为什么如此强大？当然剧场效果起到了令人难忘的作用。故事也很重要，让人回忆所取得的成就（和付出的牺牲），展现获奖者的模范行为和最佳实践。组织的领导者走出舒适区，他们真诚地表达对获奖者的尊重和认可。舞台上的志愿者、主持人和视频中的人物，公司里有近1/4的人参与了庆祝活动，见证了人们对他们的同事进行表彰和认可的场面。最后，庆祝活动的信息与组织的价值观产生了共振，引发了广泛的讨论——高级管理人员讲述的故事，不仅让科学价值观与生产一线人员联系起来，而且活动的每个细节都强化了公司内部的团队意识。

卓越领导者知道，提倡庆祝文化会激发团队的凝聚力和使命感，这对留住和激励今天的员工而言是至关重要的。此外，有谁愿意为一个没有仪式和庆祝活动的地方工作，这样的地方其实就是一个既不懂得感恩，也没有任何庆祝活动的无聊之地。领导力评测的开创者大卫·坎贝尔说得好："一个领导者如果忽视或者不愿意开展组织的庆祝活动，认为这些仪式或庆祝活动很无聊或'不划算'，这其实是在忽视历史的规律，不重视我们的集体主义环境。庆祝活动作为一个标点符号，让时间的流逝变得有意义；没有庆祝活动，就无所谓开始，也无所谓结束。生活变成了一系列无穷无尽的周三，没有周末，也没有周一。"

我们的研究成果，与大卫和珍妮弗这样的领导者从他们的个人经历中所得出的结论是一致的。庆祝活动为人们提供了一个重要的机会，一方面强化在工作中学到的经验教训，另一方面会加强人们之间的相互关系，以便未来取得更大的成就。当领导者将人们凝聚在一起，为他们的成就欢呼雀跃，并不断强调团队的共同价值观时，人们的绩效表现就会变得更好。如果领导者要有效地庆祝价值观的胜利，他们必须掌握以下要点：

- 创造集体主义精神。
- 亲自参与庆祝活动。

当领导者将人们聚集在一起，为集体的成功而欢欣鼓舞，并直接表达他们的感激之情时，他们强化了团队的凝聚力。通过亲自参与庆祝活动，让人们清晰地认识到，团队的每个人都要努力奋斗，不断从优秀到卓越。

创造集体主义精神

如果你能创建一个自我支持的社区，你就能真正美梦成真。

——基思·桑伯格

很多组织把社交活动看作一件没有意义的事情。这是错误的。人类是一种社会动物，他们需要与他人聚集在一起。人们需要一起做事，组成一个社区，形成一个相互依赖的共同体。

当社会关系网络强大、相互联系众多时，人们相互之间就会有更多的信任、更多的互惠合作、更多的信息交换、更多的集体行动和更多的幸福感。顺便说一句，还会有更多的财富。当今发展最快、最成功的一些企业证明了社会关系的必要性。Facebook、YouTube、WhatsApp、Instagram、Messenger、TikTok、QQ、微信、Snapchat和Twitter，都是一些拥有数亿用户的网络平台。研究人员发现，与非网络用户相比，"社交网络用户拥有更多的朋友和更亲密的伙伴"。社交资本与身体和智力资本一样，是成功和幸福的重要来源。

公司庆祝活动是满足人们的社交需求，将人们团结在一起和创造一种集团主义精神的最好方式。对公司庆祝活动的研究发现，庆祝活动能"为生活注入激情和意义……它将人们联系在一起，并将我们与共同的价值观和传说故事联系在一起。庆祝和仪式活动，创造出一种集体主义精神，将个人的精神追求与企业精神融合在一起。当一切顺利时，庆祝活动让我们可以尽情地享受自己的荣耀；当不顺利的时候，庆祝活动将我们团结在一起，点燃希望之火，坚定内心的信念，相信美好的未来就在前面"。此外，科学家发现，庆祝活动还会刺激大脑中一种感觉良好的化学物质（多巴胺），增强人们之间的情感联系。

通过庆祝活动，领导者创造了一种团队精神，建立并保持一种社会支持力量，帮助人们更好地生存，特别是在充满压力和不确定的时期。正如一家航空航天公司的高级项目经理塞巴斯蒂安·莫利纳所解释的那样，真正的挑战在于"面对今天快速变化的环境，这已成为一种'新常态'，很容易陷入一种疯狂状态，而没有花一点时间去做一些庆祝活动。然而，当事情最繁忙、工作最繁重的时候，人们需要聚集到一起，见证他们的所有付出与努力，能够得到认可和肯定"。

庆祝活动有时可能需要精心设计，但更多的时候，庆祝活动可以很简单，只要把日常行动和事件与组织的价值观和团队的成就联系起来就行。这正是高级营销经理艾玛·冯的经历。"重要的是要记住，你可以从小事做起，"艾玛告诉我们，"在开始讨论会议议程和工作任务之前，先与每个人进行一次私人的交流，这样简单的事情就能产生巨大的影响力。我认为，为他人做一次庆祝活动，不必是一件正式的事情，这一点很重要。通过一些不太正式的形式为他人庆祝，也一样会鼓舞士气，营造一种团队精神，让人们得到认可。"

卓越领导者会利用每一次机会确保下属知道他们为什么会在那里工作，以及他们应该如何行动才能达成目的。这种关系的力量在体育运动中表现得最为明显，当一支球队表现出最佳状态的时候，每一位球员和教练，甚至看台上的所有人，都会感受到巨大的快乐。我们的领导力工作坊的一位学员分享了一个实践中的案例。他们的销售副总裁每月定期与整个销售团队召开电话会议，总会特别表扬一些人，并站起来为他们喝彩。这些人是同事们基于贡献和成就选拔出来的。每月的销售会议都会展示获奖者的照片，描述他们所取得的成就，并留出一部分会议时间表扬和祝贺他们的"伟大胜利"。此外，副总裁还会跟进所有提名人员，感谢他们抽出时间分享他们的案例。这种公开、充满热情和发自内心的认可，在很大程度上让获奖者和旁观者都感受到自己受到了重视，从而构建一个积极的、充满活力的团队。如今，7/10 的美国人都希望得到更多的认可，这样的认可行为显得尤其重要。甚至有更多的人（83%）坦诚地认为，他们可以在认可他人方面做得更多更好。

无论是为了表彰个人、团队或组织的成就，还是为了鼓励团队学习和建立关系，庆祝和类似的活动，为领导者提供了一个绝佳的机会，让他们更清晰地沟通和强调一些行动和行为的重要性，让大家为了实现共同的价值观和共同的目标而努力奋斗。卓越领导者知道，提倡一种庆祝的文化，可以激发团队意识，这对留住和激励当今的员工至关重要。

公开庆祝成功

如第 10 章所述，个性化认可提高了获奖者的价值感，同时也提高了绩效表现。公开的庆祝活动也有这种效果，它们为个人和组织带来了其他个性化认可无法实现的持久利益。姆特·武是一家跨国航空航天、国防和科技公司的项目分析师，她分享了一个自己的案例，她因为完成了一份新的业务建议书而获得卓越运营奖，她解释了这个奖项的意义："该奖项是在我所有的同事和管理层面前颁发的。我感到非常自豪和满足。奖励的意义是鼓励我继续表现出色，向我的同事和领导层展示奖项背后所代表的价值观。"她说，这一公开的认可不仅激发了她的工作热情，而且再次向其他人证明，出色的表现将会得到认可。在一次现场实验中，当一个小型工作组中的表现最好的三名员工被公开授予感谢卡时，研究人员发现，不仅获得认可的表现最好的员工表现得更好了，而且团队中的其他成员的表现也提高了。一个人如果观察到同事获得认可，也可以促使他们提高自己的绩效表现。

公共庆祝活动是一次宣导什么是"言行一致"的实际案例的绝佳机会。当闪光灯照在一些人的身上，当其他人讲述这些人的故事的时候，这些人便成为了行为榜样。它们凸显的是组织对一个人行为的期望，并具体地证明了这样做也是可能的。对成就的公开庆祝活动，不仅会提升获奖者的承诺度，同时也会提升听众中其他人的承诺度。当你与一个人交流的时候说"继续好好工作，真心感谢你"时，你其实也在对更大的人群说，"这里有像你一样的人，他展示了我们的价值主张和信念。你也可以做到这一点。你也可以为我们的成功做出重大贡献"。

简·帕卡斯是澳大利亚一家欧洲建筑公司的总经理，他认识到庆祝活动能够增强团队精神，帮助人们感觉到自己属于一个超越个体的更大群体，大家在一起是为了共同的事业而努力奋斗。特别是，他希望一定要让人们知道，不仅仅是销售人员要取得最好的销售业绩，还有许多支持部门的人，也要为公司的成功做出自己的卓越贡献。

为了确保这些幕后人员不会被忽视，简为那些表现出卓越客户服务的非管理角色的人员引入了同行提名奖。公司里的任何人都可以提交一份名单，并附上一个故事来支持他们的提名。高层管理团队将审查提交的文件，以确保候选人始终遵守公司的价值观。这些奖项中的第一个奖项，将会在一个盛大的晚宴上颁发，当简宣读获奖名单时，现场的空气都充满了兴奋。直到那一刻，没有人知道谁会走上舞台，当看到现场250多人全体起立，向那些展现了公司共同价值观的人祝贺时，那是多么令人鼓舞的一个场面。根据简的介绍，获奖者的颁发典礼"是一个为期两天的大型活动。然而，这与奖项本身无关，尽管奖项非常令人兴奋，但更多的是一种感觉，你因为自己所取得的非常、非常特别的成就而被同行认可。这让每个人都为能够获得奖项而感到自豪，同时也加强了我们的'高期望／高回报'文化，对全体员工进行了一次很好的教育"。

数据显示，领导者公开认可那些践行共同价值观的人的频率，与他们的下属认为组织是否重视他们的工作和他们能够在工作中做出成绩之间存在着密切关系。正如简所描述的那样，公开庆祝活动是一种集体行为，让人们知道为什么要留在一个组织，以及他们共同的价值观和共享的愿景是什么。通过将庆祝活动作为一种共同的组织生活，领导者创造出一种团队意识。建立团队意识能够让人们感觉到一种归属感，感知到自己归属于一个超越他们自己的更大的组织，大家在一起工作是致力于一项共同的事业。庆祝活动有助于加强团队的凝聚力和相互之间的信任。

杰瑞·卢卡奇是一家小工厂的厂长，他解释了庆祝活动对他的工厂的影响。他说，他们"打破了壁垒，特别是部门之间的壁垒，将人们从工厂的固定角色中抽离,让人们以一种全新的方式相互联系"。他告诉我们,庆祝活动并不能解决多少问题,"但是庆祝活动的气氛会消除围绕这些问题的一些压力和痛苦。工厂的积极氛围会让人们更加积极地应对在生产制造工作中的日常挑战"。

这些庆祝活动为人们对组织的规章制度与流程增添了一些趣味或戏剧性,使人们的印象更深,记忆更长久。仪式或庆祝活动应该与目的保持一致。从布景到演讲,从音乐到情调,每个细节都会对活动的效果产生持久的影响。为了使组织价值观发挥作用,领导者必须明确阐述组织的共同价值观和体现这些价值观的行为之间的相互关系。庆祝活动是领导者将原则与实践联系在一起的一个重要机会。庆祝活动要让人难忘、让人激动和让人振奋。

领导者所宣扬的价值观和所庆祝的行为必须保持一致。如果他们不这样做,庆祝活动将被视为不真诚,甚至虚伪,同时领导者的信誉也将受到损害。庆祝活动必须诚实地表达对某些关键价值观的认可,对那些践行这些价值观的人的辛勤工作和奉献精神进行认可。真实可信才能让一场精心设计的庆祝活动发挥其应有的作用。

有些人不愿意在公开场合认可他人,担心这可能引起嫉妒或不满。忘掉这些担心。所有获胜的球队都有最有价值球员,通常由队友选出。公开庆祝活动是加强共同价值观和表彰个人贡献的重要机会。他们给你一个机会,感谢特定个人的杰出表现,并提醒周围的每个人,组织的价值主张到底是什么,以及他们所提供的工作或服务的意义。

私下的奖励可以很好地激励个人,但是对团队的影响很小。研究人员表明,人们容易受到周围人的情绪和态度的影响,被称为"情绪传染",而且往往是一种无意识的过程。当人们看到他人以特定的方式行动时,大脑中的电路就会被激活,而且在观看他人的行为时,还会对大脑产生一种影响。人们不仅模仿正面行为的细节,而且会模仿正面行为背后的精神。这正是一家广告技术公司的财务经理布莱恩·道尔顿所观察到的现象:"在公开认可某人做得很好的过程中，你也因此树立了一个标准，明确了什么是被认可的工作成果。你希望获得表扬的人感到自己的贡献受到重视和认可，但你同时也希望公开庆祝这些成就和胜利，以便其他人能够看到这些行为，并且复制这样的行为。"布莱恩的经验在数据中得到了证实。如图 11.1 所示，下属在多大程度上感受到他们所在组织的重视，与他们的领导"公开认可那些践行共同价值观的人"的频率直接相关。

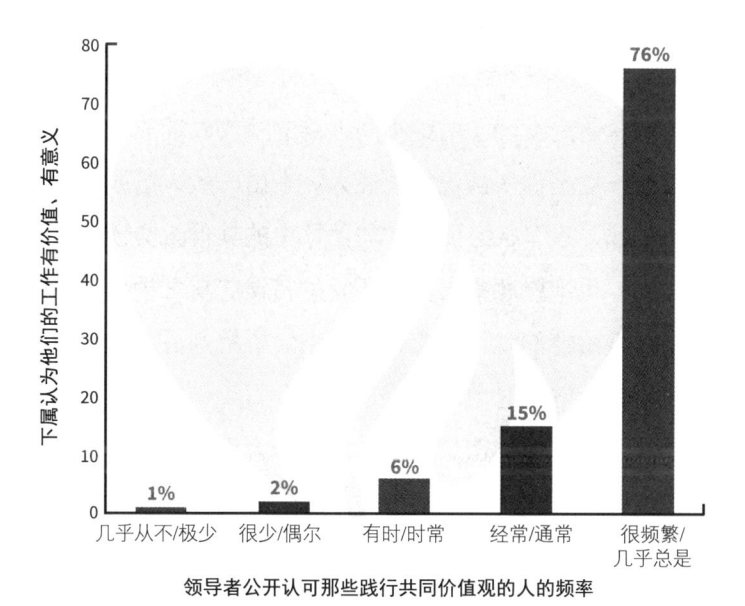

图 11.1 下属感到他们的工作有价值、有意义与领导者对下属的公开认可之间的关系

为了提高团队精神，让团队向着一个共同的事业前进，你需要进行公开的庆祝活动。仪式和庆祝活动是一个难得的机会，可以帮助我们建立一个更健康的组织，让组织成员能够更好地相互了解和相互关心。庆祝活动为人们提供了具象的实证场景，每个人在工作中都不是孤立的，其他人会关心他们，他们也可以依靠他人。公开庆祝活动强化了一个事实，即人们需要彼此的存在，需要一群有共同目标的人，在一个相互信任和相互协作的氛围中，完成一己之力不能完成的非凡事业。通过将成就公之于众，领

导者因此建立了一种文化，在这种文化中，人们知道自己的行为和决策都不是随意的。他们知道自己的贡献会得到认可、表扬和肯定。公开的庆祝活动也会减少领导者和下属之间的隔阂。

提供社交支持

在工作中形成相互支持的关系，一种以真诚信任为特征，倡导为他人利益着想的关系，对于保持个人和组织的活力都是至关重要的。一个不喜欢与他人共事的人，是不可能取得优异表现的，也不可能长期留在组织中。接下来的一个调查研究发现了两组不同人群的绩效表现的差异，一组是很熟悉的朋友，另一组是仅仅认识的一般人。在由一般人组成的团体中，个人更喜欢独自工作，只有在必要时才与团体中的其他人交谈。因此，他们不愿意寻求帮助，也不愿意指出他人所犯的错误。与之相反，由朋友组成的团体，从项目开始他们就相互交谈。他们会更批判性地看待事物，在其他人偏离路线时，能够及时地给予反馈，也会对工作的每个进步给予队友更积极的鼓励。同事之间的密切联系，能够极大地提升大家对组织的责任感、参与度和承诺。

在工作中，那些拥有良好朋友关系的员工，与那些没有朋友的员工相比，更能全身心地投入工作中，其工作效率是后者的七倍。在提升工作关系方面，我们还有很大的改进空间，约 1/5 的人报告说，他们之所以在一个组织中工作，是因为组织能够为他们提供机会，在工作中发展朋友关系。美国和欧洲的一份追踪研究还表明，利用社会网络支持的人比那些没有利用社会网络的人收入更高。这一结论，在研究结束以后的两年和九年后，其结论仍然成立。由于缺乏社会支持，个人经常会忽视一些合作机会，不信任他人，以及他们的动机。涉及全世界 300 多万人的研究表明，与肥胖、吸烟或酗酒相比，社会孤独感对人们的健康影响更为严重。

各种学科的研究一致表明，社交支持可以提高生产力，让心理和身体更健康。社交支持不仅可以改善健康，还可以预防疾病，特别是在压力大的时候。无论个人的年龄、性别或种族，这一结论都是成立的。例如，即使在调整了吸烟和重大疾病史等因素后，几乎没有密切伙伴的人，与那些经常求助于朋友的人相比，死亡的可能性要高二到三倍。

新冠疫情期间，各种封锁措施无疑增加了社会孤独感，并加剧了随之而来的问题。远程工作具有潜在的类似隔离一样的影响。你需要认识到社会互动的重要性，并主动提供社会支持。这样做不仅会让人们感受到自己受到重视，而且会加强他们对组织的承诺。无论你选择的是视频会议，还是其他的社交平台，这些工具都可以用来与人进行互动，让人更经常地参与对话和协作。

在我们的数据库中，有各种个人最佳领导力实践的案例，在这些案例中，强大的人际关系展现出了惊人的效果。当人们对自己的同事有一种强烈的归属感和依恋感时，他们更有可能获得更高的个人幸福感，对组织也更有责任感，绩效表现更好。当人们感到被疏远和被隔离时，他们不太可能取得大的成就。当一个人亲自参与一项任务，并能与同事建立友好关系时，他们能够更好地享受取得非凡成就的快感。

共享乐趣

领导者都在寻找一切可能的机会，向工作环境中输入一些快乐的元素，因为乐趣并非一种奢侈品。事实上，大多数人都认为，如果没有与团队中其他人互动的乐趣和快乐，他们将无法承受高强度的压力和艰苦的工作，不能达成个人最佳的工作表现。

雇主和雇员之间的心理契约、劳动人口和工作本身的变化都是必然的，人们会把组织当作一个平台，而不仅是一个工作的地方。一个有趣的工作环境，需要"精心组织、发起和支持各种愉快和有趣的活动，这些活动能够积极影响个人和团队的工作态度和生产效率"。拥有快乐有助于长期生产力的提升，创造出一种研究人员所称的"主观幸福感"（subjective well-being），并对员工的情感、认知和行为产生积极的影响。此外，研究还表明，快乐与开心还能提高人们解决问题的能力，因为工作开心能够让他们更有创造力和生产力，这反过来又会降低员工离职率，让员工士气更高，工作意愿更强。

迈克·索耶是一家软件安全公司的营销副总裁，他解释说，他个人的最佳领导经历之一，就是一定要确保团队成员之间彼此愉快相处。为了改变整个部门计划会议存在的一些问题，他们"在市场部设立了一个非正式会议区，并配备有沙发、电视机和一些其他物品，这使得常设的正式会议和临时会议的环境，让人感觉更加友好和轻松。这个区域位于办公室的中间，所以即使只有几个人在开会，也能够让部门的每个人都知道发生了什么，如果愿意，他们可以随时自由地加入会议"。

当人们享受亲密关系的支持时，他们对自己的工作感觉更好。我们的一位同事的经验表明了在日常事务中培养关系意识的重要性。他简单地把一盒棒棒糖带到办公室，放在公共区域。很快，"每个人的嘴里都含着一个棒棒糖，脸上都挂满了笑容"，他告诉我们。那天下午晚些时候，在一次特别乏味而又激烈讨论会议休息的空隙，他又在桌子上放了一盒棒棒糖。他说，他当时没有意识到这一点，人们开始品尝自己喜欢的口味，彼此微笑，团队的气氛明显变得友好起来。正如他面带微笑地告诉我们："当你和你周围的每个人嘴里都含着一个棒棒糖时，你很难咄咄逼人或心情不好！"

然而，快乐不仅是派对、游戏、庆祝活动和欢笑。研究表明，乐趣还可以提高解决问题的能力。乐趣可以让人更具创造性、更有生产力、更有高的士气和更有强的工作意愿。在《财富》列出的100家最适合工作的公司中，有一个令人惊讶的发现，平均81%的人都认为他们是在一个"有趣"的环境中工作。此外，根据神经科学家的说法："笑声不仅与幽默有关，而且与社交关系有关。事实上，笑声对健康的好处，可能来自它所引发的社会支持。"研究人员通过研究工作场所的幽默,提供了更多的证据,证明大家一起欢笑,可以加强人与人之间的联系。他们报告称,"共同的笑声加快了通向坦诚和开放之路"。因为坦诚和开放有助于增加信任,因此,一起开怀大笑是建立更具凝聚力的团队的一种方式。

在这方面,领导者要起表率作用。当领导者公开展示自己的情绪,表达出他们对组织、团队成员、客户,甚至是冲突的喜悦和热情时,领导者也就向其他人传递了一个非常有力的信息,那就是人们可以公开展现自己的娱乐精神,这是完全可以被接受的行为。领导者知道,当今组织的工作要求很高,因此,人们需要有一种个人幸福感来维持他们的热情。当领导者对所完成的工作表现出热情和兴奋的情绪的时候,每个人都会受到积极的影响。

伊丽莎白·詹姆斯是一家西南金融服务公司的首席信息官兼副董事长,她提出了一个有趣的方法,在40多家银行分行启动大规模的信息技术转型工作。他们的新系统被称为技术改善个人服务,该系统团队走遍每个分行,并且在分行招募员工,让他们在一个短剧中扮演角色,教导人们如何进行沟通,如何向他人介绍随着时间变化的资金收益情况,以及推荐背后的原因。高管们穿着迷你裙,还有人扮演老奶奶,员工们在过道里跳舞。通过人们的笑声和传播的善意,伊丽莎白和该系统团队完成了一项颇具挑战性的任务,接下来的工作虽然艰苦,但对新人来说,不仅工作变得容易了,而且学习新系统的劲头也更足了。

索尼娅·洛佩斯是一家公立小学的改革协调员,她开始在学校的一些地方使用"乐趣"一词。例如,她把乐趣一词挂在办公室的门上,这样她每次出门都能看到它,同时还把它做成一个书签放在她的日常计划手册中。这些标牌和提示物,让她变得"更加积极主动地去寻找'有趣'的机会"。有一周,她让人们把他们的"定期实施的老员工调查问卷"做成纸飞机,然后让它们飞到她的办公室。索尼娅说,这是第一次,"每个人都提交了问卷"。

索尼娅开始和大家谈论工作中的快乐。例如，在教师答谢周期间，她让家庭教师协会的成员参与到创造一个更有趣的学校环境中来，用桌子、各种杂物，以及各种颜色的物品来装饰员工浴室。"老师们，"她说，"谈论好几天了，该是行动的时候了！"她见证了组织的环境变化，但最重要的是，索尼娅获得了一个教训，在开始变革之旅的时候，每个人都意识到："激励他人，也会激励自己。当我微笑着四处走动，看着人们，说出他们的名字时，我变得振奋起来！我在制作松饼的时候，感到很兴奋，写了一张贺卡，作为礼物，送给了老师们。"

亲自参与庆祝活动

> 重要的是，你要亲自参与这些庆祝活动，
> 让人们知道你也是团队的一员。
> ——鲍勃·布兰奇

索尼娅的经历说明了我们在本书开头所说的：领导力是一种关系。人们更有可能接受那些与他们有个人交情的人的领导，积极主动地完成任务。正是领导者和下属之间的人际关系，确保了下属更高的投入度和更多的支持。说一声谢谢你，真诚地表达感谢，和其他人一起庆祝成就，是表达尊重和提高个人信誉的非常具体的方式。如果你想让别人相信什么，并按照信念行事，你必须以身作则，亲自参与。你必须践行你所宣扬的价值理念。

当你想在组织中传递一个信息时，没有什么比领导者的行为更清楚可靠的。你通过一种直接和可见的方式，向他人传递一个积极的信号，你在为他们加油。你通过自己的行动树立了一个榜样，"我们要在这里谢谢你，表达我们的认可，并传递一份快乐"，其他人就会追随你的领导，同时组

织也将会发展一种庆祝和认可的文化。

拉塞尔·辛格尔顿是一家资本设备公司的项目负责人，他回忆说，在他个人最佳领导力实践中，他大部分时间都在实施走动式管理，以便确保项目的各个部分都能按计划进行，同时也让人们"知道我关心他们的工作"。在每个工作日开始工作的时候，他都会与项目团队召开一次会议，通常在办公室其他人员和运营人员到达之前。"我们每天一起吃面包（有时是甜甜圈或水果），"拉塞尔回忆道，"每个人都会对自己的工作进展和问题情况进行报告。每个人每天都有自己的目标。目标是短期的和清晰可见的。每个人都知道其他人在做什么。当我们取得好成绩时，我们会聚集在一起，向整个团队展示结果。然后，一起加油喝彩。"

快乐领导是个人最佳领导力实践的一个重要组成部分。（请注意，"快乐管理"并不是一个实际常用的词语。）西澳大利亚一家大型酒庄的总经理泰德·艾弗里这样描述自己的个人最佳领导力实践："我是一名快乐领导者。例如，我会看到在市场营销中发生的一些让人兴奋的事情，我会告诉他们'前进的方向！'。我会听到运营方面的新进展，我会走进工厂，告诉他们'真是太棒了'。如果有人在现场创造了一个更高效的流程，我会想办法找到这些负责人，让他们知道我们是多么感激他们的辛勤工作。"

如果你对此有任何疑问，即个人参与庆祝活动会影响其他人的工作，或者会影响他人对你的领导能力的评价，请看一看我们在研究中的发现，其结论一直是不变的。如图 11.2 所示，当领导者总会亲自表彰员工和参加各种庆祝活动时每五名下属中，就有四名以上的人表示，他们将会"致力于组织的成功"。下属报告说，他们得到了组织的重视，他们对领导者的可信度和有效性的评价，与领导者亲自参与表彰员工和参与庆祝活动的频率直接相关。无论你在哪里发现一个团队、一个组织，他们拥有强大的价值观和强大的文化，你一定会在那里发现很多关于领导者践行价值观的榜样案例。

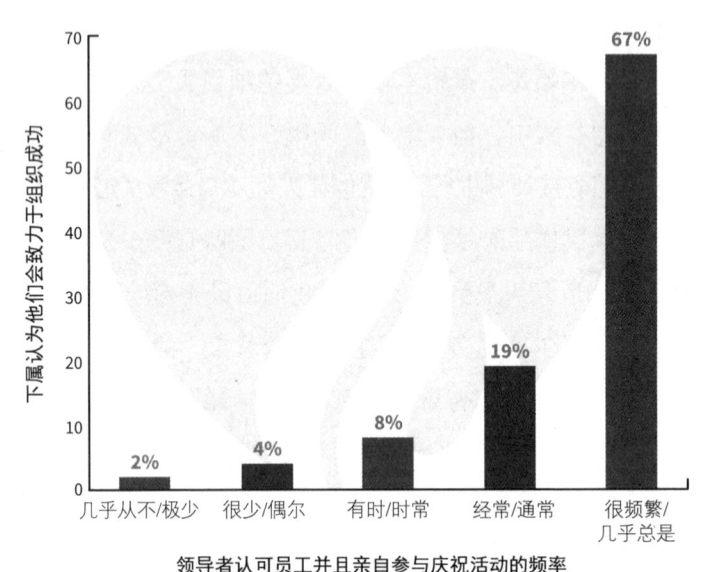

图 11.2 领导者亲自参与认可员工和庆祝活动与他们的
下属报告说自己将会致力于组织成功的关系

关爱他人

一定要关爱他人，不要将他们的努力视为理所当然的。澳大利亚一家电信公司的工程经理朱迪斯·维恩克认为，人们不仅"很在意我是否关心他们"，而且她还体验到"他们还非常关心自己因此而做的事情"。彼得·伯格鲍尔记得，当他担任投资银行分析师时，他们的首席执行官是如何做的，"与他互动的每个人都感到很重要和被重视，无论他们的头衔和在公司中的角色是什么"。多年以后，他仍然记得首席执行官手写的感谢信对他产生的影响："当我们偶遇时，他本来是可以很简单地给我发一封电子邮件或当面说一声感谢的话，但他个性化地表达了自己的感激之情，让我知道他很关心我，这给我留下了深刻的印象。我觉得自己受到了重视，这让我想为公司更加努力地工作。"

人们其实不在乎你了解他们多少，但在乎你到底是否关心他们，是否了解他们正在做什么,这不是什么高难度的科学。例如,简·宾格多年来在一家大型大学医疗保健系统中负责领导力发展和培训业务,她发现大多数医务人员和行政人员都渴望被关爱,往往一个简单的手势,表明她和其他人关心他们的表现,就会感觉很好。表达这些关爱的方式,可以是一张便条、一封邮件,或者会议上或是走廊里的一句评价,或者就是在办公室路过的时候,简单地打一声招呼,说一声 Hello。"他们想知道我重视他们,"简·宾格说,"想知道我是否知道他们的工作做得很好。我不认为他们或他们对公司的贡献是理所当然的。这其实不需要什么伟大的行动。"我们的数据支持简·宾格的结论。我们的数据显示,在领导者"赞扬人们做得好"的频率与他们的下属感到受到被重视的程度之间,具有很强的相关性。

向别人展现你关心他们,会让他们感到你的心里有他们,关心他们的利益。研究表明,当人们感到别人关心他们时,他们会更加努力工作。但是,当他们觉得自己在工作中受到无情或粗鲁的对待时,他们会故意减少努力或降低工作质量。我们的数据显示,下属觉得自己的领导者在多大程度上"关心他人的工作",直接关系到他们是否拥有团队精神和自豪感。此外,领导者关心他人的工作,也直接关系到下属对领导者有效性的评价,以及他们将在多大程度上会向同事推荐说他们的领导者是一个好领导者。

作为一家大型城市医院的首席护理官,萝莉·阿姆斯特朗负责领导3000多名护士。在晋升到更高级别的领导者之前,她已经担任了近十年的一线护士,她告诉我们:

> 意外失去一位病人是一种重大的创伤。当然,这个家庭被摧毁了,但你总会想并且希望你能多做一点什么来改变那样的结果。失去一个病人也是一种极度的孤独。尽管周围的人都想提供一点帮助,但我们不能接受他们的支持、倾听他们的声音和接受他们的鼓励。作为一名护士,你也知道意外死亡后的政策和程序。出于安全考虑,护士应该留在岗位上,但他们的处境确实很艰难。

在安全审查期间,你还要讲述每一刻曾经发生的事情。

萝莉发誓永远不会忘记在一线遇到的一些事情。有一天,当她发现一名儿科患者意外死亡时,她回想起发生在她身上的事情,那种悲伤、无助和深感亏欠的感觉,刺痛着她。她立即去到死亡发生的临床病房,发现涉事护士独自一人待在会议室,对所发生的一切感到心烦意乱。

> 当我走进房间时,我什么也没说,只是坐在护士旁边。我摸了摸她的手,说:"我一直在你身边。你并不孤单。"她问我来这里是不是为了和她在一起。我说是的:"除非你愿意,否则我们不必说话;我们可以坐在这里为彼此守候,或者我们可以一起为所有我们照顾过的和失去的病人哭泣。"她回答说,静静地坐在那里对她来说就是最好的,然后她问我能待多久。我回答:"只要你需要,我会一直在。"

在那一刻,萝莉并没有完全意识到她的行动产生了多大的影响。后来,她收到了那位护士的一封信,她告诉萝莉,这培养了她处理失去患者创伤的能力,当她在通过对事故进行必要的监管审查时,感觉得到了支持。她还写道,她已经和同事们分享了萝莉的故事。"你的行为表明了你的价值观的真实性,正如你经常说的,'永远不要忘记,首先,对患者和他们的家人来说,我们是一群训练有素和富有同情心的护理人员'。"顺便说一句,萝莉告诉我们,这位护士受到了触动,被她的行为和言语所鼓舞,她决定返回学校,成为一名护士长,用她自己的话说,她可能"有机会以同样的方式去影响别人"。

萝莉通过她的行动,而不仅仅是通过她的言语,展现了她对别人的关心。她做了一些事情来证明医院里的护士也需要互相照顾。发送电子邮件或安排电话会议不可能像自己亲自参与一样,展现自己的价值观,对别人产生同样深刻的影响。

领导者在日常工作中亲身出现在第一线，是展现他们关心别人的另一种方式。参加重要的会议、拜访客户、参观工厂、参观服务中心、参观实验室、在专业会议上发表演讲、参加组织活动（即使你不是项目成员）、举行圆桌讨论会议、与分析师交谈，或者只是在经过下属工作间的时候打一声招呼，所有的这一切，都是你向人们展示你对他们感兴趣、对他们所做的工作感兴趣，以及你对他们做出的贡献感兴趣的方式。在他们工作的地方，与他们直接交流，无论是言语还是行为上，了解正在发生的事情。通过这样的方式，你践行的是你和你的下属共享的价值观。

传播故事

亲自参与庆祝活动，展示你对他们的关心，让领导者能够发现并传播一些故事，让价值观更具人性化。第一人称的故事总是比第三人称的故事更有吸引力、更引人注目。这就是"我亲眼看到"和"有人告诉我"之间的关键区别。迪尔普雷特·辛格是一家全球零售商的技术项目经理，在制订商业计划的过程中，团队成员经历了许多小时的挣扎，他能够感觉到团队正在变得有一点沮丧和泄气，没有了精神气，似乎愿意满足于平庸。于是他邀请团队成员到他家里，并明确表示他们不会谈论下一步的工作，而是"一起吃面包，享受彼此的陪伴"。他要求每个人都带上自己亲近的人（例如，配偶、伴侣、孩子）。当他们围坐在一起吃比萨饼的时候，迪尔普雷特说：

> 我告诉一位同事的 12 岁女儿，她的妈妈有多勇敢，她在工作和照顾家庭方面遇到了哪些挑战。房间里的每个人都在听。我告诉他们，由于她妈妈的营销知识，企业获得了多少收益。房间里响起了欢呼声。我在房间里转了一圈，分享团队中每个人的贡献和他们的故事，在他们最重视的人面前，讲述他们的故事。这一刻我永远不会忘记。我们对自己的成就感到无比兴奋，并发

誓一定要取得最后的胜利。

迪尔普雷特作为讲述的故事的见证人,他将认可个性化了,让每个人都得到了激励。正如他所说:"作为领导者,我们的职责是要公开表达感激之情。当我们感激他人时,就是认可他们所做的一切都是有意义的。他们的时间、他们付出的精力、他们的努力,都是至关重要的!"他说,从那天晚上开始,团队成员全力以赴,孜孜不倦地完善着他们的商业计划。

你必须不断地关注团队,认可那些做得好的事情,你这样做其实是在鼓励他人,让他继续努力做得更好,同时也让其他的人知道你在强调什么、重视什么。这样,你就可以像迪尔普雷特那样,"近距离地、个性化地"讲述团队的故事,将共同的价值观和愿望付诸实践。在此过程中,你创建了每个人都可以学习的组织角色和榜样。你把行为放在一个真实的环境中,价值观就不仅仅是一些规则;它们鲜活了起来。通过你讲述的故事,你生动而又让人难忘地阐述了人们应该如何行动,以及如何做出决定。

利迪娅·奎亚蒂科瓦斯卡是加拿大一家跨国投资和金融服务公司个人银行业务的区域经理。在每周的员工会议上,她分享了一些故事,团队成员如何"通过卓越的服务与客户建立持久的关系"。这些故事对团队成员取得的一些成绩进行了认可,但同时也给人们提出了一些挑战。正如我们在第 3 章中所讨论的,讲故事是人们一代又一代地传递经验教训和文化变迁的方式。故事不应该保密;它们应该让人人都知道。因为故事是公开的,所以它们是为庆祝活动量身定做的一项活动。你甚至可以把故事看作庆祝的一部分,包括讲述各种冒险、成就、勇气和毅力的故事,以及我们对价值观和信念的坚守的故事。采取一种有意识的方式,分享各种积极正向的故事,已被证明可以提升员工的道德观。通过倾听和理解所讲述的故事,人们可以更好地了解组织文化。例如,讲述的这些故事,可能涉及人们是否因提问、发表意见、挑战传统、帮助(或不帮助)他人等而受到奖励或惩罚。数据显示,最常"讲述鼓励他人努力工作的故事"的领导者,他们的下属感到自己最受重视，坚信自己的领导者发挥了他们的最佳才能和能力，并愿意关心组织的长期成功。此外，人们对其领导者的强烈推荐程度，与领导者是否讲激励他人的故事的频率直接相关。只有不到 1/25 的人会向他人推荐很少讲故事的领导者，而最常讲述鼓励他人做好事故事的领导者，推荐率将会提高 16 倍。

与幻灯片和推文相比，讲述故事能够让你更加有效地达到教育、动员和激励员工的目的。与公司政策或员工手册相比，倾听和理解领导者讲述的故事，能够让员工更有效地了解组织的价值观和文化。同样，讲得好的故事更能有效地触动人们的心灵，把人们凝聚在一起。故事会让信息更加清晰。故事模拟了真实存在的环境，给人们提供了一种令人信服的方式，让人学习和了解什么才是最重要的。通过庆祝活动重点讲述一些故事，将进一步加深人们相互之间的联系。

让庆祝活动成为组织生活的一部分

你需要将庆祝活动列入组织生活的日程中。这些计划的活动为人们提供了聚集在一起的机会，这样你就可以向人们展示它们是组织愿景的一部分，大家的命运是绑在一起的。庆祝活动是高度公开透明的，是一个你为团队明确共同价值观、庆祝进步和创造团队精神的绝好机会。

你可能已经在日历上标注出了生日、假日和周年纪念日。你还应该为团队和组织生活中的一些重要事件和里程碑的庆祝活动做出计划与安排。给出明确的日期、时间和地点，让每个人都知道，这件事情很重要。这会让人产生一种期待感。安排庆祝活动并不排除一些随机事件，它只是想告诉大家，有一些事情非常重要，每个人都需要特别关注。

在设置庆祝活动时，你首先需要决定组织中哪些价值观、哪些具有历史意义的事件，或者哪些具有重要意义的成功事件，需要为它们安排一场特殊的仪式、庆典或庆祝活动。也许你想对本年度取得突破性创新的集体或团队进行表彰，赞扬那些在客户服务方面取得了卓越成绩的员工，或者感谢那些为你提供支持的下属的家属。无论想庆祝什么，你都需要把它正式化、公开化，并且告诉人们他们如何才有资格参加。至少，你应该每年举办一次这样的庆祝活动，让每个人都参与其中，并且把大家的关注点导入组织的核心价值观中。

领导者要尽可能地把庆祝活动作为组织生活的一部分。以下是组织如何开展庆祝活动的一些案例。思考一下，哪些东西可以为你的组织所用。

- 周期性的庆祝活动（例如，季节性主题、关键里程碑、公司周年纪念日、开业日）。
- 成功事件（例如，财务成功、晋升、拓展新市场）。
- 损失事件（例如，旧程序终止、财务损失、丢失一份合同、同事死亡、失败的实验）。
- 表彰仪式（公众的掌声和对出色工作的认可）。
- 庆祝胜利（例如，强调集体成就的一些特殊事件，比如，推出一款新产品或制定一个新战略，开设一个新办公室、工厂或商店）。
- 组织变革的阶段（例如，扩张、重组、关闭、合并、旧技术的终结和新技术的引入、迁移到新地点）。
- 安抚和放弃的仪式（例如，失去合同、裁员、同事死亡、进入和退出）。
- 人员（例如，团队合作、团队成功、创始人、销售竞赛获奖者、员工奖励、个人生日、婚姻、团聚）。
- 工作场所的好人好事（为他人做好事，促进社会变革）。
- 娱乐（例如，游戏和体育赛事、恶作剧和玩笑活动）。

当然，庆祝活动并不一定是为了一项成就或者某一个人才进行一次。一家跨国网络组织的营销运营高级经理贾斯汀·布罗卡托告诉我们，他们的年度颁奖宴会是"庆祝我们取得成就和传播团队精神的一个绝佳方式"。人们带着他们的配偶、伴侣和重要的人参加公司的活动。他发现这是"了解办公室以外的人并进一步建立关系的好方法"。贾斯汀发现，宴会是一个完美的论坛，可以公开认可团队的各种贡献，同时反思他们的绩效表现。

在反思这段经历时，贾斯汀道："如果管理层只是发送一封电子邮件给获奖者进行祝贺，又会怎么样？"贾斯汀总结说，虽然人们可能也会感到开心，但是邮件不能产生这样的效果，当有人上台领奖时，能听到山呼海啸一般的掌声和哨声，同时还能听到他们的经理告诉获奖者和一大群同事，为什么公司要表扬和认可这些成就。贾斯汀最后的结论是："公开的庆祝活动更加令人难忘，它对获奖者和团队的影响也更加持久。人们会从那里获得激情和能量，突然对未来的一年，又有了一些新的期许与承诺。"

贾斯汀非常确信，无论是要表彰一个人、团体或组织的成就，还是要鼓励团队学习，或者进行一次团队建设活动、庆祝活动、典礼仪式和其他类似的活动，都是领导者的一次绝佳的机会，让他们直接与团队沟通，强化团队的行动和行为，让大家了解这些行动和行为对实现共同价值观和共同目标是多么重要。卓越领导者知道，提倡庆祝文化会激发团队意识，这对留住和激励当今的员工至关重要。数据显示，庆祝活动会极大地影响人们对组织和领导者的看法。越来越多的下属报告表明，当领导者想尽方法庆祝成功的时候，他们的工作会变得更加卓有成效，能够更好地实现自己的工作目标，下属对领导者的整体效率评价也会越高。研究还发现，集体仪式会增强工作的意义，同时增加团队成员对社会的认同感。

我们并不缺少庆祝的机会，有很多的事情，可以让人们欢聚一起，庆祝组织的成就和胜利。无论是顺境还是逆境，大家聚集在一起，感谢那些做出贡献的人，以及那些引发成功的行为，其实是向每个人传递一个信息——是他们的努力与付出带来了改变。他们的精力、热情和幸福，还有你自己的，也都会因此而变得更加美好。

采取行动
庆祝价值观的实现和胜利

大家在一起进行庆祝活动，强化了这样一个事实：那就是非凡的成就是许多人努力的结果。一个公开的和大家都参加的庆祝活动，能够创造一种团队精神，提升团队的凝聚力。基于核心价值观和关键工作里程碑的庆祝活动，会帮助领导者提升他们的领导力，确保大家做正确的事情。

人与人之间的社交与互动能够增强个人对组织要求的承诺，并对人们的生活产生深刻的影响。当人们被要求超越自己的舒适区时，同事的支持和鼓励会增强他们的抗压力，减少压力可能造成的负面影响。庆祝活动能够创造一种"我们永远在一起"的情绪纽带。领导者一定要注意一点，不要让人们将你的组织视为一个"没有乐趣"的地方。

领导者要以身作则，亲自参与庆祝和表彰活动，表明激励人心是每个人都应该做的事情。讲述那些做出努力并取得卓越成就的个人故事，可以让领导者成为一种行为模范，让他人效仿。故事会让人永久难忘，往往会被深深地铭记在心里，成为未来行动的标杆和榜样。在一个庆祝文化的氛围中，人与人之间的关系会得到加强，个人信誉会得到提升。让工作场所增添一份活力和真诚的认可，对组织来说，显然是非常重要的。

为了激励人心，你必须持续庆祝价值观的成就和胜利，创造一种集体主义精神。下面这些建议将帮助你更有效地利用这些重要的领导力行为：

- 跟踪你的PNR（positive-to-negative ratio）情况，即正向反馈与反向反馈的比率。为了让大家全身心地投入工作，人们需要表扬多过批评，三个表扬对一个批评。永远不要错过这样的机会，要公开讲述那些员工如何超越自己职责范围的真实故事。
- 为人们提供工具，让他们能够相互表扬和认可。创造一种文化，让同事们寻找机会来认可他人的出色工作和成就。
- 对团队达到的每个重要的里程碑，都要计划一次庆祝活动。不要等到整个项目完成后才庆祝。你要亲自参与庆祝活动。

你一定要充分利用每个机会，与人们就领导力进行定期对话，让他们知道领导力很重要。每一次互动都让你有机会将人们的注意力引向你认为重要的方面。要经常与人探讨下面的问题：
- 我们正在做什么，以便在团队中创造一种集体主义精神？足够了吗？我们如何在远程工作时更有效地激发这种集体主义精神？
- 我们可以通过什么方式，让人们更好地团结在一起？在工作环境之外，我们可以一起做什么有趣的事情？

第 12 章
视挑战为机会

> 我从新冠疫情中学到一点,
> 卓越领导者的五种习惯行为不仅仅应用于美好的时刻。
> 它更能够帮助我们在不确定、
> 不可预测和不稳定的时期,提升我们的能力,
> 让我们成为一名更强大、更勇敢的领导者。
> ——乔纳森·雷耶斯

所谓的常态不会再有了,换一句话说,你最多可以考虑的是"新常态"或者"下一个常态",如果常态意味着你可以根据昨天发生的事情预测明天会发生什么,但是今天几乎没有什么是"常态"的时候了。现在的常态其实意味着模糊、不确定性和混乱。常态意味着必须能够快速适应不断变化的环境。常态意味着你必须在了解所有事实或选项之前,采取一些行动。

然而,恰恰是一个动荡的、破坏性的、混乱的、意外的和不可预测的环境,才是最需要领导力的时候。领导力的要义是如何应对挑战。如何度过艰难时刻,永远需要的是领导力。在所有艰难的时刻,最需要的是领导者,

他们要能够去动员群众、激活组织，将人们和组织带到他们从未去过的地方。

显然，领导力在应对诸如新冠疫情、社会与政治动荡，以及全球冲突等相关的不确定性和混乱的时候，发挥着至关重要的作用。我们既有领导强而有力的案例，也有领导软弱无力的案例，但无论哪种情况，领导力一直是每个故事中最有影响力的一部分。历史讲述着同样的故事。领导力不是一种时尚，在下一个季度就会过时。挑战也是如此。没有人确切地知道下一个到来的挑战会是什么。时代在变，问题在变，技术在变，如何应对所有未来的挑战，领导力永远是重中之重。

领导者的工作就是要激励人们以不同的行为方式去做事，勇于与不确定性进行斗争，并且能够坚持不懈地朝着一个不清晰的美好未来前进。没有领导力，就不会有人愿意付出非凡的努力，但只有付出非凡的努力，才能解决现有的问题和实现想象不到的机会。关于未来，我们今天最多也只能看到一些微弱线索，但是，我们坚信，没有卓越的领导力，我们就不可能大胆设想美好的未来，更不用说去实现它。

让我们重温一下我们在本书前文中说过的话。我们注意到，领导力挑战起源于我们40多年前开始的一个研究项目。我们想知道人们在领导他人方面，什么时候处于"个人最佳状态"。这些个人最佳状态就是他们个人卓越领导力所在。可以说，他们获得了奥运金牌，赢得了绩效的金牌。

当我们回顾个人最佳领导力经历的时候，很明显，每个案例都涉及某些方面的挑战。我们没有要求人们告诉我们什么时候遇到了挑战。我们请他们告诉我们，什么时候他们表现最好。事实证明，无论情况如何，我们研究的所有案例，都涉及如何克服一个巨大的障碍。这就是人们所说的他们表现最好时候的背景。换句话说，如何面对挑战是所有关于个人最佳领导力故事的一个共同点。

正是出于这个原因，我们在本书的开头提出了一个核心命题，我们在最后一章中重复了这一命题：挑战是领导力的熔炉和成就伟大的机会。这是我们在回顾40多年来数千次个人最佳领导力经验中所学到的重要教训。

挑战激励我们，塑造我们，要求我们打开大门，开辟新的道路。

过去几年我们所面临的挑战，事实上为我们所有人创造了一个机会，让我们不得不重新审视自己，我们是谁，我们的信念是什么，重新思考我们到底在期望什么，如何发明新的做事方式，如何运用一种我们从未经历过的方式，去与人建立和加强关系，如何对他人在我们生活中所扮演的角色表示更多的感谢，重新思考我们希望成为什么样的领导者，以及如何去践行我们的领导力。你现在面临的挑战，以及未来你将要面临的挑战，都是你的一个绝佳机会，让你能够更多地、更有意识地展现"卓越领导者的五种习惯行为"。人们在呼吁你，让你重申自己的承诺，成为一名你能成为的最佳领导者，不仅是为了你自己，也是为了那些不可避免地要依赖你的人，有时候，群众的呼吁是明晰的，但更多的时候，群众的呼吁是含蓄的。

在你不断学习的旅程中，我们想重新强调几点，这会让我们更好地理解为什么卓越的领导力是如此重要，只有领导力才能帮助我们把当前和未来的困境，转变为创新和转型的一个激动人心的机会。

领导力很重要

无论你的职位如何，你总能在这个世界上成就非凡。

——普拉尚斯·坦达瓦默西

归根结底，人们对你作为一名领导者的期望是什么？领导者是要提高下属的参与度、提升他们的绩效，还是让他们保持不变，或者让他们变得更糟糕？好吧，这是一个问题。显然，你会对结果产生积极的影响。这就是为什么在本书的每一章中，我们都提供了案例和实验数据，向人们展示卓越的领导力如何对人们的幸福感、承诺、动机、工作表现和组织成功方面产生重大的影响。我们希望你知道领导力的作用与意义。

你不必去寻找领导力。你也不需要寻找领导力。你只需要向内看。你有一种内在的能力，能够带领人们去他们从未去过的地方。

然而，在你能够领导他人之前，你必须相信你能够对他人产生积极的影响。你必须相信你的价值观是正确的，你所做的事情很重要。你必须相信你的言语能够激励他人，你的行动能够感动他人。此外，你必须能够说服他人，反过来，他们也可以说服你。在这个动荡的时代，领导的机会并不缺乏，我们的组织和世界需要更多的人，他们相信自己能够有所作为，愿意按照这种信念去行动。

让我们再看一些数据，这些数据会让你相信领导力对你很重要。在我们的研究中，我们要求领导者的下属在完成观察者版的领导力实践行为评测后，描述他们是否会"向同事推荐领导者优秀"的可能性。如图12.1所示，他们认为领导者践行卓越领导者的五种习惯行为的频率越高，他们就会越强烈地认同一点，即他们会把这样的领导者推荐为优秀的领导者。事实上，对频率分布最高的前20%的领导者，其下属推荐的频率可能性是后20%中的十倍以上。

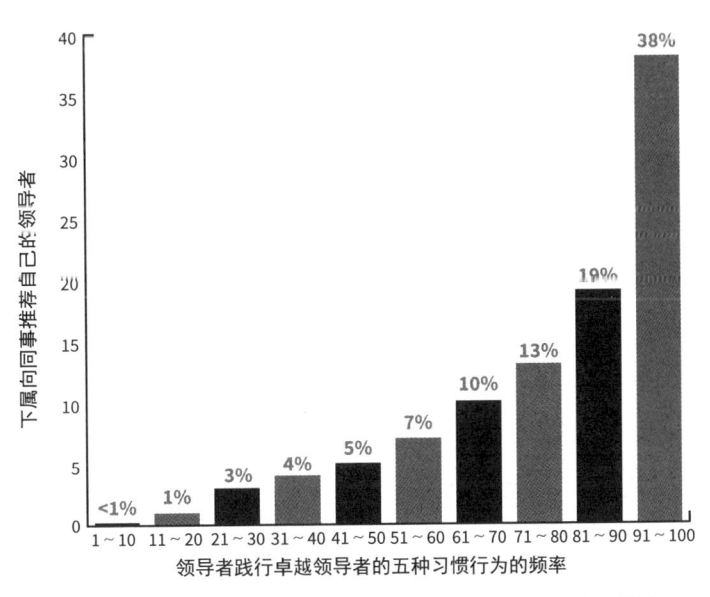

图12.1 被下属推荐为优秀领导者的可能性将会随着领导者践行卓越领导者的五种习惯行为的频率的增加而增加

我们的经验是，与你共事的人越频繁地观察到你拥有卓越领导者的五种习惯行为的相关行为，你就越有可能对他们和组织产生积极的影响，人们也越愿意与你合作。这就是我们所有的数据和独立学者进行的数百项研究的最终结论：如果你想对你周围的人、你所在的组织，以及你的专业和职业的选择产生重大的影响，你最好的投资是学习，展现出你的领导力行为，让你成为一名最好的领导者，做最好的自己。

你一定想知道，敬业度和绩效水平除与领导力相关以外，是否还与其他因素相关，能够更好地解释它们的结果？敬业度与绩效水平的高低，是否与你打交道的人有更紧密的关系（例如，他们的年龄、性别、种族）、他们的工作类型（例如，会计、工程、销售）、他们所从事的行业（例如，制造、健康服务、政府、高科技），或者其他一些变量？你认为这些假定的影响因素，会对领导力产生什么影响？

在研究中，我们发现，人们的年龄、教育程度、性别、工作领域、级别、行业、在公司的时间长短、组织规模或国籍等潜在的变量虽然重要，也很有趣，但是它们加在一起也只是其中很小的一部分，在个人敬业度水平中只占0.3%。单独而言，这些因素中的任何一个的影响，事实上都可以忽略不计。人口统计学并不能解释为什么领导者是有效的，以及人们为什么参与工作。在影响人们对工作场所的感受方面，你的领导力行为要比前面的那些因素重要一百倍，比如我们提到的敬业度、忠诚度和激励度，以及你的下属如何评价你的领导力的有效性。

领导者的行为方式可以很好地解释他们的下属在工作场所的表现情况，这当然是有道理的，但你可能想象不到的是，领导者自己的行为还可以解释他们对工作场所的感觉。使用与下属相同的测量方法，我们要求领导者展现自己在工作场所中的参与度。数据显示，它们之间有一种直接的正向关系。当领导者报告自己展现出越来越多的与卓越领导者的五种习惯行为相关的行为时，他们相应地展现出更大的参与度。例如，他们会对自己的工作场所感到更加正向，更加愿意致力于组织的长期成功，感到自己的个人价值得到了更多的体现，并且更加认为自己做出了有意义的贡献。这一发现不足为奇，因为你投入的精力越多，帮助别人做了一些特别的事情，你对你所做的事情和你所参与的组织的依恋感就会变得越强。

作为领导者，你的行为很重要，非常重要！对于你所领导的人来说，你有能力让他们的生活变得更有意义和更加与众不同。现在该是你决定的时候，你想要做出什么样的改变，提升你的领导力，让你对他人产生更积极的影响？

人人都是领导者

领导力不是偶然的，不是天生的，也不是通过继承得到的。
领导力是一个精心设计的、深思熟虑的行为习惯，
　　使你周围的人提升到一个更高的境界。
　　　　　　　　　　——马克·哈里

当面临巨大挑战的时候，我们需要的是每个人都能挺身而出。人们常常会讲述一些孤胆英雄的故事，他们是如何克服艰难险阻的，但当你深入挖掘那些非凡表现的案例时，你会发现，没有他人的参与、支持和鼓励，没有人能够获得成功。这是关于领导力的另一个永恒真理，也是一次又一次在个人最佳领导力实践中出现的主题。正如我们在第8章中所指出的，"你不能一个人独自成事"是卓越领导者的口头禅。团队和组织遇到的任何一个有挑战性的问题，都不能靠一个领导者解决。那些严峻的挑战，往往需要各级和各地领导者的参与。我们不能仅仅依靠那些拥有正式头衔的人来展现他们的卓越领导力。在一个充满挑战的时代，认识到每个人都有领导力非常重要，领导者的关键责任就是要让与他们一起工作和合作的每个人，

都成为一名领导者。

毕竟，在过去40多年中，我们经历了相当大的技术、文化、经济和地缘政治动荡，在这些过去的前所未有的大变局时代，我们发现了一个不变的规律，卓越领导力可以来自许多方面。当人们在不同的地方工作，领导者和下属之间的距离越来越遥远的时候，这一规律更加明显。来自数百万受访者的数据清楚地表明，99.967%的受访者报告说，他们确实践行了领导力行为清单上的30种领导力行为，至少是超过"几乎从不/很少"的水平。来自经理、下属和同事们的回答，也支持了这一数据。表现出领导者的行为，显然是每个人都具备的能力。领导力最终取决于你做什么，每个人都可以践行这些领导力行为。

无论人们在一个组织中处于什么位置，他们都可能对其他人产生积极的影响，包括人们是选择留下还是离职、他们的职业轨迹、他们的道德选择、他们的能力和付出最大努力的意愿，以及他们是否愿意分享和服务于组织的愿景和价值观。由于每个人都能践行领导者的五种习惯行为，因此领导力本质上是每个人的事，这意味着每个人都要对其组织的领导力的质量负责，每个人都要对自己是否展现出领导力的行为负责。因此，任何人真正要做的唯一决定是，他们是否想成为自己所能成为的最佳领导者。因此，领导力的目标不仅要让他人成为最好的自己，同时也要让自己成为最好的自己，领导力不是发现和选择所谓的"正确"的人。

从我们的研究之初，作为了解个人最佳领导力实践的一部分，我们要求人们说明他们是如何学会领导的。一个重要的主题是榜样的重要性。在一项研究中，我们让全世界32 000多人思考和回答，谁是他们生活中学习的领导力榜样。当你想象一个角色榜样时，你会想到谁？表12.1显示的是受访者的百分比数据，按世代（年龄组）选择各类榜样的情况。

表 12.1 人们选择学习领导力的榜样类型与不同年代的人之间的比例关系

角色榜样类型	>26	26~40	41~55	>56	合计
家庭成员	65	51	45	48	51
主管/经理	6	16	19	17	16
商业领袖	6	9	12	11	10
老师/教练	12	10	9	9	10
同事或伙伴	4	7	8	7	7
宗教领袖	2	2	3	4	3
艺人/演员/运动员	3	2	1	0	1
政治领袖	1	2	2	2	2
社区领袖	1	1	1	1	1

当人们回顾自己的个人生活并选择最重要的领导力榜样时，人们提名家庭成员的次数，以压倒性的多数，超过了任何其他人。其次是主管/经理；尽管对于最年轻的年龄组来说，他们选择的是老师/教练（可能是因为他们没有太多的工作经验）。对于工作职场中的人来说，主管/经理通常被描述为类似于老师/教练的角色。7%的人认为是同事或伙伴。家庭成员、老师/教练、主管/经理和同事或伙伴，这四类合起来的比例超过了84%。这种反应模式，或说数据的结论，在不同的性别、种族群体、教育水平、行业、职业，甚至不同的职级之间，都具有一致性。

数据清楚地表明，那些被选为角色榜样的人，都是与受访者关系最亲近、接触最频繁的人。这些人不是街舞艺术家、电影明星、职业运动员、政治家，或其他新闻、电视或社交媒体上广泛报道的网红。换言之，领导力的角色榜样是本地化的。虽然名人可能成为头条新闻，但那些与他们有私人接触的人，最有可能成为他们学习的榜样，学习如何成为一名领导者。反过来，你最亲近的人，也很可能以你为榜样，学习如何应对竞争、处理危机、处理损失，以及如何解决道德困境的二难问题。

进一步的证据表明，你的价值和意义，就是要认可和鼓励人们经常向同事寻求决策和行动的帮助，尤其是在遇到新困难的情况下。当一个人被认为践行卓越领导者的五种习惯行为的频率越高，其他同事或伙伴就会越愿意向他们的同事推荐此人为一名好的领导者。请注意，这些结果的模式与之前从领导者下属的报告中发现的结论几乎相同（见图 12.2），同时还强调，无论是作为领导者、个人贡献者，还是作为同事，你如何让每个人都成为领导者，影响是巨大的。

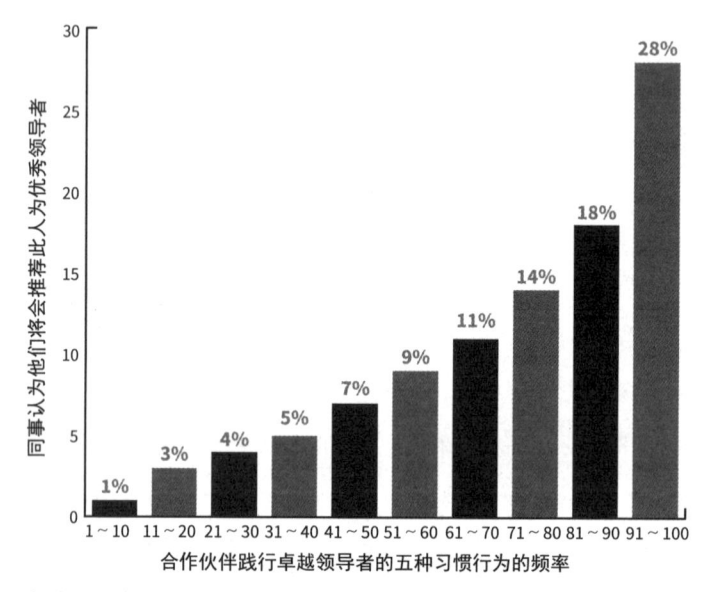

图 12.2 践行卓越领导者的五种习惯行为与被同事推荐为优秀领导者的可能性之间的关系

每个人都可以学会领导力

真正的领导者拥有一种成长型思维，
而不是一种认为自己天生就是领导者，
或注定不会成为领导者的思维。

几乎每次我们发表演讲或举办研讨会时，总会有人问："领导者是天生的，还是后天培养出来的？"每当我们被问到这个问题时，我们总是面带微笑地回答："我们从来没有见过一名领导者不是父母生养的。我们也从未见过一名会计师、艺术家、运动员、工程师、律师、医生、作家或动物学家，不是父母生养的。我们都是父母生养的。这就是所谓的天生。"

你可能想："嗯，这不公平。这有一点玩文字游戏。当然，每个人都是天生的。(英文天生的和父母生养，是同一个词 Born。)"这正是我们的观点。我们每个人都是天生的，每个人都有成为领导者的必要条件。你和他人应该问自己的问题，不是"我生来就是一名领导者吗？"。为了成为一个更好的领导者，你应该问的一个更为迫切和更重要的问题是："我明天能成为比今天更好的领导者吗？"对于这个问题，我们的回答是响亮的"是的！"。

再说一遍，让我们把事情说得再直白一些。领导力并不是只有少数人所具有而其他人没有的神秘特质。领导力不是命中注定的。这不是一种基因，也不是一种特质。没有任何确凿的证据支持这样一种说法，即领导力只存在于某些人的 DNA 中，而其他人都没有这样的基因，并且注定与其无缘。

我们收集了来自世界各地数百万人的评估数据。我们可以肯定地告诉你，在每个职业、每个部门、每个组织、每种宗教、每个国家、从老到少、从男到女和每个不同的种族中，你都能发现领导者。因此，这是一个错误的观点，即领导力是不能学习的，你要么拥有，要么没有。在任何地方，我们都能看到领导力的存在。

事实上，与你共事的大多数人，很可能都在践行卓越领导者的五种习惯行为，只是不够频繁。在过去的 40 多年中，那些使用 LPI 做领导力评测的人，那些完成了 LPI 自我评测的人，没有一个人在所有五种领导力习惯行为中的得分为零。准确地说，只有不到 0.033% 的人，在参与所有 30

项基本领导力行为评测方面，给予自己"几乎从未"的回答。从更积极的角度来看，这意味着大约99.967%的参加过LPI自我评测的人，其分数都高于零（高于"几乎从未"）。其中"几乎从未"的得分，其他人给的更高，他们的下属是99.983%，同事或伙伴是99.988%，经理是99.994%。

计算一下，你会发现，在一个100人的组织中找到得分为零的人的概率是零。在一个1000人的组织中，找到得分为零的人的概率为零。在一个10000人的组织中，找到得分为零的人的概率仍然几乎为零。这些结果强调了我们先前的断言，即每个人都有能力践行领导力的行为，那些被定义为要达成高绩效标准所必须具备的领导力行为。

领导力的学习是有模式的，有其特定的一套可观察的实践和行为，有一套可定义的技能和能力。任何技能都是可以学习、强化、精进和提高的，只要有动机和意愿，就可通过实践、反馈、榜样学习和教练的方式不断学习和提高。例如，当研究人员跟踪参与领导力发展项目的人的进展时，研究表明，他们的领导力会随着时间的推移而进步。他们学会了更频繁和更轻松地使用卓越领导者的五种习惯行为，让自己成为一名更好的领导者。

在充满挑战的时代，持续学习必须成为每个人的首要任务。我们需要把学习领导力放在日程中最重要的位置。为什么？原因很简单：在我们的研究中，我们发现最积极参与学习的人，也是最经常践行卓越领导者的五种习惯行为的人。还有研究说，那些每周学习5小时或更多的领导者，与那些每周学习1小时或更少的领导者相比，他们在职业上的机会可能多74%，在工作中找到工作意义的可能性也要高出48%，他们在工作中也变得更快乐。你越愿意学习,你就越擅长领导（或任何事情）。显而易见的是，你必须有一种学习的意愿，愿意学习和接触新的和不熟悉的事物，认识到学习的重要性。

培养一个人成为一名积极学习者，需要一种成长型思维，这是一种信念，即人们的基本素质可以通过他们自身的努力得到提高和加强，而不是反过来的一种固定型思维，认为人的素质与能力是内在的和固定不变的。持有成长型思维的人相信自己（以及其他人）可以通过学习成为一名更好的领导者。而持有固定型思维的人，则认为再多的培训或实践，也不能让人变得比现在更好。在研究中，我们发现，拥有成长型思维的人比拥有固定型思维的人更愿意接受挑战，在面对障碍的时候，他们更有毅力，拥有更多坚持下去的勇气。一个拥有成长型思维的人，相信人是可以改变和发展的，是愿意拥抱创新的，并致力于从失败中学习。他们更倾向于支持他人的试验。那些拥有固定型思维的人，往往会规避挑战性的事情，也不太可能接受任何形式的反馈。在如何应对挑战方面，往往是思维，而不仅仅是技能，扮演着更为重要的作用。

你可以为自己和他人创造机会，不断通过如下三种方法，学习如何做好领导：实践、观察他人和培训课程。在这三种方法中，最常用的超过1/2的人使用的方法是边做边学。要为每个人创造条件，让他们充分利用各种机会，例如，筹备一个会议，领导一个特别工作组，提出一个重要建议，或者主持一个行业专业会议，等等。然后，在这样的工作实践结束时，询问："我们从中学到了什么？"除非你和他人能够得到一些机会，允许在舒适区之外进行一些探索和试验，否则是不太可能学习和提高的。只有当你一次又一次地重复做这样的刻意练习时，才能产生最大程度的进步。

榜样对学习也至关重要。确保你和其他人花时间观察组织内外的最佳领导者。向你尊敬的领导者请教，让他们给你的团队讲述他们在领导工作中的经验教训，了解他们如何从错误中学习，以及他们是如何应对挑战和挫折的。此外，找时间参加一些培训课程、工作坊或研讨会。它们能够让你集中精力，聚焦一个主题，学习和练习一些特定的技能。这种集中学习的方式，不仅有助于你快速地吸收一些知识，同时还能让你拥有很多机会，练习新行为和新技能，并且在一个安全的环境中获得反馈。正如在新冠疫情期间发现的那样，很多人是通过大量的在线学习技术（包括研讨会、工作坊、演示会、模拟演练、辅助课程、多线程讨论等），进行自我培训和学习的。

要想成为一名卓越领导者，其中最有效和最重要的方式，就是要让自己和他人养成一种习惯，在日常工作中学习领导力。学习领导力并不是要在本来非常忙碌的日程中，再增加一些学习的内容，也不是你在周末或者一年一度的公司务虚会上要做的事情。学习领导力也不是要在困难的时期从日历表上删除的事情。学习领导力是你每天都会自动地和本能去做的事情，就像你每天要做的其他重要的优先事项一样。学习领导力是一件例行的工作，就像每天查看电子邮件、给同事发短信，或者召开Zoom会议一样。这是你必须认真考虑的一件事情，它对你和他人的成功至关重要。

做最好的自己

> 伟大的领导者有一种勇气，他们知道如何忘记过去的知识，
> 同时还会学习和重新学习他们认为自己以前知道的东西。
> ——雷切尔·马塔

无论是过去、现在，还是未来，我们可能遇到的挑战，都迫使我们审视自己的基本价值观和信念。当面临挑战的时候，我们会问自己，什么是对我们最重要的。我真正想要什么，对我的生活、对我的家人、对我的同事和对我的组织？挑战也会让我们质疑自己的能力和承诺。我现在有能力带领他人度过这些充满挑战的时刻吗？我能胜任这份工作吗？

挑战让我们思考，要想获得卓越的领导力，首先是一种内在的探索，发现你是谁，通过自我审视，你才能觉醒，才能找到领导的意愿。最终，你会意识到并理解，领导力的工具就是你自己，如何掌握领导力的艺术，其实来自对自我的了解和把控。领导力发展是自我发展，自我发展不仅仅

是填充一大堆新信息，或者尝试当下的最新技术。自我发展是如何解放一个人的内在领导力。

忠于自己，以最好的自我去领导，这意味着你需要非常清楚并且愿意去行动，自己到底想要成为一名什么样的领导者。真正的领导力是由内而外的。这样的领导者意味着你要成为自己的故事的作者，成为自己历史的创造者。作为领导者，在你迈出下一步之前，你要清楚你的领导力故事——当你不再讲述这些故事的时候，你还会期望别人分享这些故事。

现在，而不是在未来的某个时刻，是时候停下来问一问自己："我想成为一名什么样的领导者？"请想象一下这样的情景，开始与自己做一次对话。

十年后的今天，你将参加一个表彰大会，授予你"年度领袖"荣誉。一个接一个的同事、伙伴、家人和好朋友上台，谈论你的领导力，以及你为他们的生活带来的积极影响。

为了帮助你思考你希望人们那天会对你说些什么，以及你希望如何被人们铭记，请记录你对下面 L.I.F.E. 范式的回应：

经验教训（Lessons）：你希望别人说你给他们传承了哪些重要的经验和教训？（例如，我希望他们会说：我教会了他们如何以优雅和坚定的态度面对逆境，我激励他们认识到感恩回馈的重要性。）

思想（Ideals）：你希望人们会说你是怎样的一个人，你支持什么样的价值观、原则和道德准则？（例如，我希望他们会说：我支持自由和正义，我信奉永远要讲真话，即使人们不一定想听真话。）

感受（Feelings）：你希望人们说些什么，当他们说和你在一起的时候，或是想到你的时候，他们会有什么样的感受？（例如，

我希望他们会说：与我合作的时候，他们总是感觉到自己是有能力的，能够直面挑战，完成不可能完成的事情，我让他们觉得自己很重要，他们所说的话是值得倾听的。）

证据（Evidence）：有什么证据表明你与众不同；人们会说你给他们和未来的一代人留下了很多的财富，那些影响深远的无形的和有形的贡献是什么？（例如，我希望他们会说：当其他人失去希望和信心的时候，我们一起扭转了这个项目/部门/组织的局面；我有一种强烈的奉献精神，为社区中的不幸者设计和建造了房屋。）

在你写下你的答案后，问一问自己：我现在是否在传授这些经验、践行这些思想、创造这些感受、提供这些证据，以证明我作为一名领导者所做出的贡献？不要停下来！问一问自己：我怎样才能做得更好？

在你努力让领导力成为每个人生活中的一部分的时候，你也可以与团队中的人一起做这样的练习。帮助每个人成为他们最好的自己，这是一种赋能行动，最终将会让他们自己、团队和组织从中受益。

你不会总是正确的

> 我认识到一点，对领导力了解越多，我实际上对领导力了解就越少。领导力是一个永无止境的过程，总有成长和改进的空间。
> ——扎克·钱

然而，要注意如下几句话。你和其他人立志成为一名最好的领导者，做最好的自己，这并不是一件容易的事情。要想成为一名卓越的领导者真的很辛苦。你会犯错误。你会摔倒。你并不能总是让每个人都满意，或者说让每个人都开心。你不可能解决所有的问题。你不会得到你应该得到的所有赞扬和认可。你会精疲力竭。

是的,在我们的研究中,我们认识到,在发挥个人最佳领导力的时候,领导者会以身作则、共启愿景、挑战现状、使众人行和激励人心。领导者意识到,正如罗伯特·珀尔所做的那样,他是一家大型医生网络的负责人,"成为一名好的领导者,并不是一件偶然的事情。领导者需要伟大的思想、关怀他人、有洞察力、愿意承诺和充满激情……当所有这些品质结合在一起的时候,才会展现出你最好的一面"。此外,那些经常践行卓越领导者的五种习惯行为的领导者,与那些不怎么践行这些行为的领导者相比,更有可能取得卓越的成就。但这里有一个陷阱——你可以学会完美地践行这些行为,但是人们可能仍然不会追随你!

也许我们应该早一点告诉你这个结论,但毫无疑问你现在已经知道了。我们绝对不能说,这些行为总是有效的,无论对任何人、无论在任何时候。我们可以肯定的是,只要他们这样践行卓越领导者的五种习惯行为,成功的可能性要大得多,但是不是绝对的。如果有人站在你面前,声称他们有三、五、七或九因素理论,有 100% 的确定性,肯定会让你成功,让你获得结果和回报,那么你最好还是拿起钱包赶紧跑吧。在这个世界上,没有让人可以一夜暴富或是立马减肥成功的领导力项目。

你能为自己做的最好的事情就是保持谦逊。"人"(human)一词和"谦卑"(humble)一词都起源于拉丁语的"Humus",意思是"土"或"地"。要成为人(Human),要谦逊(Humble),就是要脚踏实地。很有趣,是不是?当你爬楼梯的时候,你越往上爬,爬得越高,你离地面就越远。你是否会感到奇怪,你爬得越高,你就越难脚踏实地?

你必须有勇气做人(human)和谦逊(humble)。承认你并不总是正确的,你不能总是正确地预测每一种情况,你不能预见每个未来,你不能解决每个问题,你不能控制每个变量,你不能总是和蔼可亲,你也会犯错误,总而言之，你是人，所有的这一切，都需要很大的勇气。向他人承认所有这些问题，需要一些勇气，但向自己承认这些问题，可能需要更大的勇气。如果你能谦逊一点，承认这些问题，你事实上是邀请别人参与了一次勇气对话。当你放下防卫，向他人敞开自己的心扉时，你便是邀请他们参与进来，与你一起创建一份新事业，一份你自己一人无法成就的事业。当你谦逊务实的时候，其他人才有机会展现自我，成就自我。

就像你对待别人一样，你可能也需要给自己一个休息的时间，锻炼自己的同情心。心理学家发现，自我同情是一个有用的工具，能帮助提升绩效表现，无论环境如何。这意味着你要对自己的错误和缺点友善一点，而不是采取一种评判的态度，认识到失败是人类的一种共同的经历，当你遇到困难或功亏一篑时，要对负面情绪采取一种客观的态度（也就是说，可以感觉不好，但不要让这些负面情绪控制自己）。自我同情会让人采取一种成长型心态，从而驱使我们不断进步，并在这个过程中更多地了解真实的自己。

这并不是说你应该放弃理想，不追求成为一名你能成为的最好的领导者。成为一名卓越领导者，永远是人们渴望的。这是一种高尚的、值得追求的理想。我们只是想提醒你，在我们的研究中，没有任何东西暗示，领导者应该是完美的，甚至可以是完美的。领导者不是圣人。他们是人，和其他人一样有缺点，会失败。在成为卓越领导者的过程中，你可以为自己做的一件富有同情心的事情，就是保持谦逊和低调，始终保持一种开放的学习态度，不断地了解自己和周围的世界。

培养日常习惯，让自己成为一名更好的领导者

没有人说成为一名领导者是一件容易的事。

领导力需要实践，领导力是每一天都必须践行的事情。

——珍妮弗·李

那么,你从哪里开始你的领导力之旅,让你成为一名最好的领导者呢?其他人是从哪里开始的?下面是一个谜语,让你思考这些问题的答案:

十二只青蛙坐在一根木头上。

七只青蛙决定跳进池塘。

现在,木头上还有多少只青蛙?

你的答案是什么?是七只、五只、十二只,还是一只都没有?正确答案是十二只。为什么?因为七只青蛙只是决定跳,而实际上它们没有跳。在决定和行动之间,两者存在巨大的差异。这就像一句老话所说的:"知道而不去做,就还是不知道。"

学习什么是领导力与如何进行领导是不一样的。决定成为一名卓越的领导者与是一名真正的领导者,并不相同。领导要采取行动,你必须通过领导力实践才能成为一名领导者。你需要跳进池塘,证明你知道如何漂浮,然后不断精进,成为一名游泳专家。

你从哪里开始,成为一名更好的领导者?让学习领导力成为一种日常习惯。制订一个计划,说明你将在何时何地练习领导力,将其列入你的日程计划,并记录你的进度。每天做一些事情,学习如何更好地领导,然后每天将这些经验付诸实践。研究人员发现,制订一个具体的计划,包括时间和日期,会让人们更好地赋予行动。

莫尼卡·萨尔奎斯特是一家金融科技公司的财务总监,她在反思自己的领导力之旅时意识到,每一天都是成为最佳领导者的新机会。她说:"如果我们选择这样做,我们每个人都有机会有所作为。""所有的这一切都取决于我们自己,我们是否真的想变得与众不同,我们要用每一天的行动去证明,用我们的价值观和信念去生活。"莫尼卡认识到,每天都有无数的机会,可以让我们培养和展现自己的领导力。"通过简单的交谈、每天例行的电子邮件和电话、走廊上的聊天,或者与孩子们的对话,所有的这一切,为我打开了一扇大门,让我能够找到很多的机会,去践行卓越领导者的五种习惯行为。要想成为一名卓越领导者,第一步就是要让自己变得更加自觉,有意识地思考如何利用这些机会,提升自己的领导力。"

莫尼卡发现,并不是每一次的行为转变都能展现她的领导力,并让她在领导力方面做得更好。要想提升领导力,其实都是日复一日的一些小事。莫尼卡的行动,就是这样一些事情,如何让人们在工作中体验美好的一天。这就是我们如何开启你的领导之旅的建议。你要在每一天寻找你的领导机会,让自己有所作为,不断练习,让自己成为一名你能成为的最好的领导者。

领导力就在眼前。每天都有很多时刻,你可以选择如何去领导。每天你都可以选择有所作为。

所有的这些时刻累积起来,将会为未来留下一个永恒的遗产,让你成为一名更好的领导者。

人生成功的秘诀

这是我们想传授的领导力的最后一课。非常重要的一点,我们完成了这本书的所有编辑工作,分享了我们所说的人生成功秘诀。

当我们开始研究领导力时,我们有幸与美国陆军少将约翰·H.斯坦福相识。我们知道,约翰从小家境贫寒,六年级时考试成绩不及格,但他后来获得了宾夕法尼亚州立大学的ROTC奖学金,在韩国和越南的多次军事行动中幸存下来,获得了很高的荣誉,同时他对部队的忠诚度也是极高的。约翰在波斯湾战争期间被晋升为美国军事交通管理委员会的总指挥。当他从军队退役以后,在亚特兰大准备举办1996年夏季奥运会时,他成为佐治亚州富尔顿县的县长。约翰后来又成为西雅图公立学校系统的负责人,在那里他引发了一场公共教育的革命。

约翰在公共服务方面所做的贡献,让我们印象深刻,但他在采访中对我们的一个问题的回答，极大地影响了我们对领导力的认知。我们问约翰，他将如何培养领导者，无论是在大学、军队、政府、非营利部门，还是在私营企业。他的回答是：

> 当有人问我这个问题时，我会告诉他们我人生成功的秘诀。成功的秘诀就是去付出爱。有爱在心，你才能点燃他人，了解他人，拥有比他人更大的成功欲望。一个没有爱心的人，不能真正感受到那种激情，一种发自内心的帮助他人进步、领导他人取得成功的激情。我不知道任何其他的火焰，生活中的任何其他东西，会比爱心更令人兴奋、更能点燃他人。

"保持爱心"（Staying in love）不是我们期望得到的答案，至少在我们开始研究领导力的时候不是。但是，在研究了40多年的领导力之后，在数千次的访谈和案例研究中，我们发现一个主题，当人们谈论自己的领导动机时，很多的领导者都会很自然地使用"爱"这个词。

随着时间的推移，在所有成就领导者的事情中，爱是最持久有效的。很难想象一个场景，领导者每天起床以后，为了成就卓越，把自己投入漫长和艰苦的工作中，而对所做的事情没有一点爱心。成功领导者最核心的一个秘密就是爱：用爱去领导，用爱去对待工作人员，用爱的心境去对待组织所提供的一切，用爱去对待那些通过产品与服务为组织带来荣耀的人。

领导力不是头脑中的事，而是内心中的爱！

关于作者

詹姆斯·库泽斯和巴里·波斯纳二人一起合作超过40年，研究领导者和领导力，举办领导力发展论坛，并以各种身份，有时有头衔，有时无头衔，提供有关领导力的服务。他们是获奖畅销书《领导力》的合著者。自1987年第一版以来，《领导力》在全球售出了近300万册，被翻译为22种以上的语言。这本书获得了许多奖项，包括美国国家图书评审编辑奖，American Council of Healthcare Executives 和 *Fast Company* 颁发的年度图书的评论家选择奖。《领导力》一书被列为"有史以来的100部最佳商业书籍"，也是关于领导力的十大书籍之一。

詹姆斯和巴里共同撰写了十几本其他获奖的领导力书籍，包括《非职领导》《高等教育领导力》《停止销售，开始领导》《学习领导力》《化逆境为机遇》《找到领导的勇气》《伟大的领导力创造伟大的工作场所》《信誉》《领导力的真理》《永不褪色，你需要知道的关键事实》《激励人心：领导者认可和激励人心指南》《青少年领导力》。

詹姆斯和巴里开发了一套广泛使用且广受好评的领导力行为清单（Leadership Practices Inventory，LPI），这是一套评测领导力行为的360度问卷。全球已有 500 多万人参与 LPI 评测。基于"卓越领导者的五种习惯行为"的框架，全球撰写有超过 900 篇的博士论文和学术研究成果。

詹姆斯和巴里获得的荣誉和奖项，包括人才与发展协会颁发的最高奖项，表彰他们对工作场所学习和绩效提升所做出的杰出贡献；被国际管理理事会评为年度管理/领导力教育家；被评为全美前 50 名领导力教练中的领导力教练；被《人力资源》杂志评为最具影响力的国际思想家之一；被著名的 *Inc.* 杂志评为全球 75 位顶级管理专家之一。

詹姆斯和巴里经常参与各种主题演讲，他们各自为数百家组织开发了领导力发展计划，包括苹果公司、应用材料公司、ARCO、AT&T、澳大利亚管理学院、澳大利亚邮政、美国银行、Bose、Charles Schwab、思科系统公司、Clorox、社区领导力协会、加拿大会议委员会、消费者能源公司、德勤会计师事务所、陶氏化学、Egon Zehnder International、联邦快递、Genentech、Google、金宝贝、HP、IBM、Jobs DR Singapore、强生、凯撒健康和医疗基金会、Intel、ItaúUnibanco、L.L.Bean、劳伦斯·利弗莫尔国家实验室、Lucile Packard 儿童医院、默克公司、摩托罗拉公司、NetApp 公司、诺斯罗普·格鲁曼公司、诺华公司、奥克伍德住房公司、甲骨文公司、马来西亚国家石油公司、罗氏生物科学公司、西门子公司、3M 公司、丰田公司、美国邮政局、United Way、USAA、Verizon、VISA、西太平洋银行和华特迪士尼公司。此外，他们还在 100 多个学院和大学校园举办各种研讨会和讲座。

詹姆斯现在是莱斯大学杜尔新领导人研究院的研究员，也是圣克拉大学列维商学院领导力系的高级研究员。他为来自世界各地的公司、政府和非营利组织讲授领导力。他是一位备受尊敬的领导力学者，也是一位经验丰富的企业高管，《华尔街日报》将他列为美国十二位最佳高管教育者之一。詹姆斯获得了教学系统协会颁发的思想领袖奖，这是培训和发展行业协会颁发的最负盛名的大奖，以及国际演讲协会颁发的最高荣誉——金木槌奖。

詹姆斯曾担任汤姆·彼得斯公司总裁、首席执行官和董事长长达 11 年，并领导圣克拉拉大学高管教育中心 7 年。他是圣何塞州立大学人类服务发展联合中心的创始人和执行董事，在那里工作了 8 年，他曾在得克萨斯大学社会工作学院工作。1969 年，他为社区行动机构的工作人员和志愿者举办了脱贫攻坚的研讨会，开始了他的培训和发展生涯。从密歇根州立大学（政治学荣誉学士）毕业后，他成为一名和平组织志愿者（1967 年至 1969 年）。

巴里·波斯纳是圣克拉拉大学列维商学院著名的领导力教授，也是管理与创业系的主任。他曾担任过 6 年研究生教育的副院长、6 年高管教育副院长和 12 年商学院院长。他曾是全球著名大学的客座教授，包括香港科技大学、萨班奇大学（伊斯坦布尔）、西澳大利亚大学和奥克兰大学。在圣克拉拉大学，他获得了校长杰出教师奖、学校杰出教师奖，以及其他一系列的杰出教学和学术荣誉。巴里是一位国际知名的学者和教育家，独自或与他人一起发表了 100 多篇专注于领导力研究和实践的文章。他目前还是《领导力与组织发展杂志》和《国际公务员领导力杂志》评审委员会的委员，并获得《管理研究杂志》职业成就杰出学者奖。

巴里获得了加州大学圣巴巴拉分校政治学荣誉学士学位；他在俄亥俄州立大学公共管理专业获得硕士学位；在马萨诸塞大学阿默斯特分校获得了组织行为和行政理论博士学位。他在全球范围内为许多公共和私营部门组织提供咨询服务，并与一些社区和专业组织构建了战略合作关系。他曾是几家上市公司和创业公司的董事，包括美国建筑师协会、圣克拉拉县大兄弟/大姐妹协会（Big Brothers/Big Sisters of Santa Clara County）、非营利组织卓越中心、硅谷和蒙特雷湾青年成就组织（Junior Achievement of Silicon Valley and Monterey Bay）、公共同盟协会（Public Allies）、圣何塞大剧院（San Jose Repertory Theater）、SVCreations、Sigma Phi Epsilon 兄弟会、Uplift Family Services 和几家初创公司。

致谢

传统上，作者以致谢的方式表达他们的感谢。但是致谢并不能充分表达我们的情感，特别是在经历 40 多年的研究和写作以后，现在我们有了《领导力》第 7 版。当我们回顾所有参与这项事业的人时，一股由衷的感恩之情油然而生。路上，我们有机会与数百名才华横溢、勤奋努力和激情四射的人一起合作。他们不断地鼓励我们、启发我们、支持我们、挑战我们和教练我们。正因为如此，我们不断重新学习关于领导力和生活的一个基本经验：你不能独自一人成事。

我们首先要向这些年来遇到的成千上万的日常生活中的领导者表示感谢。如果他们不愿意与我们分享他们的激励人心的故事，我们也就无法开始这段旅程。他们是《领导力》这本书的核心。他们的经历让这本书中的文字栩栩如生。他们的故事让这本书的内容自然而流畅，与现实世界中的生活息息相关。我们感到荣幸、谦卑和感恩，是他们让我们和读者能够看到这些精彩的故事。

我们还要感谢 John Wiley&Sons 的员工。Jeanenne Ray 是我们的采编和助理出版人，为我们的这份手稿，以及我们的许多其他手稿，提供了很多的指导意见，从编辑一直到制作的全过程。我们喜欢她的自信、专业和毅力。如果没有她最初的推动，这部新版书籍可能永远不会出现。Kezia Endsley 是本书第 7 版的开发编辑，她的精心指导，让我们的写作更加有条理。Michelle Hacker 作为总编辑，把本书从 Word 文档转换成了印刷文档。我们的文案编辑 Amy Handy，精明能干，让故事变得更为流畅。我们要向助理编辑 Jozette Moses 大声说一声谢谢，感谢她发挥的重要作用，与我们一直保持着密切联系，确保书稿能够按计划完成。如果没有营销经理 Michael Friedberg 和 Alyssa Benigno，以及宣传经理 Amy Ladicano，你也就无处了解这本书。他们在宣传这本书及其价值贡献方面所做的工作让人感到惊讶。我们要感谢艺术总监 Chris Wallace 和平面设计师 Jon Bolan，他们创造了这套引人注目的封面，让书籍看上去很精致，感觉恰到好处。我们很幸运能与一个充满激情的专业团队合作，让我们的工作变得越来越好。

我们还要感谢 Wiley 负责《领导力》一书的高级品牌经理 Tricia Weinhold，感谢她在扩大《领导力》一书的全球影响力和实践应用方面给予的持续支持。我们要特别感谢 William Hull、Bradley Sallman 和 Ginger Weil，以及 Wiley 的整个《领导力》项目团队，感谢他们将我们的工作成果带给那些一直期望成为最佳领导者并实现卓越成就的人。

在我们所有的书籍中，我们的直系亲属都是我们永远的伙伴，这本书也不例外。他们与我们一起经历了高潮和低谷、最后交付的压力、漫长的工作时间，以及挫折和兴高采烈的时刻。他们是我们的拥护者、啦啦队员、教练、老师和最好的朋友。如果没有他们，我们肯定无法完成这项工作。对于我们的配偶 Tae Kyung Kouzes 和 Jackie Schmidt Posner，我们要公开地表达对她们的深深感谢，感谢她们的关爱、鼓励、牺牲和宽容。我们要热烈拥抱 Nicholas 和 Kimberly Lopez，以及 Amanda Posner 和 Darryl Collins，感谢他们不断激励我们探索，以培养出更多的新一代领导者。

致谢

最后，当然是最重要的一点，我们要向你们，我们亲爱的读者，表示感谢。如果没有你们，我们将永远无法在直系朋友和家人之外做出贡献。非常感谢你们接受我们进入你的组织和社区。我们感谢你给我们合作的机会，让这个世界比我们发现时变得更好一点。

詹姆斯·库泽斯
加利福尼亚州奥林达

巴里·波斯纳
加利福尼亚州伯克利

注释

Introduction: Making Extraordinary Things Happen

1. The challenges we've enumerated here are not exhaustive, and no doubt others will arise between the time we finish this manuscript and the time you are reading it. This only strengthens our point that challenge defines the context for leadership.

Chapter 1
When Leaders Are at Their Best

1. All of the quotations in this book are from real people: from a personal interview, Personal-Best Leadership Experience case study, or leadership reflective essay. We chose not to include titles or specific affiliations because the focus is on the individuals' experience and their comments generalize beyond any particular organization or setting. Another reason is that their titles and organizational affiliations are not static and are most

注释

likely to be different now from what they were when the comment or experience was shared and when this edition was published.

2. More information about the myths that keep people from fully developing as leaders can be found in J. M. Kouzes and B. Z. Posner, *Learning Leadership: The Five Fundamentals of Becoming an Exemplary Leader* (San Francisco: The Leadership Challenge–A Wiley Brand, 2016).

3. More information about the research methodology and findings can be found in B. Z. Posner, "Bringing the Rigor of Research to the Art of Leadership: Evidence Behind The Five Practices of Exemplary Leadership and the LPI: Leadership Practices Inventory," https://www.leadershipchallenge.com/LeadershipChallenge/media/SiteFiles/research/TLC-Research-to-the-Art-of-Leadership.pdf, accessed May 7, 2022.

4. R. Roi, *Leadership Practices, Corporate Culture, and Company Financial Performance: 2005 Study Results* (Palo Alto, CA: Crawford & Associates International, 2006), http://www.hr.com/en?s=ldYUsXbBU1qzkTZI&t=/documentManager/sfdoc.file.supply&fileID=1168032065880. For information about hundreds of scholarly articles examining how The Five Practices impact engagement and performance, see Posner, "Bringing the Rigor."

5. For a more in-depth discussion about leadership being a relationship, what people look for in their leaders, and the actions leaders need to take to strengthen that relationship, see J. M. Kouzes and B. Z. Posner, *Credibility: How Leaders Gain and Lose It, Why People Demand It* (San Francisco: Jossey-Bass, 2011).

6. J. W. Gardner, *On Leadership* (New York: Free Press, 1990): 28–29.

7. For more information about the original studies, see B. Z. Posner and W. H. Schmidt, "Values and the American Manager: An Update," *California Management Review* 26, no. 3 (1984): 202–216; and B. Z. Posner and W. H. Schmidt, "Values and Expectations of Federal Service Executives," *Public Administration Review* 46, no. 5 (1986): 447–454.

8. B. Z. Posner, "The Influence of Demographic Factors on What People Want from Their Leaders," *Journal of Leadership Studies* 12, no. 2 (2018): 7–16.

9. H. Wang, K. S. Law, R. D. Hackett, D. Wang, and Z. X. Chan, "Leader-Member Exchange as a Mediator of the Relationship between Transformational Leadership and Followers' Performance and Organizational Citizenship Behavior," *Academy of Management Journal* 48 (2005): 420–432. See also B. Artz, A. H. Goodall, and A. J. Oswald

(December 29, 2016), "If Your Boss Could Do Your Job, You're More Likely to Be Happy at Work," *Harvard Business Review,* Reprint H03DTB; and B. Artz, A. H. Goodall, and A. J. Oswald, "Boss Competence and Worker Well-being," *ILR Review,* May 16, 2016.

10. The classic study on credibility goes back to C. I. Hovland, I. L. Janis, and H. H. Kelley, *Communication and Persuasion* (New Haven, CT: Yale University Press, 1953). Early measurement studies include J. C. McCroskey, "Scales for the Measurement of Ethos," *Speech Monographs* 33 (1966): 65–72; and D. K. Berlo, J. B. Lemert, and R. J. Mertz, "Dimensions for Evaluating the Acceptability of Message Sources," *Public Opinion Quarterly* 3 (1969): 563–576. A contemporary perspective is provided in R. Cialdini, *Influence: The Psychology of Persuasion* (New York: Collins, 2007).

11. B. Z. Posner and J. M. Kouzes, "Relating Leadership and Credibility," *Psychological Reports* 63 (1988): 527–530.

12. Frederick. F. Reichheld, *Loyalty Rules: How Today's Leaders Build Lasting Relationships* (Boston: Harvard Business Publishing, 2001), 6. See also J. Kaufman, R. Markey, S. D. Burton, and D. Azzarello, "Who's Responsible for Employee Engagement? Line Supervisors, Not HR, Must Lead the Charge," *Bain Brief* (2013), http://www.bain.com/Images/BAIN_BRIEF_Who's_responsible_for_employee_engagement.pdf, accessed February 26, 2022.

Chapter 2
Clarify Values

1. J. Smith, PhD, *Learning Curve: Lessons on Leadership, Education, and Personal Growth* (Self-published, 2021).

2. F. Kiel, *Return on Character: The Real Reason Leaders and Their Companies Win* (Boston: Harvard Business Publishing, 2015).

3. M. Rokeach, *The Nature of Human Values* (New York: Free Press, 1973).

4. L. Legault, T. Al-Khindi, and M. Inzlicht, "Preserving Integrity in the Face of Performance Threat: Self-affirmation Enhances Neurophysiological Responsiveness to Errors," *Psychological Science* 23(12) (2012): 1455–1460.

5. A. Lamott, *Bird by Bird: Some Instructions on Writing and Life* (New York: Pantheon, 1994): 199–200.

6. W. Zinsser, *On Writing Well: The Classic Guide to Writing Nonfiction* (New York: HarperCollins, 1998), 238.

7. B. Z. Posner and W. H. Schmidt, "Values Congruence and Differences Between the Interplay of Personal and Organizational Value Systems," *Journal of Business Ethics* 12 (1992): 171–177. See also B. Z. Posner, "Another Look at the Impact of Personal and Organizational Values Congruency," *Journal of Business Ethics* 97, no. 4 (2010): 535–541.

8. Posner, B. Z. "After All These Years, Personal Values Still Make a Difference," Working Paper (Santa Clara University), May 2022.

9. S. Houle and K. Campbell, "What High-Quality Job Candidates Look for in a Company, *Gallup Business Journal*, January 4, 2016, http://www.gallup.com/businessjournal/187964/high-quality-job-candidates-look-company.aspx, accessed February 26, 2022.

10. L. E. Paarlberg and J. L. Perry, "Values Management: Aligning Employee Values and Organization Goals," *American Review of Public Administration* 37, no. 4 (2007): 387–408. *Talent Pulse: New Research-Defining and Exemplifying Organizational Core Values*, Human Capital Institute, October 30, 2019, https://www.hci.org/research/talentpulse63, accessed March 7, 2022. H. D Cooper-Thomas, A. van Vianen and N. Anderson, "Changes in Person-Organization Fit: The Impact of Socialization Tactics on Perceived and Actual P–O Fit," *European Journal of Work and Organizational Psychology* 13, no. 1 (2004): 52–78.

11. N. Dvorak and B. Nelson, "Few Employees Believe in Their Company's Values," *Gallup Business Journal*, September 13, 2016, http://www.gallup.com/businessjournal/195491/few-employees-believe-company-values.aspx.

12. See, for example, S. A. Sackmann, "Culture and Performance," In N. Ashkanasy, C. Wilderom, and M. Peterson (eds.), *The Handbook of Organizational Culture and Climate*, 2nd ed. (Thousand Oaks, CA: Sage Publications, 2011), 188–224; A. S. Boyce, L. R. G. Nieminen, M. A. Gillespie, A. M. Ryan, and D. R. Denison (2015). "Which Comes First, Organizational Culture or Performance? A Longitudinal Study of Causal Priority with Automobile Dealerships," *Journal of Organizational Behavior* 36, no. 3 (2015): 339–359; *The Business Case for Purpose* (EY Beacon Institute, 2015). Available at https://assets.ey.com/content/dam/ey-sites/ey-com/en_gl/topics/digital/ey-the-business-case-for-purpose.pdf, accessed May 4, 2022; G. Caesens, G. Marique, D. Hanin, F. Stinglhamber, "The Relationship Between Perceived Organizational Support and Proactive Behaviour Directed Towards the Organization,"

European Journal of Work and Organizational Psychology 25, no. 3 (2016): 398–411; and C. M. Gartenberg, A. Prat, and G. Serafeim, "Corporate Purpose and Financial Performance," Columbia Business School Research Paper No. 16–69, June 30, 2016, available at SSRN, https://ssrn.com/abstract=2840005, accessed February 26, 2022.

13. As quoted in A. Carr, "The Inside Story of Starbucks's Race Together Campaign, No Foam," *Fast Company*, June 15, 2015, http://www.fastcompany.com/3046890/the-inside-story-of-starbuckss-race-together-campaign-no-foam, accessed February 26, 2022.

14. See, for example, A. Rhoads and N. Shepherdson, *Built on Values: Creating an Enviable Culture That Outperforms the Competition* (San Francisco: Jossey-Bass, 2011); R. C. Roi, "Leadership, Corporate Culture and Financial Performance" (doctoral dissertation, University of San Francisco, 2006); S. Lee, S. J. Yoon, S. Kim, and J. W. Kang, "The Integrated Effects of Market-Oriented Culture and Marketing Strategy on Firm Performance, *Journal of Strategic Marketing* 14 (2006): 245–261; and T. M Gunaraja1, D. Venkatramaraju, and G. Brindha, "Impact of Organizational Culture in Public Sectors," *International Journal of Science and Research* 4, no. 10 (2015): 400–402.

15. P. G. Dominick, D. Iordanoglou, G. Prastacos, and R. R. Reilly, "Espoused Values of the 'Fortune 100 Best Companies to Work For': Essential Themes and Implementation Practices," *Journal of Business Ethics* 173, no. 1–2 (2021): 69–88.

16. B. Z. Posner and R. I. Westwood, "A Cross-Cultural Investigation of the Shared Values Relationship," *International Journal of Value-Based Management* 11, no. 4 (1995): 1–10.

17. L. Guiso, R. Sapienze, and L. Zingales, "The Value of Corporate Culture," *Journal of Financial Economics* 117, no. 1 (2015): 60–76.

18. See, for example, B. Z. Posner, W. H. Schmidt, and J. M. Kouzes, "Shared Values Make a Difference: An Empirical Test of Corporate Culture," *Human Resource Management* 24, no. 3 (1985): 293–310; B. Z. Posner, W. A. Randolph, and W. H. Schmidt, "Managerial Values Across Functions: A Source of Organizational Problems," *Group & Organization Management* 12, no. 4 (1987): 373–385; B. Z. Posner and W. H. Schmidt, "Demographic Characteristics and Shared Values," *International Journal of Value-Based Management* 5, no. 1 (1992): 77–87; B. Z. Posner, "Person-Organization Values Congruence: No Support for Individual Differences as a Moderating Influence," *Human Relations* 45, no. 2 (1992): 351–361; B. Z. Posner and R. I. Westwood, "A Cross-Cultural Investigation of

the Shared Values Relationship," *International Journal of Value-Based Management* 11, no. 4 (1995): 1–10; and B. Z. Posner, "Values and the American Manager: A Three-Decade Perspective," *Journal of Business Ethics* 91, no. 4 (2010): 457–465.

19. R. Roi, *Leadership Practices, Adaptive Corporate Culture & Company Financial Performance: 2005 Study Results.* Crawford International, 2005, http://www.hr.com/en?s=ldYUsXbBU1qzkTZI&t=/documentManager/sfdoc.file.supply&fileID=1168032065880, accessed February 26, 2022. See also S. Lee, S. J. Yoon, S. Kim, and J. W. Kang, "The Integrated Effects of Market-Oriented Culture and Marketing Strategy on Firm Performance, *Journal of Strategic Marketing* 14 (2006): 245–261; T. M. Gunarajal, D. Venkatramaraju, and G. Brindha, "Impact of Organizational Culture in Public Sectors," *International Journal of Science and Research* 4, no. 10 (2015): 400–402; J. Filipkowski, *Defining and Exemplifying Organizational Core Values* (Cincinnati: Human Capital Institute, 2019); and A. Nieto-Rodriquez, *Harvard Business Review Project Management Handbook: How to Launch, Lead, and Sponsor Successful Projects* (Boston: Harvard Business Publishing, 2021).

20. J. P. Kotter and J. L. Heskett, *Corporate Culture and Performance* (New York: Free Press, 1992).

21. B. Z. Posner and W. H. Schmidt, "Values and Expectations of Federal Service Executives," *Public Administration Review* 46, no. 5 (1986): 447–454.

22. C. A. O'Reilly and D. F. Caldwell, "The Power of Strong Corporate Cultures in Silicon Valley Firms," presentation to the Executive Seminar in Corporate Excellence, Santa Clara University, February 13, 1985. See also C. A. O'Reilly, "Corporations, Culture, and Commitment: Motivation and Social Control in Organizations," *California Management Review* 23 (1989): 9–17.

23. J. C. Collins and J. I. Porras, *Built to Last: Successful Habits of Visionary Companies* (New York: Harper-Collins, 1994).

24. C. A. O'Reilly and J. Pfeffer, *Hidden Value: How Great Companies Achieve Extraordinary Results with Ordinary People* (Boston: Harvard Business Publishing, 2000).

25. B. Z. Posner, "Values and the American Manager: A Three-Decade Perspective," *Journal of Business Ethics* 91, no. 4 (2010): 457–465.

26. R. A. Stevenson, "Clarifying Behavioral Expectations Associated with Espoused Organizational Values" (doctoral dissertation, Fielding Institute, 1995).

Chapter 3
Set the Example

1. T. Yaffe and R. Kark, "Leading by Example: The Case of Leader OCB," *Journal of Applied Psychology* 96, no. 4 (July 2011): 806–826; and R. Qu, O. Janssen, and K. Shi, "Transformation Leadership and Follower Creativity: The Mediating Role of Follower Relational Identification and the Moderating Role of Leader Creativity," *Leadership Quarterly* 26, no. 2 (2015): 286–299.

2. T. Simons, H. Leroy, V. Collewaert, and S. Masschelein, "How Leader Alignment of Words and Deeds Affects Followers: A Meta-Analysis of Behavioral Integrity Research," *Journal of Business Ethics* 132 (2014): 831–844. M. Palanski and F. J. Yammarino, "Impact of Behavioral Integrity on Follower Job Performance: A Three-Study Examination," *Leadership Quarterly* 22 (2011): 765–786. H. Leroy, M. Palanski, and T. Simons, "How Being True to the Self Helps Leadership Walk the Talk: Authentic Leader and Leader Behavioral Integrity as Drivers of Follower Affective Organizational Commitment and Work Role Performance," *Journal of Business Ethics* 107 (2012): 255–264.

3. "Talent Pulse: New Research-Defining and Exemplifying Organizational Core Values," Human Capital Institute, October 30, 2019, 12, https://www.hci.org/research/talentpulse63, accessed March 7, 2022.

4. E. Schein, *Organizational Culture and Leadership*, 4th ed. (San Francisco: Jossey-Bass, 2010).

5. S. Zuboff, *In the Age of the Smart Machine: The Future of Work and Power* (New York: Basic Books, 1988).

6. K. Allen, *Hidden Agenda: A Proven Way to Win Business and Create a Following* (Brookline, MA: Bibliomotion, 2012).

7. G. Hamel, "Moon Shots for Management," *Harvard Business Review*, February 2009, 91.

8. A. Newberg and M. R. Waldman, *Words Can Change Your Brain: 12 Conversation Strategies to Build Trust, Resolve Conflict, and Increase Intimacy* (New York: Penguin, 2012), 7.

9. M. Adams, *Change Your Questions, Change Your Life: 12 Powerful Tools for Leadership, Coaching, and Life,* 3rd ed. (Oakland, CA: Berrett-Koehler, 2016). A. W. Brooks and L. K. John, "The Surprising Power of Questions," *Harvard Business Review* 96, no. 2 (2018): 61–67.

J. Hagel, "Good Leadership Is About Asking Good Questions," *Harvard Business Review*, January 8, 2021, https://hbr.org/2021/01/good-leadership-is-about-asking-good-questions.

10. D. Stone and S. Heen, *Thanks for the Feedback: The Science and Art of Receiving Feedback Well* (New York: Penguin, 2015).

11. F. Gino, "Research: We Drop People Who Give Us Critical Feedback," *Harvard Business Review*, September 16, 2016, https://hbr.org/2016/09/research-we-drop-people-who-give-us-critical-feedback, accessed February 26, 2022. See also P. Green, F. Gino, and B. Staats, "Shopping for Confirmation: How Threatening Feedback Leads People to Reshape Their Social Networks" (working paper, Harvard Business School, 2016).

12. Robert. W. Eichinger, Michael M. Lombardo, and Dave Ulrich, *100 Things You Need to Know: Best Practices for Managers and HR* (Minneapolis: Lominger, 2004), 492.

13. J. Zenger, "There Is No Feedback Fallacy: Understanding the Value of Feedback," *Forbes* (May 13, 2019), https://www.forbes.com/sites/jackzenger/2019/05/13/there-is-no-feedback-fallacy-understanding-the-value-of-feedback/?sh=7402d3853682.

14. J. Yoon, H. Blunden, A. Kristal, and A. Whillans, "Why Asking for Advice Is More Effective Than Asking for Feedback," *Harvard Business Review*, September 20, 2019. See https://hbr.org/2019/09/why-asking-for-advice-is-more-effective-than-asking-for-feedback, accessed February 26, 2022.

15. H. N. Schwarzkopf with P. Pietre, *It Doesn't Take a Hero* (New York: Bantam Books, 1992), 240–241.

16. Haesung Jung, Eunjin Seo, E., Eunjoo Han, Marlone D. Henderson, and Erika A. Patall, "Prosocial Modeling: A Meta-analytic Review and Synthesis," *Psychological Bulletin*, 146, no. 8 (2020): 635–663, https://doi.org/10.1037/bul0000235.

17. S. Callahan, *Putting Stories to Work: Mastering Business Storytelling* (Melbourne: Pepperberg Press, 2016). To learn about research into the physiology of why stories are so persuasive, see J. A. Barraza, V. Alexander, L. E. Beavin, E. T. Terris, and P. J. Zak, "The Heart of the Story: Peripheral Physiology During Narrative Exposure Predicts Charitable Giving," *Biological Psychology* 105 (2015): 138–143.

18. As quoted in D. Schawbel, "How to Use Storytelling as a Leadership Tool," *Forbes*, April 13, 2012, http://www.forbes.com/sites/danschawbel/2012/08/13/how-to-use-storytelling-as-a-leadership-tool/#3fdcf5277ac9, accessed February 26, 2022. For more on how to write, tell, and use stories to convey important organizational lessons, see

P. Smith, *Lead with a Story: A Guide to Crafting Business Narratives that Captivate, Convince, and Inspire* (New York: AMACOM, 2012).

19. S. Denning, *The Springboard: How Storytelling Ignites Action in Knowledge-Era Organizations* (Boston: Butterworth-Heinemann, 2001), xiii. For some of the best ways to tell and use stories to communicate vision and values, see S. Denning, *The Secret Language of Leadership: How Leaders Inspire Action Through Narrative* (San Francisco: Jossey-Bass, 2007).

20. See, for example, C. Wortmann, *What's Your Story? Using Stories to Ignite Performance and Be More Successful* (Chicago: Kaplan, 2006); H. Monarth, "The Irresistible Power of Storytelling as a Strategic Business Tool," *Harvard Business Review*, March 11, 2014, https://hbr.org/2014/03/the-irresistible-power-of-storytelling-as-a-strategic-business-tool; P. J. Zak, "Why Your Brain Loves Good Storytelling," *Harvard Business Review*, October 28, 2014, https://hbr.org/2014/10/why-your-brain-loves-good-storytelling, accessed February 26, 2022; and S. R. Martin, "Stories about Values and Valuable Stories: A Field Experiment of the Power of Narratives to Shape Newcomers' Actions," *Academy of Management Journal* 59, no. 5 (2016): 1707–1724.

Chapter 4
Envision the Future

1. W. Bennis and B. Nanus, *Leaders: The Strategies for Taking Charge* (New York: Harper Business Essentials, 2007), 89.

2. P. Schuster, *The Power of Your Past: The Art of Recalling, Recasting, and Reclaiming* (San Francisco: Berrett-Koehler, 2011).

3. J. T. Seaman, Jr., and G. D. Smith, "Your Company's History as a Leadership Tool," *Harvard Business Review*, December 2012.

4. M. D. Watkins, *The First 90 Days: Proven Strategies for Getting Up to Speed Faster and Smarter, Updated and Expanded* (Boston: Harvard Business Publishing, 2013).

5. G. Hamel, *Leading the Revolution* (Boston: Harvard Business Publishing, 2000), 128.

6. J. Naisbett, *Mindset: Reset Your Thinking and Set the Future* (New York: HarperCollins, 2006), 20.

注释

7. See, for example, P. Thoms, *Driven by Time: Time Orientation and Leadership* (Westport, CT: Praeger Publishers, 2004); N. Halevy, Y. Berson, and A. D. Galinsky, "The Mainstream Is Not Electable: When Vision Trumps Over Representativeness in Leader Emergence and Effectiveness," *Personality and Social Psychology Bulletin* 37, no. 7 (2011): 893–904; D. P. Moynihan, S. K. Pandey, and B. E. Wright. "Setting the Table: How Transformational Leadership Fosters Performance Information Use," *Journal of Public Administration Research and Theory* 22, no. 1 (2012): 143–164; W. Zhang, H. Wang, and C. L. Pearce, "Consideration for Future Consequences as an Antecedent of Transformational Leadership Behavior: The Moderating Effects of Perceived Dynamic Work Environment," *Leadership Quarterly* 25, no. 2 (2013): 329–343; and S. Sokoll, "The Relationship between GLOBE's Future Orientation Cultural Dimension and Servant Leadership Endorsement," *Emerging Leadership Journeys* 4, no. 1 (2011): 141–153.

8. A. Grant, "These Two Questions Predict Your Ability to Predict the Future," *Adam Grant Bulletin*, January 29, 2022, https://adamgrant.bulletin.com/these-two-questions-predict-your-ability-to-predict-the-future/, accessed March 10, 2022. A. Grant, *Think Again: The Power of Knowing What You Don't Know* (New York: Viking, 2021), 55–76. For useful suggestions on how to strengthen your ability to look further into the future, see Jane McGonigal, *Imaginable: How to See the Future Coming and Feel Ready for Anything—Even Things That Seem Impossible Today* (New York: Spiegel & Grau, 2022).

9. K. M. Sheldon and S. Lyubomirsky, "How to Increase and Sustain Positive Emotion: The Effects of Expressing Gratitude and Visualizing Best Possible Selves," *Journal of Positive Psychology* 1, no. 2 (2006): 73–82. See also, V. Costin and V. L. Vignoles, "Meaning Is About Mattering: Evaluating Coherence, Purpose, and Existential Mattering as Precursors of Meaning in Life Judgments," *Journal of Personality and Social Psychology* 118, no. 4 (2020): 864–884.

10. D. S. Yeager, M. D. Henderson, D. Paunesku, G. M. Walton, S. D'Mello, B. J. Spitzer, and A. L. Duckworth, "Boring but Important: A Self-Transcendent Purpose for Learning Fosters Academic Self-Regulation," *Journal of Personal and Social Psychology* 107, no. 4 (2014): 559–580.

11. B. D. Rosso, K. H. Dekas, and A. Wrzesniewski, "On the Meaning of Work: A Theoretical Integration and Review," *Research in Organizational Behavior* 30 (2010): 91–127. See also R. F. Baumeister, K. D. Vohs, J. Aaker, and E. N. Garbinsky, "Some Key Differences between a Happy Life and a Meaningful Life," *Journal of Positive Psychology* 8, no. 6

(2013): 505–516; and E. E. Smith and J. L. Aaker, "Millennial Searchers," *New York Times Sunday Review*, November 30, 2013, http://www.nytimes.com/2013/12/01/opinion/sunday/millennial-searchers.html?_r=0.

12. Deloitte, "Culture of Purpose: A Business Imperative. 2013 Core Beliefs & Culture Survey," http://www2.deloitte.com/content/dam/Deloitte/us/Documents/about-deloitte/us-leadership-2013-core-beliefs-culture-survey-051613.pdf, accessed February 26, 2022.

13. J. M. Kouzes and B. Z. Posner, "To Lead, Create a Shared Vision," *Harvard Business Review*, January 2009, 20–21.

14. J. Selby, *Listening with Empathy: Creating Genuine Connections with Customers and Colleagues* (Charlottesville, VA: Hampton Roads, 2007). D. Patnaik, *Wired to Care: How Companies Prosper When They Create Widespread Empathy* (Upper Saddle River, NJ: FT Press, 2009). P. Zak, *Trust Factor: The Science of Creating High-Performance* (New York: American Management Association, 2017).

15. S. Coats, "Leadership on the River," August 1, 2016, http://i-lead.com/uncategorized/2036/, accessed February 26, 2022.

16. B. L. Kaye and S. Jordon-Evans, *Love 'em or Lose 'em: Getting Good People to Stay*, 5th ed. (Oakland, CA: Berrett-Koehler, 2014).

17. See, for example, S. E. Humphrey, J. D. Nahrgang, and F. P. Morgeson, "Integrating Motivational, Social, and Contextual Design Features: A Meta-Analytic Summary and Theoretical Extension of the Work Design Literature," *Journal of Applied Psychology*, 90, no. 5 (2007): 1332–1356; D. Ulrich and W. Ulrich, *The Why of Work: How Great Leaders Build Abundant Organizations That Win* (New York: McGraw-Hill, 2010); D. Pontefract, *The Purpose Effect: Building Meaning in Yourself, Your Role, and Your Organization* (Boise, ID: Elevate Publishing, 2016); and Universum, "Millennials: Understanding a Misunderstood Generation," 2015, http://universumglobal.com/millennials.

18. See, for example, "Rethink: 2022 Global Culture Report," O. C. Tanner Institute, https://www.octanner.com/content/dam/oc-tanner/images/v2/culture-report/2022/home/INT-GCR2022.pdf, accessed February 29, 2022; C. Romero, "What We Know About Purpose & Relevance from Scientific Research," Mindset Scholars Network, http://studentexperiencenetwork.org/wp-content/uploads/2015/09/What-We-Know-About-Purpose-and-Relevance-.pdf, accessed February 29, 2022; D. Goleman, "Millennials: The Purpose Generation," July 22, 2019, https://www.kornferry.com/insights/this-week-in-leadership/millennials-purpose-generation, accessed February 29, 2022; J. J. Deal

and A. Levenson, *What Millennials Want from Work: How to Maximize Engagement in Today's Workforce* (New York: McGraw-Hill, 2016); R. J. Leider, *The Power of Purpose: Find Meaning, Live Longer, Better* (Oakland, CA: Berrett-Koehler, 2015); P. L. Hill, N. A. Turiano, D. K. Mroczek, and A. L. Burrow, "The Value of a Purposeful Life: Sense of Purpose Predicts Greater Income and Net Worth," *Journal of Research in Personality* 65, NO. 5 (2016): 38–42; C. M. Christensen, J. Allworth, and K. Dillon, *How Will You Measure Your Life* (New York: Harper Business, 2012); and D. Pink, *Drive: The Surprising Truth About What Motivates Us* (New York: Riverhead Books, 2009).

19. McKinsey & Company, "The Search for Purpose at Work," McKinsey Quarterly, June 2021, accessed March 10, 2022, https://www.mckinsey.com/business-functions/people-and-organizational-performance/our-insights/the-search-for-purpose-at-work.

20. A. De Smet, B. Dowling, M. Mugayar-Baldocchi, and B. Schaninger, "Gone for Now, or Gone for Good? How to Play the New Talent Game and Win Back Workers," *McKinsey Quarterly*, March 2022, https://www.mckinsey.com/business-functions/people-and-organizational-performance/our-insights/gone-for-now-or-gone-for-good-how-to-play-the-new-talent-game-and-win-back-workers, accessed March 10, 2022.

21. N. Doshi and L. McGregor, *Primed to Perform: How to Build the Highest Performing Cultures Through the Science of Total Motivation* (New York: Harper Business, 2015), xiii.

22. S. L. Lopez, *Making Hope Happen: Create the Future for Yourself and Others* (New York: Atria Books, 2013).

Chapter 5
Enlist Others

1. In a similar way, Simon Sinek talks about how people can be inspired by starting with "why." See S. Sinek, *Start with Why: How Great Leaders Inspire Everyone to Take Action* (New York: Portfolio, 2010).

2. See, for example, R. M. Spence, *It's Not What You Sell, It's What You Stand For: Why Every Extraordinary Business Is Driven by Purpose* (New York: Portfolio, 2010); D. Ulrich and W. Ulrich, *The Why of Work: How Great Leaders Build Abundant Organizations That Win*

(New York: McGraw-Hill, 2010); B. D. Rosso,, K. H. Dekas, and A. Wrzesniewski, "On the Meaning of Work: A Theoretical Integration and Review," *Research in Organizational Behavior* 31 (2011): 91–127; D. Ariely, *Payoff: The Hidden Logic That Shapes Our Motivations* (New York: Simon & Schuster, 2016); and A. M. Carton, "'I'm Not Mopping the Floors—I'm Putting a Man on the Moon': How NASA Leaders Enhanced the Meaningfulness of Work by Changing the Meaning of Work," *Administrative Science Quarterly*, 63, no. 2 (2018): 323–369.

3. V. Stretcher and R. E. Quinn, "Can Purpose Help Us in Hard Times?" *Greater Good Magazine*, March 3, 2022, https://positiveorgs.bus.umich.edu/news/can-purpose-help-us-in-hard-times/, accessed March 10, 2022.

4. 2016 Workforce Purpose Index, "Purpose at Work: The Largest Global Study on the Role of Purpose in the Workforce," https://cdn.imperative.com/media/public/Global_Purpose_Index_2016.pdf, accessed February 26, 2022.

5. R. F. Baumeister, K. D. Vohs, J. L. Aaker, and E. N. Garbinsky, "Some Key Differences between a Happy Life and a Meaningful Life," *Journal of Positive Psychology* 8, no. 6 (2013): 505–516.

6. E. E. Smith and J. L. Aaker, "Millennial Searchers," *New York Times*, November 30, 2013, http://nyti.ms/1dHVKid. 2016 Workforce Purpose Index, "Purpose at Work." S. M. Schaefer, J. M. Boylan, C. M. van Reekum, R. C. Lapate, C. J. Norris, C. D. Ryff, and R. J. Davidson, "Purpose in Life Predicts Better Emotional Recovery from Negative Stimuli," *PLOS ONE* 8, no. 11 (2013), https://journals.plos.org/plosone/article?id=10.1371/journal.pone.0080329. *Meaning and Purpose at Work*, BetterUp (2017), https://grow.betterup.com/resources/meaning-and-purpose-report. J. Emmett, G. Schrah, M. Schrimper, and A. Wood, "COVID-19 and the Employee Experience: How Leaders Can Seize the Moment," June 2020, McKinsey.com, https://www.mckinsey.com/business-functions/people-and-organizational-performance/our-insights/covid-19-and-the-employee-experience-how-leaders-can-seize-the-moment. N. Dhingra, J. Emmett, A. Sarno, and B. Schaninger, "Igniting Individual Purpose in Times of Crisis," April 18, 2020, McKinsey.com, https://www.mckinsey.com/business-functions/people-and-organizational-performance/our-insights/igniting-individual-purpose-in-times-of-crisis.

7. J. Newton and J. Davis, "Three Secrets of Organizational Effectiveness," *strategy+business* 76, August (2014), reprint 00271.

8. M. Burchell and J. Robin, *The Great Workplace: How to Build It, How to Keep It, and Why It Matters* (San Francisco: Jossey-Bass, 2011), 127–128.

9. D. Hall, *Jump Start Your Business Brain: Win More, Lose Less, and Make More Money with Your New Products, Services, Sales and Advertising* (Cincinnati: Clerisy Books, 2005), 126.

10. Pride is one of the five dimensions of a great workplace, and scoring high on this variable qualifies a company as a *Fortune* magazine 100 Best Companies to Work For (M. Burchell and J. Robin, *The Great Workplace: How to Build It, How to Keep It, and Why It Matters* [San Francisco: Jossey-Bass, 2011], 127–154). Pride has also been postulated as a primary intrinsic motivation (e.g., J. Tracy, *Take Pride: Why the Deadliest Sin Holds the Secret to Human Success* [New York: Houghton Mifflin Harcourt, 2016]).

11. "'I Have a Dream' Leads Top 100 Speeches of the Century," press release, University of Wisconsin, December 15, 1999, www.news.wisc.edu/releases/3504.html or at http://www.americanrhetoric.com/top100speechesall.html. See also S. E. Lucas and M. J. Medhurst, *Words of a Century: The Top 100 American Speeches, 1900–1999* (New York: Oxford University Press, 2008).

12. The audio version of the "I Have a Dream" speech can be downloaded from http://www.amazon.com/Greatest-Speeches-All-Time-Vol/dp/B001L0RONE/ref=sr_1_cc_3?ie=UTF8&qid=1301516046&sr=1-3-catcorr, accessed February 26, 2022.

13. A. M. Carton, "People Remember What You Say When You Paint a Picture," *Harvard Business Review*, June 12, 2015, https://hbr.org/2015/06/employees-perform-better-when-they-can-literally-see-what-youre-saying, accessed February 26, 2022.

14. A. M. Carton, C. Murphy, and J. R. Clark. "A (Blurry) Vision of the Future: How Leader Rhetoric about Ultimate Goals Influences Performance," *Academy of Management Journal* 57, no. 6 (2014): 1544–1570.

15. J. Geary, *I Is an Other: The Secret Life of Metaphor and How It Shapes the Way We See the World* (New York: Harper, 2011), 5.

16. V. Lieberman, S. M. Samuels, and L. Ross, "The Name of the Game: Predictive Power of Reputations Versus Situational Labels in Determining Prisoner's Dilemma Game Moves," *Personality and Social Psychology Bulletin* 30 (2004): 1175–1185. See also Y. Benkler, "The Unselfish Gene," *Harvard Business Review*, July–August 2011, 78.

17. C. Heath and D. Heath, *Made to Stick: Why Some Ideas Survive and Others Die* (New York: Random House, 2007).

18. B. L. Fredrickson, *Positivity: Groundbreaking Research Reveals How to Embrace the Hidden Strengths of Positive Emotions, Overcome Negativity, and Thrive* (New York: Crown, 2008).

19. D. T. Hsu, B. J. Sanford, K. K. Meyers, T. M. Love, K. E. Hazlett, H. Wang, L. Ni, S. J. Walker, B. J. Mickey, S. T. Korycinski, R. A. Koeppe, J. K. Crocker, S. A. Langenecker, and J-K. Zubieta, "Response of the μ-Opioid System to Social Rejection and Acceptance," *Molecular Psychiatry* 18 (2013): 1211–1217. See also D. Goleman, *Social Intelligence: The New Science of Human Relationships* (New York: Bantam, 2006).

20. See, for example, H. S. Friedman, L. M. Prince, R. E. Riggio, and M. R. DiMatteo, "Understanding and Assessing Nonverbal Expressiveness: The Affective Communication Test," *Journal of Personality and Social Psychology* 39, no. 2 (1980): 333–351; J. Conger, *Winning 'em Over: A New Model for Management in the Age of Persuasion* (New York: Simon & Schuster, 1998); D. Goleman, R. Boyatzis, and A. McKee, *Primal Leadership: Realizing the Power of Emotional Intelligence* (Boston: Harvard Business Publishing, 2002); J. Conger, "Charismatic Leadership," in M. G. Rumsey (ed.) *The Oxford Handbook of Leadership* (New York: Oxford University Press, 2013), 376–391; and G. A. Sparks, "Charismatic Leadership: Findings of an Exploratory Investigation of the Techniques of Influence," *Journal of Behavioral Studies in Business* 7 (2014): 1–11.

21. J. L. McGaugh, *Memory and Emotion* (New York: Columbia University Press, 2003), 90. See also R. Maxwell and R. Dickman, *The Elements of Persuasion: Use Storytelling to Pitch Better Ideas, Sell Faster, & Win More Business* (New York: HarperCollins, 2007), especially "Sticky Stories: Memory, Emotions and Markets," 122–150.

22. McGaugh, *Memory and Emotion*, 93.

23. D. A. Small, G. Loewenstein, and P. Slovic. "Sympathy and Callousness: The Impact of Deliberative Thought on Donations to Identifiable and Statistical Victims," *Organizational Behavior and Human Decision Processes* 102, no. 2 (2007): 143–153.

24. Health and Health, *Made to Stick*, 101–123.

Chapter 6
Search for Opportunities

1. R. M. Kanter, *The Change Masters: Innovation for Productivity in the American Corporation* (New York: Simon & Schuster, 1983).

2. "The Committed Innovator: A Conversation with Amy Brooks of the NBA," podcast, McKinsey & Company Insights, July 20, 2021, https://www.mckinsey.com/business-functions/strategy-and-corporate-finance/our-insights/the-committed-innovator-a-conversation-with-amy-brooks-of-the-nba, accessed April 5, 2022.

3. W. Berger, *A More Beautiful Question* (New York: Bloomsbury, 2014).

4. H. Schultz and D. J. Yang, *Pour Your Heart into It* (New York: Hachette, 1999), 205–210.

5. See, for example, J. M. Crant and T. S. Bateman, "Charismatic Leadership Viewed from Above: The Impact of Proactive Personality," *Journal of Organizational Behavior* 21, no. 1 (2000): 63–75; and M. Spitzmuller, H-P. Sin, M. Howe, and S. Fatimah. "Investigating the Uniqueness and Usefulness of Proactive Personality in Organizational Research: A Meta-Analytic Review," *Human Performance* 28, no. 4 (2015): 351–379.

6. See, for example, T. S. Bateman and J. M. Crant, "The Proactive Component of Organizational Behavior: Measures and Correlates," *Journal of Organizational Behavior* 14 (1993): 103–118; T-Y. Kim, A. H. Y. Hon, and J. M. Crant, "Proactive Personality, Employee Creativity, and Newcomer Outcomes: A Longitudinal Study," *Journal of Business and Psychology* 24, no. 1 (2009): 93–103; N. Li, J. Liang, and J. M. Crant, "The Role of Proactive Personality in Job Satisfaction and Organizational Citizenship Behavior: A Relational Perspective," *Journal of Applied Psychology* 95, no. 2 (2010): 395–404.

7. See, for example, J. A. Thompson, "Proactive Personality and Job Performance: A Social Capital Perspective," *Journal of Applied Psychology* 90, no. 5 (2005): 1011–1017. See also S. E. Seibert and M. L. Braimer, "What Do Proactive People Do? A Longitudinal Model Linking Proactive Personality and Career Success," *Personnel Psychology* 54 (2001): 845–875; D. J. Brown, R. T. Cober, K. Kane, P. E. Levy, and J. Shalhoop, "Proactive Personality and the Successful Job Search: A Field Investigation of College Graduates," *Journal of Applied Psychology* 91, no. 3 (2006): 717–726; C-H. Wu, Y. Want, and W. H. Mobley, "Understanding Leaders' Proactivity from a Goal-Process View and Multisource Ratings," in W. H. Mobley, M. Li, and Y. Wang (eds.), *Advances in Global Leadership*, vol. 7 (Bingley, UK: Emerald Group Publishing, 2012); and V. P. Prabhu, S. J. McGuire, E. A. Drost, K. K. Kwong, "Proactive Personality and Entrepreneurial Intent: Is Entrepreneurial Self-Efficacy a Mediator or Moderator?" *International Journal of Entrepreneurial Behavior & Research* 18, no. 5 (2012): 559–586.

8. B. Z. Posner and J. W. Harder, "The Proactive Personality, Leadership, Gender and National Culture" (paper presented to the Western Academy of Management Conference, Santa Fe, New Mexico, April 2002).

9. A. Duckworth, *Grit: The Power of Passion and Perseverance* (New York: Scribner, 2016).

10. Victor Frankl provides dramatic examples that how people deal with challenge comes from inside them. See V. E. Frankl, *Man's Search for Meaning: An Introduction to Logotherapy* (New York: Touchstone, 1984; originally published 1946).

11. See, for example, D. Ariely, *Predictably Irrational: The Hidden Forces That Shape Our Decisions* (New York: HarperCollins, 2009); "LSE: When Performance-Related Pay Backfires," *Financial*, June 25, 2009; and F. Ederer and G. Manso, "Is Pay for Performance Detrimental to Innovation? *Management Science* 59, no. 7 (2013): 1496–1513.

12. E. L. Deci with R. Flaste, *Why We Do What We Do: Understanding Self-Motivation* (New York: Penguin, 1995). See also K. W. Thomas, *Intrinsic Motivation at Work: What Really Drives Employee Engagement*, 2nd ed. (Oakland, CA: Berrett-Koehler, 2009); and D. Pink, *Drive: The Surprising Truth About What Motivates You* (New York: Riverhead Press, 2011).

13. As quoted in P. LaBarre, "How to Make It to the Top," Fast Company, September 1998, 72. See also A. Blum, *Annapurna: A Woman's Place* (Berkeley, CA: Counterpoint Press, 2015).

14. A. De Smet, B. Dowling, M. Mugayar-Baldocchi, and B. Schaninger, "'Great Attrition or 'Great Attraction'? The Choice is Yours," *McKinsey Quarterly*, September 2021, https://www.mckinsey.com/business-functions/people-and-organizational-performance/our-insights/great-attrition-or-great-attraction-the-choice-is-yours, accessed February 1, 2020. See also E. Field, D. Mendelsohn, N. Rainone, and B. Schaninger, "The Great Attrition: Same Turnover, but the "Why" Differs by Industry," *McKinsey Quarterly*, November 8, 2021, https://www.mckinsey.com/business-functions/people-and-organizational-performance/our-insights/the-organization-blog/the-great-attrition-same-turnover-but-the-why-differs-by-industry, accessed February 29, 2022; and N. Dhingra, A. Samo, B. Schaninger, and M. Schrimper, "Help Your Employees Find Purpose—or Watch Them Leave," *McKinsey Quarterly*, April 2021, https://www.mckinsey.com/business-functions/people-and-organizational-performance/our-insights/help-your-employees-find-purpose-or-watch-them-leave#, accessed February 29, 2022.

注释

15. See, for example, J. Ettlie, Managing Innovation, 2nd ed. (Abingdon, UK: Taylor & Francis, 2006); S. Johnson, *Where Good Ideas Come From: The Natural History of Innovation* (New York: Riverhead, 2010); E. Ries, *The Lean Startup: How Constant Innovation Creates Radically Successful Businesses* (New York: Penguin Group, 2011); T. Davila, M. J. Epstein, and R. Shelton, *Making Innovation Work: How to Manage It, Measure It, and Profit from It,* rev. ed. (Upper Saddle River, NJ: FT Press, 2012); S. Kelman, "Innovation in Government Can Come from Anywhere," FCW blog, September 20, 2016, https://fcw.com/blogs/lectern/2016/09/kelman-micro-innovation-pianos.aspx, accessed February 26, 2022; I. Asimov, "How Do People Get New Ideas?" *MIT Technology Review,* October 20, 2014, https://www.technologyreview.com/s/531911/isaac-asimov-asks-how-do-people-get-new-ideas/, accessed February 26, 2022.

16. IBM, "Expanding the Innovation Horizons: The Global CEO Study" 2006 (Somers, NY: IBM Global Services, 2006).

17. D. Nicolini, M. Korica, and K. Ruddle, "Staying in the Know," *Sloan Management Review* 56, no. 4 (Summer 2015): 57–65. See also S. Bahcall, *Loonshots: How to Nurture the Crazy Ideas that Win Wars, Cure Diseases, and Transform Industries* (New York St. Martin's Press, 2019); and O. Varol, *Think Like a Rocket Scientist: Simple Strategies You Can Use to Make Giant Leaps in Work and Life* (New York: Hachette Book Group, 2020).

18. G. Berns, *Iconoclast: A Neuroscientist Reveals How to Think Differently* (Boston: Harvard Business Publishing, 2008).

19. M. M. Capozzi, R. Dye, and A. Howe, "Sparking Creativity in Teams: An Executive's Guide," *McKinsey Quarterly,* April 2011.

20. R. Katz, "The Influence of Group Longevity. High Performance Research Teams," *Wharton Magazine* 6, no. 3 (1982): 28–34. R. Katz and T. J. Allen, "Investigating the Not Invented Here (NIH) Syndrome: A Look at the Performance, Tenure, and Communication Patterns of 50 R&D Project Groups," in M. L. Tushman and W. L. Moore (eds.), *Readings in the Management of Innovation,* 2nd ed. (Cambridge, MA: Ballinger, 1988), 293–309.

21. Katz, "The Influence of Group Longevity," 31.

22. A. W. Brooks, F. Gino, and M. E. Schweitzer, "Smart People Ask for (My) Advice: Seeking Advice Boosts Perceptions of Competence," *Management Science* 61, no. 6 (June 2015): 1421–1435.

23. Z. Achi and J. G. Berger, "Delighting in the Possible," *McKinsey Quarterly,* March 2016, 5.

Chapter 7
Experiment and Take Risks

1. K. E. Weick, "Small Wins: Redefining the Scale of Social Problems," *American Psychologist* 39, no. 1 (1984): 43.

2. L. A. Barroso, "The Roofshot Manifesto," re:Work, July 13, 2016, https://rework.withgoogle.com/blog/the-roofshot-manifesto/?utm_source=newsletter&utm_medium=email&utm_campaign=august_newsletter, accessed February 26, 2022.

3. P. Sims, *Little Bets: How Breakthrough Ideas Emerge from Small Discoveries* (New York: Free Press, 2011), 141–152; and A. Grant, *Think Again: The Power of Knowing What You Don't Know* (New York, Viking, 2021).

4. K. M. Eisenstadt and B. N. Tabrizi, "Accelerating Adaptive Processes: Product Innovation in the Global Computer Industry," *Administrative Science Quarterly* 40 (1995): 84–110. E. Williams and A. R. Shaffer. "The Defense Innovation Initiative: The Importance of Capability Prototyping," *Joint Force Quarterly* (2015, 2nd Quarterly): 34–43.

5. B. J. Lucas and L. Nordgren, "People Underestimate the Value of Persistence for Creative Performance," *Journal of Personality and Social Psychology* 109, no. 2 (2015): 232–243.

6. T. A. Amabile and S. J. Kramer, "The Power of Small Wins," *Harvard Business Review*, May 2011, 75. See also their book *The Progress Principle: Using Small Wins to Ignite Joy, Engagement, and Creativity at Work* (Boston: Harvard Business Publishing, 2011).

7. See S. R. Maddi, *Hardiness: Turning Stressful Circumstances into Resilient Growth* (New York: Springer, 2013).

8. See, for example, P. T. Bartone, "Resilience Under Military Operational Stress: Can Leaders Influence Hardiness?" *Military Psychology* 18 (2006): S141–S148; P. T. Bartone, R. R. Roland, J. J. Picano, and T. J. Williams, "Psychological Hardiness Predicts Success in US Army Special Forces Candidates," *International Journal of Selection and Assessment* 16, no. 1 (2008): 78–81; R. A. Bruce and R. F. Sinclair, "Exploring the Psychological Hardiness of Entrepreneurs," *Frontiers of Entrepreneurship Research* 29, no. 6 (2009): 5; P. T. Bartone, "Social and Organizational Influences on Psychological Hardiness: How Leaders Can Increase Stress Resilience," *Security Informatics* 1 (2012): 1–10; B. Hasanvand, M. Khaledian, A. R. Merati, "The Relationship between Psychological Hardiness and

Attachment Styles with the University Student's Creativity," *European Journal of Experimental Biology* 3, no. 3 (2013): 656–660; and A. M. Sandvik, A. L. Hansena, S. W. Hystada, B. H. Johnsena, and P. T. Barton, "Psychopathy, Anxiety, and Resiliency: Psychological Hardiness as a Mediator of the Psychopathy–Anxiety Relationship in a Prison Setting," *Personality and Individual Differences* 72 (2015): 30–34.

9. As quoted in C. Dahle, "Natural Leader," *Fast Company,* November 30, 2000, https://www.fastcompany.com/41857/natural-leader.

10. B. L. Frederickson, *Positivity: Groundbreaking Research Reveals How to Embrace the Hidden Strengths of Positive Emotions Over Negativity, and Thrive* (New York: Crown, 2009). A. Sood, *The Mayo Clinic Guide to Stress-Free Living* (Boston: Da Capo Press, 2013). K. S. Cameron and G. M. Spreitzer (eds.), *The Oxford Handbook of Positive Organizational Scholarship* (New York: Oxford University Press, 2013).

11. J. M. Kouzes and B. Z. Posner, *Turning Adversity into Opportunity* (San Francisco: The Leadership Challenge–A Wiley Brand, 2014).

12. D. Bayles and T. Orland, *Art and Fear: Observations on the Perils (and Rewards) of Artmaking* (Eugene, OR: Image Continuum Press, 2001).

13. P. M. Madsen, "Failing to Learn? The Effects of Failure and Success on Organizational Learning in the Global Orbital Launch Vehicle Industry, *Academy of Management Journal* 53, no. 3 (2010): 451–476. Studies of organizational learning reach some similar conclusions; for example, R. Khannal, I. Guler, and A. Nerkar, "Fail Often, Fail Big, and Fail Fast? Learning from Small Failures and R&D Performance in the Pharmaceutical Industry," *Academy of Management Journal* 59, no. 2 (2016): 436–459.

14. L. M. Brown and B. Z. Posner, "Exploring the Relationship Between Learning and Leadership," *Leadership & Organization Development Journal* 22, no. 6 (2001): 274–280. See also J. M. Kouzes and B. Z. Posner, *The Truth about Leadership: The No-Fads, Heart-of-the-Matter Facts You Need to Know* (San Francisco: Jossey-Bass, 2010), 119–135.

15. P. A. Heslin and L. A. Keating, "In Learning Mode? The Role of Mindsets in Derailing and Enabling Experiential Leadership Development," *Leadership Quarterly* 28, no. 3 (2017): 362–384. S. J. Ashford and D. S. DeRue, "Developing as a Leader: The Power of Mindful Engagement," *Organizational Dynamics* 41, no. 2 (2012): 146–154.

16. N. Doshi and L. McGregor, *Primed to Perform: How to Build the Highest Performing Cultures Through the Science of Total Motivation* (New York, Harper Business, 2015).

17. As quoted in https://www.brainyquote.com/quotes/hank_aaron_125240.
18. J. K. Rowling, *Very Good Lives: The Fringe Benefits of Failure and the Importance of Imagination* (New York: Little, Brown, and Company, 2015), 34.
19. G. Manso, "Experimentation and the Returns to Entrepreneurship," *Review of Financial Studies* 29, no. 9 (2016): 2319–2340.
20. P. J. Schoemaker and R. E. Cunther, "The Wisdom of Deliberate Mistakes," *Harvard Business Review,* June 2006, 108–115. *Harvard Business Review* devoted the entire April 2011 issue to a discussion of failure and its role in business, http://hbr.org/archive-toc/BR1104?conversationId=1855599, accessed February 26, 2022.
21. C. S. Dweck, *Mindset: The New Psychology of Success* (New York: Random House, 2006), 6–7. See also C. Dweck, "Carol Dweck Revisits the 'Growth Mindset," *Education Week,* September 22, 2016, http://www.edweek.org/ew/articles/2015/09/23/carol-dweck-revisits-the-growth-mindset.html, accessed February 26, 2022.
22. A. Bandura and R. E. Wood, "Effects of Perceived Controllability and Performance Standards on Self-Regulation of Complex Decision Making," *Journal of Personality and Social Psychology* 56, no. 5 (1989): 805–814. See also Dweck, *Mindset*.
23. T. K. Kouzes and B. Z. Posner, "Influence of Mindset on Leadership Behavior," *Leadership & Organization Development Journal* 40, no. 8 (2019), 829–844.
24. A. Ericsson and R. Pool, *Peak: Secrets from the New Science of Expertise* (New York: Houghton Mifflin Harcourt, 2016).
25. For an extensive review of the origins of psychological safety, its impact, and practices, see A. C. Edmondson, *The Fearless Organization: Creating Psychological Safety in the Workplace for Learning, Innovation, and Growth* (Hoboken, NJ: Wiley, 2019). See also D. Brueller and A. Carmeli, "Linking Capacities of High-Quality Relationships to Team Learning and Performance in Service Organizations," *Human Resource Management* 50, no. 4 (2011): 455–77; M. L. Frazier, S. Fainshmidt, R. L. Klinger, A. Pezeshkan, and V. Vracheva, "Psychological Safety: A Meta-Analytic Review and Extension," *Personnel Psychology* 70, no. 1 (2017): 113–65; O. S. Jung, P. Kundu, A. C. Edmondson, J. Hegde, N. Agazaryan, M. Steinberg, and A. Raldow, "Resilience vs. Vulnerability: Psychological Safety and Reporting of Near Misses with Varying Proximity to Harm in Radiation Oncology," *Joint Commission Journal on Quality and Patient Safety* 47, no. 1 (January 2021): 15–22; T. R. Clark, "Agile Doesn't Work

Without Psychological Safety," *Harvard Business Review*, February 21, 2022, https://hbr.org/2022/02/agile-doesnt-work-without-psychological-safety, accessed March 13, 2022; A. C. Edmondson and G. Daley, "How to Foster Psychological Safety in Virtual Meetings," *Harvard Business Review*, August 25, 2020, https://hbr.org/2020/08/how-to-foster-psychological-safety-in-virtual-meetings, accessed March 13, 2022; A. C. Edmondson and M. Mortensen, "What Psychological Safety Looks Like in a Hybrid Workplace," *Harvard Business Review* April 19, 2021, https://hbr.org/2021/04/what-psychological-safety-looks-like-in-a-hybrid-workplace, accessed March 13, 2022.

26. A. C. Edmondson, "Learning from Mistakes Is Easier Said Than Done: Group and Organizational Influences on the Detection and Correction of Human Error," *Journal of Applied Behavioral Science* 32, no. 1 (1996): 5–28. A. C. Edmondson, "Psychological Safety and Learning Behavior in Work Teams," *Administrative Science Quarterly* 44, no. 2 (June 1999): 350–383.

27. C. Duhigg, "What Google Learned from its Quest to Build the Perfect Team," *The New York Times Magazine* (February 25, 2016), https://www.nytimes.com/2016/02/28/magazine/what-google-learned-from-its-quest-to-build-the-perfect-team.html, accessed March 1, 2022.

28. O. C. Tanner Institute, *2020 Global Culture Report* (Salt Lake City, 2020), 2.

29. R. Friedman, *The Best Place to Work: The Art and Science of Creating an Extraordinary Workplace* (New York: Penguin, 2014).

30. A. C. Edmondson, "Learning from Mistakes Is Easier Said Than Done: Group and Organizational Influences on the Detection and Correction of Human Error," *Journal of Applied Behavioral Science* 32, no. 1 (1996): 5–28. See also A. Edmondson and S. S. Reynolds, *Building the Future: Big Teaming for Audacious Innovation* (Oakland, CA: Berrett-Koehler, 2016).

31. O. C. Tanner Institute, *2021 Global Culture Report*, 7.

32. M. J. Guber, B. D. Gelman, and C. Ranganath, "States of Curiosity Modulate Hippocampus-Dependent Learning via the Dopaminergic Circuit," *Neuron* 84, no. 2 (2014): 486–496.

33. B. Grazer and C. Fishman, *A Curious Mind: The Secret to a Bigger Life* (New York: Simon & Schuster, 2015).

34. M. Warrell, *Stop Playing Safe* (Melbourne: John Wiley & Sons, 2013).

35. S. R. Maddi and D. M. Khoshaba, *Resilience at Work: How to Succeed No Matter What Life Throws at You* (New York: MJF Books, 2005). M. E. P. Seligman, *Learned Optimism: How to Change Your Mind and Your Life*

(New York: Random House, 2006). J. D. Margolis and P. G. Stoltz, "How to Bounce Back from Adversity," *Harvard Business Review,* January–February 2010, 86–92. A. Graham, K. Cuthbert, and K. Sloan, *Lemonade: The Leader's Guide to Resilience at Work* (Lancaster, PA: Veritae Press, 2012).

36. E. S. Smith, "On Coronavirus Lockdown? Look for Meaning, Not Happiness," *New York Times* (April 7, 2020), https://www.nytimes.com/2020/04/07/opinion/coronavirus-mental-health.html, accessed February 26, 2022.

37. While this example comes from our interview, you can learn much more about his perspective in P. Williams with J. Denney, *Leadership Excellence: The Seven Sides of Leadership for the 21st Century* (Uhrichsville, OH: Barbour Books, 2012); and *Lead Like Walt: Discover Walt Disney's Magical Approach to Building Successful Organizations* (Deerfield Beach, FL: Health Communications, 2019).

38. A. L. Duckworth, C. Peterson, M. D. Matthews, and D. R. Kelly, "Grit: Perseverance and Passion for Long-Term Goals," *Journal of Personality and Social Psychology* 92, no. 6 (2007): 1087–1101.

39. A. Duckworth, *Grit: The Power of Passion and Perseverance* (New York: Simon & Schuster, 2016).

40. M. E. P. Seligman, "Building Resilience," *Harvard Business Review*, April 2011, 101–106 (p 102). For a more complete discussion of this subject, see M. E. P. Seligman, *Flourish: A Visionary New Understanding of Happiness and Well-Being* (New York: Free Press, 2011).

Chapter 8
Foster Collaboration

1. We use *cooperate* and *collaborate* synonymously. Their dictionary definitions are very similar. In the *Merriam-Webster Unabridged* online dictionary, the first definition of *cooperate* is "To act or work with another or others to a common end: operate jointly," https://www.merriam-webster.com/dictionary/cooperate. The first definition of *collaborate* is, "To work jointly with others or together especially in an intellectual endeavor," https://www.merriam-webster.com/dictionary/collaborate, accessed February 26, 2022.

2. K. T. Dirks, "Trust in Leadership and Team Performance: Evidence from NCAA Basketball," *Journal of Applied Psychology* 85, no. 6

(2000): 1004–1012. J. A. Colquitt and S. C. Salam, "Foster Trust through Ability, Benevolence, and Integrity," in J. Locke (ed.), *Handbook of Principles of Organizational Behavior: Indispensable Knowledge for Evidence-Based Management,* 2nd ed. (Hoboken, NJ: Wiley, 2009) 389–404. R. S. Sloyman and J. D. Ludema, "That's Not How I See It: How Trust in the Organization, Leadership, Process, and Outcome Influence Individual Responses to Organizational Change," *Organizational Change and Development* 18 (2010): 233–276. M. Mach, S. Dolan, and S. Tzafrir, "The Differential Effect of Team Members' Trust on Team Performance: The Mediation Role of Team Cohesion," *Journal of Occupational and Organizational Psychology* 83, no. 3 (2010): 771–794. R. F. Hurley, *The Decision to Trust: How Leaders Create High-Trust Organizations* (San Francisco: Jossey-Bass, 2012). S. Brown, D. Gray, J. McHardy, and K. Taylor, "Employee Trust and Workplace Performance," *Journal of Economic Behavior & Organization* 116 (2015): 361–378.

3. K. M. Newman, "Why Cynicism Can Hold You Back," Greater Good, June 11, 2015, http://greatergood.berkeley.edu/article/item/why_cynicism_can_hold_you_back. See also G. D. Grace and T. Schill, "Social Support and Coping Style Differences in Subjects High and Low in Interpersonal Trust," *Psychological Reports* 59, no. 2 (1986): 584–586; M. B. Gurtman, "Trust, Distrust, and Interpersonal Problems: A Circumplex Analysis," *Journal of Personality and Social Psychology* 62, no. 6 (1992): 989–1002; and O. Stavrova and D. Ehlebracht, "Cynical Beliefs About Human Nature and Income: Longitudinal and Cross-Cultural Analyses," *Journal of Personality and Social Psychology* 110, no. 1 (2016): 116–132.

4. B. A. De-Jong, K. T. Dirks, and N. Gillespie, "Trust and Team Performance: A Meta-analysis of Main Effects, Moderators, and Covariates," *Journal of Applied Psychology* 101, no. 8 (2016): 1134–1150.

5. K. Twaronite, "A Global Survey on the Ambiguous State of Employee Trust," *Harvard Business Review,* July 22, 2016, https://hbr.org/2016/07/a-global-survey-on-the-ambiguous-state-of-employee-trust, accessed February 26, 2022. See also M. Javidan and A. Zaheer, "How Leaders Around the World Build Trust Across Cultures," *Harvard Business Review,* May 27, 2019, https://hbr.org/2019/05/how-leaders-around-the-world-build-trust-across-cultures.

6. J. F. Helliwell, H. Huang, S. Wang, and M. Norton, "Happiness, Trust, and Deaths Under COVID-19," in J. F. Helliwell, R. Layard, K. D. Sachs, Jan-Emmanuel De Neve, L. B. Aknin, and S. Wang, "2021 World Happiness

Report," *Sustainable Development Solutions Network* (2021), 13–56, 51, https://worldhappiness.report/ed/2021/, accessed March 7, 2022.

7. T. Neeley, *Remote Work Revolution: Succeeding from Anywhere* (New York: HarperCollins, 2021). See also N. S. Hill and K. M. Bartol, "Five Ways to Improve Communication in Virtual Teams," *MIT Sloan Management Review,* June 13, 2018, https://sloanreview.mit.edu/article/five-ways-to-improve-communication-in-virtual-teams/.

8. A. Atkins, *Building Workplace Trust* (Boston and San Francisco: Interaction Associates, 2014). O. Faleye and E. A. Trahan, "Labor-Friendly Corporate Practices: Is What Is Good for Employees Good for Stakeholders?" *Journal of Business Ethics* 101, no. 1 (2011): 1–27. A. Harary, "Trust Is Tangible," Edelman, January 22, 2019, https://www.edelman.com/research/trust-is-tangible.

9. B. B. Kimmel, "Most Trustworthy Public Companies 2021," June 24, 2021, http://www.trustacrossamerica.com/blog/?cat=400.

10. L. P. Willcocks and S. Cullen, "The Power of Relationships The Outsourcing Enterprise," 2. Logica, in association with the London School of Economics, https://www.researchgate.net/publication/270573256_The_Outsourcing_Enterprise_The_Power_of_Relationships, accessed February 26, 2022.

11. M. Burchell and J. Robin, *No Excuses: How You Can Turn Any Workplace into a Great One* (San Francisco: Jossey-Bass, 2013), 5. See also "Defining the World's Best Workplaces" (2019), Great Places to Work, https://www.greatplacetowork.com/resources/reports/defining-the-worlds-best-workplaces, accessed March 6, 2022.

12. Edelman, 2017 Edelman Trust Barometer: Global Report, http://www.edelman.com/trust2017/. See also 2022 Edelman Trust Barometer: The Cycle of Distrust, https://www.edelman.com/trust/2022-trust-barometer, accessed March 1, 2022.

13. W. R. Boss, "Trust and Managerial Problem Solving Revisited," *Group & Organization Studies* 3, no. 3 (1978): 331–342.

14. Boss, "Trust and Managerial Problem Solving Revisited," 338.

15. K. Thomas, "Get It On! What It Means to Lead the Way," Keynote presentation at the Leadership Challenge Forum, Nashville, TN, June 16, 2016.

16. See, for example, P. Zak, *Trust Factor: The Science of Creating High-Performance Organizations* (New York: AMACOM, 2017); F. Fukuyama, *Trust: The Social Virtues and the Creation of Prosperity* (New York: Free

Press, 1996); and Y. Benkler, "The Unselfish Gene," *Harvard Business Review,* July-August 2011, 77–85.

17. See P. S. Shockley-Zalabak, S. Morreale, and M. Hackman, *Building the High-Trust Organization: Strategies for Supporting Five Key Dimensions of Trust* (San Francisco: Jossey-Bass, 2010); M. Hernandez, C. P. Long, and S. B. Sitkin, "Cultivating Follower Trust: Are All Leader Behaviors Equally Influential?" *Organization Studies* 35, no. 12 (2014): 1867–1892; L. Fosslien and W. W. Duffy, *No Hard Feelings: The Secret Power of Embracing Emotions at Work* (New York: Random House, 2019); S. J. Sucher and S. Gupta, *The Power of Trust: How Companies Build It, Lose It, Regain It* (New York: Public Affairs, 2021); and B. Ho, *Why Trust Matters: An Economist's Guide to the Ties That Bind Us* (New York: Columbia University Press, 2021).

18. J. Zenger and J. Folkman, "What Great Listeners Actually Do," *Harvard Business Review*, July 14, 2016, https://hbr.org/2016/07/what-great-listeners-actually-do, accessed March 6, 2022. K. Cameron, *Positively Energizing Leadership: Virtuous Actions and Relationships that Create High Performance* (Oakland, CA: Berrett-Koehler Publishers, 2021). B. Gorman, "Finding the Dynamic Balance Between Empathy and Accountability," *Forbes*, March 6, 2020, https://www.forbes.com/sites/forbescoachescouncil/2020/03/06/finding-the-dynamic-balance-between-empathy-and-accountability/?sh=22edab944ff6, accessed March 6, 2022. E. Seppälä and K. Cameron, "The Best Leaders Have a Contagious Positive Energy," *Harvard Business Review*, April 18, 2022, https://hbr.org/2022/04/the-best-leaders-have-a-contagious-positive-energy, accessed May 9, 2022.

19. R. Krznaric, *Empathy: Why It Matters, and How to Get It* (New York: Perigee Random House, 2015). For a discussion of the application of empathy, see I. Love, "Take 5: Cultivating Empathy in the Workplace," *KelloggInsight,* April 8, 2019, https://insight.kellogg.northwestern.edu/article/cultivating-empathy-workplace, accessed March 8, 2022. For an extensive discussion of the evidence that compassion impacts outcomes and performance in healthcare, see S. Trzeciak and A. Mazzarelli, *Compassionomics: The Revolutionary Scientific Evidence that Caring Makes a Difference* (Pensacola, FL: Synder Group Publishing, 2019).

20. DDI, "High-Resolution Leadership: A Synthesis of 15,000 Assessments into How Leaders Shape the Business Landscape," 2016, page 21, https://media.ddiworld.com/research/high-resolution-leadership-2015-2016_tr_ddi.pdf, accessed March 6, 2022. W. A. Gentry, T. J. Weber, and G. Sadri, *Empathy in the Workplace: A Tool for Effective Leadership* (Greensboro,

NC: Center for Creative Leadership, 2007), http://insights.ccl.org/wp-content/uploads/2015/04/EmpathyInTheWorkplace.pdf. G. Whitelaw, *The Zen Leader: 10 Ways to Go from Barely Managing to Leading Fearlessly* (Pompton Plains, NJ: Career Press, 2012).

21. G. Sadri, T. J. Weber, and W. A. Gentry, "Empathic Emotion and Leadership Performance; An Empirical Analysis Across 38 Countries," *Leadership Quarterly* 22, no. 5 (2011): 818–830.

22. S. A. Morelli, I. A. Lee, M. E. Arnn, and J. Zaki, "Emotional and Instrumental Support Provision Interact to Predict Well-Being," *Emotion* 15, no. 4 (2015): 484–493.

23. See, for example, M. Mortensen and T. Neeley, "Reflected Knowledge and Trust in Global Collaboration," *Management Science* 58, no. 12 (December 2012): 2207–2224; S. Sinek, *Leaders Eat Last: Why Some Teams Pull Together and Others Don't* (New York: Penguin, 2014); E. J. Wilson III, "Empathy Is Still Lacking in the Leaders Who Need It Most," *Harvard Business Review,* September 21, 2015, https://hbr.org/2015/09/empathy-is-still-lacking-in-the-leaders-who-need-it-most; and J. Zaki, *The War for Kindness: Building Empathy in a Fractured World* (New York: Crown Publishing Group, 2019).

24. C. A. O'Reilly and K. H. Roberts, "Information Filtration in Organizations: Three Experiments," *Organizational Behavior and Human Performance* 11, no. 2 (1974). P. J. Sweeney, "Do Soldiers Reevaluate Trust in Their Leaders Prior to Combat Operations?" *Military Psychology* 22, suppl. 1 (2010): S70–S88. O. Özer, Y. Zheng, and Y. Ren, "Trust, Trustworthiness, and Information Sharing in Supply Chains Bridging China and the United States," *Management Science* 60, no. 10 (2014): 2435–2460.

25. R. Axelrod, *The Evolution of Cooperation: Revised Edition* (New York: Basic Books, 2006).

26. Axelrod, *The Evolution of Cooperation,* 20, 190.

27. See, for example, R. B. Cialdini, "Harnessing the Science of Persuasion," *Harvard Business Review,* October 2001, 72–79; J. K. Butler Jr., "Behaviors, Trust, and Goal Achievement in a Win-Win Negotiating Role Play," *Group & Organization Management* 20, no. 4 (1995): 486–501; R. B. Cialdini, *Influence: Science and Practice,* 5th ed. (Boston: Pearson/Allyn & Bacon, 2009), 19–51; A. Grant, *Give and Take: Why Helping Others Drives Our Success* (New York: Penguin Group, 2013); D. Melamed, B. Simpson, and J. Abernathy, "The Science of Reciprocity: Experimental Evidence That Each Form of Reciprocity Is Robust to the Presence of Other Forms of

Reciprocity," *Science Advances* 6, no. 23 (2020): 656–662; and H. Jung, E. Seo, E. Han, M. D. Henderson, and E. A. Patall, "Prosocial Modeling: A Meta-Analytic Review and Synthesis," *Psychological Bulletin* 146, no. 8 (2020): 635–663.

28. R. Putnam, *Bowling Alone: The Collapse and Revival of American Community* (New York: Touchstone by Simon & Schuster, 2001), 134.

29. See, for example, H. Ibarra and Mt. T. Hansen, "Are You a Collaborative Leader?" *Harvard Business Review*, July–August 2011, 69–74; "Secrets of Greatness: Teamwork!" *Fortune*, June 12, 2006, 64–152; A. M. Brandenburger and B. J. Nalebuff, *Co-Opetition: A Revolution Mindset That Combines Competition and Cooperation: The Game Theory Strategy That's Changing the Game of Business* (New York: Currency, 1997); P. Hallinger and R. H. Heck, "Leadership for Learning: Does Collaborative Leadership Make a Difference in School Improvement?" *Educational Management Administration & Leadership* 38, no. 6 (2010): 654–678; W. C. Kim and R. Mauborgne, *Blue Ocean Strategy, Expanded Edition: How to Create Uncontested Market Space and Make the Competition Irrelevant* (Boston: Harvard Business Publishing, 2015); and D. Tjosvold and M. M. Tjosvold, *Building the Team Organization: How to Open Minds, Resolve Conflict, and Ensure Cooperation* (New York: Palgrave Macmillan, 2015).

30. J. Vesterman, "From Wharton to War," *Fortune*, June 12, 2006, 106.

31. A. Grant, *Give and Take: Why Helping Others Drives Our Success* (New York: Penguin Books, 2014).

32. M. D. Johnson, J. R. Hollenbeck, S. E. Humphrey, D. R. Ilgen, D. Jundt, and C. J. Meyer, "Cutthroat Cooperation: Asymmetrical Adaptation to Changes in Team Reward Structures," *Academy of Management Journal* 49, no. 1 (2006): 103–119.

33. See, for example, W. Baker, *Achieving Success Through Social Capital: Tapping the Hidden Resources in Your Personal and Business Networks* (San Francisco: Jossey-Bass, 2000); J. F. Helliwell, and R. D. Putnam, "The Social Context of Well-Being," *Philosophical Transactions of the Royal Society B: Biological Sciences* 359, no. 1449 (2004): 1435–1446; and N. Powdthavve, "Putting a Price Tag on Friends, Relatives, and Neighbours: Using Surveys of Life Satisfaction to Value Social Relationships," *Journal of Socio-Economics* 37, no. 4 (2008): 1459–1480.

34. See, for example, V. K. Bohns and F. J. Flynn, "'Why Didn't You Just Ask?' Understanding the Discomfort of Help-Seeking," *Journal of Experimental Social Psychology* 46, no. 2 (2020): 402–409; and B. M. DePaulo and

J. D. Fisher, "The Costs of Asking for Help," *Basic and Applied Social Psychology* 1, no. 1 (2010): 23–35.

35. See, for example, J. E. Dutton, "Building High-Quality Connections", in J. E. Dutton and G. Spreitzer (eds.), *How to Be a Positive Leader: Small Actions, Big Impact* (Oakland: Berrett-Koehler Publishers, 2014) 11–21; T. Clausen, , K. B. Christensen, and K. Nielsen, "Does Group-Level Commitment Predict Employee Well-Being?" *Journal of Occupational and Environmental Medicine* 57, no. 11 (2015): 1141–1146; and S. Pinker, *The Village Effect: How Face-to-Face Contact Can Make Us Healthier and Happier* (New York: Random House, 2015).

36. R. Jenkins, "This Is How Generation Z Will Communicate at Work," *Inc.*, https://www.inc.com/ryan-jenkins/72-percent-of-generation-z-want-this-communication-at-work.html, accessed January 31, 2022.

37. P. A. Gloor, F. Grippa, J. Putzke, C. Lassenius, H. Fuehres, K. Fischbach, and D. Schoder, "Measuring Social Capital in Creative Teams Through Sociometric Sensors," *International Journal of Organizational Design and Engineering* 2, no. 4 (2012): 380–401. G. Colvin, "The Hidden—But Very Real—Cost of Working from Home," *Fortune* (August 10, 2020): 19–21, https://fortune.com/2020/08/10/remote-work-from-home-cost-zoom-innovation-google-goldman-sachs/.

Chapter 9
Strengthen Others

1. See, for example, R. M. Kanter, *The Change Masters: Innovation for Productivity in the American Corporation* (New York: Simon & Schuster, 1983); R. B. Cialdini, *Influence: The Psychology of Persuasion,* rev. ed. (New York: William Morrow, 2006); and J. A. Simpson, A. K. Farrell, M. M. Orina, and A. J. Rothman, "Power and Social Influence in Relationships," in M. Mikulincer and P. R. Shaver (eds.), *APA Handbook of Personality and Social Psychology,* vol. 3, Interpersonal Relations (Washington, DC: American Psychological Association, 2015), 393–420.

2. T. Allas and B. Schaninger, "The Boss Factor: Making the World a Better Place Through Workplace Relationships," *McKinsey Quarterly* (September 22, 2020), https://www.mckinsey.com/business-functions/people-and-organizational-performance/our-insights/the-boss-factor-making-the-world-a-better-place-through-workplace-relationships.

3. A. Bandura, *Self-Efficacy: The Exercise of Control* (New York: Freeman, 1997). C. M. Shea and J. M. Howell, "Charismatic Leadership and Task Feedback: A Laboratory Study of Their Effects on Self-Efficacy and Task Performance," *Leadership Quarterly* 10, no. 3 (1999): 375–396. M. J. McCormick, J. Tanguma, and A. S. Lopez-Forment, "Extending Self-Efficacy Theory to Leadership: A Review and Empirical Test," *Journal of Leadership Education* 1, no. 2 (2002): 34–49. D. L. Feltz, S. F. Short, and P. J. Sullivan, *Self-Efficacy in Sport* (Champaign, IL: Human Kinetics, 2007). J. Hagel and J. S. Brown, "Do You Have a Growth Mindset?" *Harvard Business Review*, November 23, 2010, http://blogs.hbr.org/bigshift/2010/11/do-you-have-a-growth-mindset.html. F. C. Lunenburg, "Self-Efficacy in the Workplace: Implications for Motivation and Performance," *International Journal of Management, Business, and Administration* 14, no. 1 (2011): 1–6. J. E. Maddux, "Self-Efficacy: The Power of Believing You Can," in S. J. Lopez, and C. B. Synder (eds.), *The Oxford Handbook of Positive Psychology,* 2nd ed. (New York: Oxford University Press, 2011), 335–344.

4. M. R. Delgado, "Reward-Related Responses in the Human Striatum," *Annals of the New York Academy of Science* 1104 (2007): 70–88. D. S. Fareri, L. N. Martin, and M. R. Delgado, "Reward-Related Processing in the Human Brain: Developmental Considerations," *Development & Psychopathology* 20, no. 4 (2008): 1191–1211. M. R. Delgado, M. M. Carson, and E. A. Phelps, "Regulating the Expectation of Reward," *Nature Neuroscience* 11, no. 8 (2008): 880–881. M. R. Delgado and J. G. Dilmore, "Social and Emotional Influences on Decision-Making and the Brian," *Minnesota Journal of Law, Science & Technology* 9, no. 2 (2008): 899–912. B. W. Balleine, M. R. Delgado, and O. Hikosaka, "The Role of Dorsal Striatum in Reward and Decision-Making, *Journal of Neuroscience* 27, no. 31 (2007): 8159–8160.

5. A. Wrzeniewski, and J. Dutton, "Crafting a Job: Revisioning Employees as Active Crafters of Their Work," *Academy of Management Review* 26, no. 2 (2001): 179–201. M. S. Christian, A. S. Garza, and J. E. Slaugher, "Work Engagement: A Quantitative Review and Test of Its Relations with Task and Conceptual Performance," *Personnel Psychology* 64, no. 1 (2011): 89–136.

6. See, for example, G. Spagnolo, D. Coviello, and A. Guglielmo, "The Effects of Discretion on Procurement Performance," *Management Science* 64, no. 2 (February 2018), 715–738; and D. N. Ammons and D. J. Roenigk, "Exploring Devolved Decision Authority in Performance Management Regimes: The Relevance of Perceived and Actual Decision Authority as

Elements of Performance Management Success," *Public Performance & Management Review* 43, no. 1 (2020), 28–52.

7. M. I. Norton, D. Mochon, and D. Ariely, "The IKEA Effect: When Labor Leads to Love," *Journal of Consumer Psychology* 22, no. 3 (2012), 453–460, https://doi.org/10.1016/j.jcps.2011.08.002.

8. M. G. Mayhew, N. M. Ashkanasay, T. Bramble, and J. Gardner, "A Study of the Antecedents and Consequences of Psychological Ownership in Organizational Settings," *Journal of Social Psychology* 147, no. 5 (2007): 477–500. H. Peng and J. Pierce, "Job- and Organization-Based Psychological Ownership: Relationship and Outcomes," *Journal of Managerial Psychology* 30, no. 2 (2015): 151–168. S. Dawkins, S. W. Tian, A. Newman, and A. Martin, "Psychological Ownership: A Review and Research Agenda," *Journal of Organizational Behavior* 38, no. 2 (2017): 163–183.

9. Evolutionary psychology demonstrates that in ecosystems, collaboration is what assists species to survive rather than become extinct; the group ends up eradicating bad or inefficient behavior. See R. Wright, *The Moral Animal: Why We Are the Way We Are: The New Science of Evolutionary Psychology* (New York: Vintage, 1995); and A. Fields, *Altruistically Inclined? The Behavioral Sciences, Evolutionary Theory, and the Origins of Reciprocity* (Ann Arbor, MI: University of Michigan Press, 2004).

10. M. Csikszentmilhalyi, *Finding Flow: The Power of Optimal Experience* (New York: HarperCollins, 2008).

11. S. Kotler, *The Rise of Superman: Decoding the Science of Ultimate Human Performance* (New York: New Harvest, 2014).

12. M. Burchell and J. Robin, *The Great Workplace: How to Build It, How to Keep It, and Why It Matters* (San Francisco: Jossey-Bass, 2011), 66. See also "Defining the World's Best Workplaces" (2019), Great Places to Work, https://www.greatplacetowork.com/resources/reports/defining-the-worlds-best-workplaces, accessed March 6, 2022.

13. L. J. Bassi and M. E. Van Buren, "The 1998 ASTD State of the Industry Report," *Training & Development,* January 1998, 21ff. B. Sugrue and R. J. Rivera, *2005 State of the Industry Report* (Alexandria, VA: ASTD Press, 2005). E. Rizkalla, "Not Investing in Employee Training Is Risky Business," *Huffington Post,* August 30, 2014, http://www.huffingtonpost.com/emad-rizkalla/not-investing-in-employee_b_5545222.html, accessed February 26, 2022.

14. "Employee Training Is Worth the Investment," May 11, 2016, https://www.go2hr.ca/articles/employee-training-worth-investment, accessed March 1, 2022.

15. N. Merchant, *The New How: Creating Business Solutions Through Collaborative Strategy* (San Francisco: O'Reilly Media, 2010), 63.
16. A. Bryant, *The Corner Office: Indispensable and Unexpected Lessons from CEOS on How to Lead and Succeed* (New York, Times Books, 2011).
17. R. E. Wood and A. Bandura, "Impact of Conceptions of Ability on Self-Regulatory Mechanisms and Complex Decision Making," *Journal of Personality and Social Psychology* 56 (1989): 407–415.
18. A. Bandura and R. E. Wood, "Effects of Perceived Controllability and Performance Standards on Self-Regulation of Complex Decision Making," *Journal of Personality and Social Psychology* 56, no. 3 (1989): 805–814.
19. A. M. Saks, "Longitudinal Field Investigation of the Moderating and Mediating Effects of Self-Efficacy on the Relationship Between Training and Newcomer Adjustment," *Journal of Applied Psychology* 80, no. 2 (1995): 211–225.
20. H. Sari, S. Ekici, F. Soyer, and E. Eskiller, "Does Self-Confidence Link to Motivation? A Study in Field Hockey Athletes," *Journal of Human Sport & Exercise* 10, no. 1 (2015): 24–35.
21. J. M. Kouzes and B. Z. Posner, *Learning Leadership: The Five Fundamentals of Becoming an Exemplary Leader* (San Francisco: The Leadership Challenge–A Wiley Brand, 2016). M. Reynolds, *Coach the Person, Not the Problem: A Guide to Using Reflective Inquiry* (Oakland, CA: Berrett-Koehler, 2020).
22. F. Colon and D. Clifford, "Measuring Enabling Others to Act: The Travelers Coaching Questionnaire" (presentation at the 8th Annual Leadership Challenge Forum San Francisco, June 18, 2015).
23. P. Leone, "Was It Worth It? Measuring the Impact and ROI of Leadership Training," *Training Industry Magazine*, 20, no. 19 (2019), 33–35, https://www.nxtbook.com/nxtbooks/trainingindustry/tiq_20190708/index.php?startid=33#/p/34, accessed March 13, 2022.

Chapter 10
Recognize Contributions

1. J. Harter, "The Fifth Element of Great Managing," Gallup, September 13, 2007, https://news.gallup.com/businessjournal/28561/Fifth-Element-Great-Managing.aspx?version=print, accessed January 31, 2022.

See also D. LaGree, B. Houston, M. Duffy, and H. Shin, "The Effect of Respect: Respectful Communication at Work Drives Resiliency, Engagement, and Job Satisfaction Among Early Career Employees," *International Journal of Business Communications* 2021, 232948842110165, DOI: 10.1177/23294884211016529.

2. See, for example, S. Madon, J. Willard, M. Guyll, and K. C. Scherr, "Self-Fulfilling Prophecies: Mechanisms, Power, and Links to Social Problems," *Social and Personality Psychology Compass* 5, no. 8 (2011): 578–590; D. Eden, "Self-fulfilling Prophecy and the Pygmalion Effect in Management," in R. W. Griffin (ed.), *Oxford Bibliographies in Management* (New York: Oxford University Press) 2014); and D. Eden, "Self-Fulfilling Prophecy: The Pygmalion Effect," in S. G. Rogelberg (ed.), *Encyclopedia of Industrial and Organizational Psychology,* 2nd ed. (Thousand Oaks, CA: SAGE Publications, 2016), 711–712.

3. D. S. Yeager, V. Purdie-Vaughns, J. Garcia, N. Apfel, P. Brzustoski, A. Master, W. T. Hessert, M. E. Williams, and G. L. Cohen, "Breaking the Cycle of Mistrust: Wide Interventions to Provide Critical Feedback across the Racial Divide," *Journal of Experimental Psychology* 143, no. 2 (2014): 804–824.

4. D. Whitney and A. Trosten-Bloom, *The Power of Appreciative Inquiry: A Practical Guide to Positive Change*, 2nd ed. (San Francisco: Berrett-Koehler, 2010). M. E. Seligman, *Flourish: A Visionary New Understanding of Happiness and Well-Being* (New York: Free Press, 2011). A. Gostick and C. Elton, *All In: How the Best Managers Create a Culture of Belief and Drive Big Results* (New York: Free Press, 2012).

5. H. G. Halvorson, *Succeed: How We Can Reach Our Goals* (New York: Hudson Street Press, 2010).

6. J. E. Sawyer, W. R. Latham, R. D. Pritchard, and W. R. Bennett Jr., "Analysis of Work Group Productivity in an Applied Setting: Application of a Time Series Panel Design," *Personnel Psychology* 52, no. 4 (1999): 927–967. A. Gostick and C. Elton, *Managing with Carrots: Using Recognition to Attract and Retain the Best People* (Layton, UT: Gibbs Smith, 2001). A. Fishbach and S. R. Finkelstein, "How Feedback Influences Persistence, Disengagement, and Change in Goal Pursuit," in H. Aarts and A. J. Elliot (eds.), *Goal-Directed Behavior* (New York: Psychology Press, 2012): 203–230.

7. P. A. McCarty, "Effects of Feedback on the Self-Confidence of Men and Women," *Academy of Management Journal* 29, no. 4 (1986): 840–847. See also J. Hattie and H. Timperley, "The Power of Feedback," *Review of*

Educational Research 77, no. 1 (2007): 81–112; Halvorson, *Succeed*; and Fishbach and Finkelstein, "How Feedback Influences."

8. K. A. Ericsson, M. J. Prietula, and E. T. Cokely, "The Making of an Expert," *Harvard Business Review*, July–August 2007, 114–121.

9. A. Grant, "Stop Serving the Feedback Sandwich," https://medium.com/@AdamMGrant/stop-serving-the-feedback-sandwich-bc1202686f4e#.7p94arriu, accessed February 26, 2022.

10. K. Scott, First Round Review, "Radical Candor: The Surprising Secret to Being a Good Boss," http://firstround.com/review/radical-candor-the-surprising-secret-to-being-a-good-boss/, accessed February 26, 2022.

11. J. M. Kouzes and B. Z. Posner, *The Truth about Leadership: The No-Fads, Heart-of-the-Matter Facts You Need to Know* (San Francisco: Jossey-Bass, 2010), especially Truth Nine: "The Best Leaders Are the Best Learners."

12. B. Nelson, *1001 Ways to Reward Employees*, 2nd ed. (New York: Workman, 2005).

13. C. Hastwell, "Creating a Culture of Recognition," Great Place to Work, September 9, 2021, https://www.greatplacetowork.com/resources/blog/creating-a-culture-of-recognition, accessed March 13, 2022.

14. J. M. Kouzes and B. Z. Posner, *A Leader's Legacy* (San Francisco: Jossey-Bass, 2006), especially Chapter 7, "Leaders *Should* Want to Be Liked," 56–61.

15. J. A. Ross, "Does Friendship Improve Job Performance?" *Harvard Business Review*, March–April 1977, 8–9. K. A. Jehn and P. P. Shah, "Interpersonal Relationships and Task Performance: An Examination of Mediating Processes in Friendship and Acquaintance Groups," *Journal of Personality and Social Psychology* 72, no. 4 (1997): 775–790. D. H. Francis and W. R. Sandberg, "Friendship within Entrepreneurial Teams and Its Association with Team and Venture Performance," *Entrepreneurship: Theory and Practice* 25, no. 2 (Winter 2000): 5–15.

16. T. Rath, *Vital Friends: The People You Cannot Afford to Live Without* (New York: Gallup Press, 2006).

17. J. Heyman and D. Ariely, "Effort for Payment: A Tale of Two Markets," *Psychological Science* 15, no. 1 (2004): 787–793. K. R. Gibson, K. O'Leary, and J. R. Weinstraub, "The Little Things That Make Employees Feel Appreciated," *Harvard Business Review*, January 23, 2020, https://hbr.org/2020/01/the-little-things-that-make-employees-feel-appreciated, accessed May 5, 2022.

18. J. Shriar, "The State of Employee Engagement in 2016," November 1, 2016, https://www.officevibe.com/blog/employee-engagement-2016.

19. J. Pfeffer and R. I. Sutton, *Hard Facts, Dangerous Half-Truths, and Total Nonsense: Profiting from Evidence-Based Management* (Boston: Harvard Business Publishing, 2006).

20. See, for example, E. Harvey, *180 Ways to Walk the Recognition Talk* (Dallas: Walk the Talk Company, 2000); B. Nelson, op. cit.; L. Yerkes, *Fun Works: Creative Places Where People Love to Work* (San Francisco: Berrett-Koehler, 2007); C. Ventrice, *Make Their Day! Employee Recognition That Works,* 2nd ed. (San Francisco: Berrett-Koehler, 2009); J. W. Umlas, *Grateful Leadership: Using the Power of Acknowledgment to Engage All Your People and Achieve Superior Results* (New York: McGraw-Hill, 2013); and B. Kaye and S. Jordan-Evans, *Love 'em or Lose 'em: Getting Good People to Stay,* 5th ed. (San Francisco: Berrett-Koehler, 2014).

21. K. Thomas, *Intrinsic Motivation at Work: What Really Drives Employee Engagement*, 2nd ed. (Oakland, CA: Berrett-Koehler, 2009); A. B. Thompson, "The Intangible Things Employees Want from Employers," *Harvard Business Review,* December 3, 2015, https://hbr.org/2015/12/the-intangible-things-employees-want-from-employers, accessed February 26, 2022. T. Smith, "5 Things People Who Love Their Jobs Have in Common," *Fast Company,* November 3, 2015, https://www.fastcompany.com/3052985/5-things-people-who-love-their-jobs-have-in-common. J. Stringer, "7 Common Misconceptions Employers Have About Employees," National Business Research Institute, https://www.nbrii.com/employee-survey-white-papers/7-common-misconceptions-employers-have-about-their-employees/, accessed February 26, 2022. See also L. K. Thaler and R. Koval, *The Power of Small: Why Little Things Make All the Difference* (New York: Broadway Books, 2009), 36–37.

22. A. Achor. *Big Potential: How Transforming the Pursuit of Success Raises Our Achievement, Happiness, and Well-Being* (New York: Currency, 2018).

23. *People Management Survey 2018* (October), https://predictiveindex.pixieset.com/people-management-survey2018/, accessed May 7, 2022.

24. A. M. Grant and F. Gino, "A Little Thanks Goes a Long Way: Explaining Why Gratitude Expressions Motivate Prosocial Behavior," *Journal of Personality and Social Psychology* 98, no. 6 (June 2010): 946–955. For some practical advice, see C. Littlefield, "How to Give and Receive Compliments at Work," *Harvard Business Review,* October 12, 2019, https://hbr.org/2019/10/how-to-give-and-receive-compliments-at-work, accessed May 8, 2022.

25. O. C. Tanner Learning Group White Paper, "Performance: Accelerated: A New Benchmark for Initiating Employee Engagement, Retention and Results," https://www.octanner.com/content/dam/oc-tanner/documents/

global-research/White_Paper_Performance_Accelerated.pdf, accessed March 17, 2022.

26. *The ROI of Effective Recognition*, O. C. Tanner Institute, 2014, at www.octanner.com/content/dam/oc-tanner/documents/white-papers/O.C.-Tanner_Effective-Recognition-White-Paper.pdf, accessed February 26, 2022. See also C. Chen, Y. Chen, P. Hsu, and E. J. Podolski, "Be Nice to Your Innovators: Employee Treatment and Corporate Innovation Performance," *Journal of Corporate Finance*, June 7, 2016. Available at SSRN, https://ssrn.com/abstract=2461021 or http://dx.doi.org/10.2139/ssrn.2461021, accessed February 26, 2022.

27. M. Losada and E. Heaphy, "The Role of Positivity and Connectivity in the Performance of Business Teams: A Nonlinear Dynamics Model," *American Behavioral Scientist* 47, no. 6 (2004): 740–765. See also T. Rath and D. O. Clifton, *How Full Is Your Bucket? Positive Strategies for Work and Life* (New York: Gallup Press, 2004), and B. Fredrickson, *Positivity: To-Notch Research Reveals the 3-to-1 Ratio That Will Change Your Life* (New York: Three Rivers Press, 2009).

28. R. A. Emmons, *Thanks! How Practicing Gratitude Makes You* Happier (New York: Houghton Mifflin, 2008); N. Lesowitz, *Living Life as a Thank You: The Transformative Power of Daily Gratitude* (New York: Metro Books, 2009); and A. R. Starkey, C. D. Mohr, D. M. Cadiz, and R. R. Sinclair, "Gratitude Reception and Physical Health: Examining the Mediating Role of Satisfaction with Patient Care in a Sample of Acute Care Nurses," *Journal of Positive Psychology* 14, no. 6 (2019): 779–788.

Chapter 11
Celebrate the Values and Victories

1. D. Campbell, *If I'm in Charge Here, Why Is Everybody Laughing?* (Greensboro, NC: Center for Creative Leadership, 1984), 64.

2. D. Brooks, *The Social Animal: The Hidden Sources of Love, Character, and Achievement* (New York: Random House, 2011).

3. W. Baker, *Achieving Success Through Social Capital: Tapping the Hidden Resources in Your Personal and Business Networks* (San Francisco: Jossey-Bass, 2000); R. Putnam, *Bowling Alone: The Collapse and Revival*

of American Community (New York: Touchstone, 2001); W. Bolander, C. B. Satornino, D. E. Hughes, and G. R. Ferris, "Social Networks Within Sales Organizations: Their Development and Importance for Salesperson Performance," *Journal of Marketing* 79, no. 6 (2015): 1–16; and J. Pfeffer, *Drying for a Paycheck: How Modern Management Harms Employee Health and Company Performance—and What We Can Do About It* (New York: harper/Collins, 2018).

4. Source: "List of Social Networking Websites," *Wikipedia,* http://en.wikipedia.org/wiki/List_of_social_networking_websites, accessed February 26, 2022.

5. K. N. Hampton, L. S. Goulet, L. Rainie, and K. Purcell, "Social Networking Sites and Our Lives," *Pew Internet & American Life Project,* June 16, 2011, http://pewinternet.org/Reports/2011/Technology-and-social-networks.aspx.

6. T. Deal and M. K. Key, *Corporate Celebration: Play, Purpose, and Profit at Work* (Oakland, CA: Berrett-Koehler, 1998), 5.

7. W. Johnson, *Smart Growth: How to Grow Your People to Grow Your Company* (Boston: Harvard Business Publishing, 2022).

8. As quoted by D. Novak, "What I've Learned After 20 Years on the Job," May 20, 2016, http://www.cnbc.com/2016/05/20/yum-chair-what-ive-learned-after-20-years-on-the-job-commentary.html, accessed February 26, 2022.

9. S. O'Flaherty, M. T. Sanders, and A. Whillans, "Research: A Little Recognition Can Provide a Big Morale Boost," *Harvard Business Review,* March 29, 2021, https://hbr.org/2021/03/research-a-little-recognition-can-provide-a-big-morale-boost.

10. C. von Scheve and M. Salmela, *Collective Emotions: Perspectives from Psychology, Philosophy, and Sociology* (Oxford, UK: Oxford University Press, 2014).

11. A. Olsson and E. A. Phelps, "Social Learning of Fear," *Nature Neuroscience* 10, no. 9 (2007): 1095–1102. J. Zaki, "Kindness Contagion: Witnessing Kindness Inspires Kindness, Causing It to Spread Like a Virus" *Scientific America* (July 26, 2016), https://www.scientificamerican.com/article/kindness-contagion/. J. Zaki, *The War for Kindness: Building Empathy in a Fractured World* (New York: Crown Publishing Group, 2019).

12. J. S. Mulbert, "Social Networks, Social Circles, and Job Satisfaction," *Work & Occupations* 18, no. 4 (1991): 415–430. K. J. Fenlason and T. A. Beehr, "Social Support and Occupational Stress: Effects of Talking to Others," *Journal of Organizational Behavior* 15, no. 2 (1994): 157–175. H. A.

Tindle, Y. Chang, L. H. Kuller, J. E. Manson, J. G. Robinson, M. C. Rosal, G. J. Siegle, and K. A. Matthews, "Optimism, Cynical Hostility, and Incident Coronary Heart Disease and Mortality in the Women's Health Initiative," *Circulation* 120, no. 8 (2009): 656–662. V. Dagenais-Desmarais, J. Forest, S. Girouard, and L. Crevier-Braud, "The Important of Need-Supportive Relationships for Motivation and Psychological Health at Work," in N. Weinstein (ed.), *Human Motivation and Interpersonal Relationships: Theory, Research, and Applications* (New York: Springer Science+Business Media, 2014), 263–297. A. J. Smith, K. Shoji, B. J. Griffin, L. M. Sippel, E. R. Dworkin, H. M. Wright, E. Morrow, A. Locke, T. M. Love, J. I. Harris, K. Kaniasty, S. A. Langenecker, and C. C. Benight, "Social Cognitive Mechanisms in Healthcare Worker Resilience Across Time During the Pandemic," *Social Psychiatry and Psychiatric Epidemiology* (March 2022): 1–12.

13. R. Friedman, *The Best Place to Work: The Art and Science of Creating an Extraordinary Workplace* (New York: Penguin Random House, 2014).

14. Gallup, *State of the American Workplace 2014*, www.gallup.com/services/178514/state-american-workplace.aspx, accessed February 26, 2022. See also A. Mann, "Why We Need Best Friends at Work," January 15, 2018, https://www.gallup.com/workplace/236213/why-need-best-friends-work.aspx.

15. T. Rath, *Vital Friends: The People You Cannot Afford to Live Without* (New York: Gallup Press, 2006).

16. O. Stavrova and D. Ehlebracht, "Cynical Beliefs about Human Nature and Income: Longitudinal and Cross-Cultural Analyses," *Journal of Personality and Social Psychology* 110, no. 1: 116–132.

17. J. Holt-Lunstad, T. B. Smith, M. Baker, T. Harris, and D. Stephenson, "Loneliness and Social Isolation as Risk Factors for Mortality: A Meta-Analytic Review," *Perspectives on Psychological Science* 10, no. 2 (March 2015): 227–237.

18. S. Achor, *The Happiness Advantage: The Seven Principles of Positive Psychology That Fuel Success and Performance at Work* (New York: Crown, 2010).

19. J. Holt-Lunstad, T. B. Smith, and J. B. Layton, "Social Relationships and Mortality Risk: A Meta-analytic Review," *PLoS Medicine* 7, no. 7 (2010). D. Umberson and J. K. Montez, "Social Relationships and Health: A Flashpoint for Health Policy," *Journal of Health and Social Behavior* 51, no. 1 (2010 suppl): S54–S66.

20. See, for example, R. F. Baumeister and M. R. Leary, "The Need to Belong: Desire for Interpersonal Attachment as a Fundamental Human Motivation," *Psychological Bulletin* 117, no. 3 (1995): 497–529; D. G. Myers, "The Funds, Friends, and Faith of Happy People," *American Psychologist* 55, no. 1 (2000): 56–67; S. Crabtree, "Getting Personal in the Workplace: Are Negative Relationships Squelching Productivity in Your Company?" *Gallup Management Journal*, June 10, 2004, http://www.gallup.com/businessjournal/11956/getting-personal-workplace.aspx; J. Baek-Kyoo and S. Park, "Career Satisfaction, Organizational Commitment, and Turnover Intention," *Leadership & Organization Development Journal* 31, no. 6 (2010),482–500; O. Zeynep, "Managing Emotions in the Workplace: Its Mediating Effect on the Relationship between Organizational Trust and Occupational Stress, *International Business Research* 6, no. 4 (2013): 81–88; and T. Clausen, K. B. Christensen, and K. Nielsen, "Does Group-Level Commitment Predict Employee Well-Being?", *Journal of Occupational and Environmental Medicine* 57, no. 11: 1141–146.

21. T. McDowell, S. Ehteshami, and K. Sandell, "Are You Having Fun Yet?" *Deloitte Review* 24 (2019): 133–44.

22. S. Achor, *Happiness Advantage: The Seven Principles that Fuel Success and Performance at Work* (New York: Crown Business, 2010). Y. G. Choi, J. Kwon, and W. Kim, "Effects of Attitudes vs. Experience of Workplace Fun on Employee Behaviors," *International Journal of Contemporary Hospitality Management* 25, no. 1 (2013): 410–27. K. Georganta and A. J. Montgomery, "Exploring Fun as a Job Resource: The Enhancing and Protecting Role of a Key Modern Workplace Factor," *International Journal of Applied Positive Psychology* 1 (2016): 107–31.

23. R. C. Ford, F. S. McLaughlin, and J. W. Newstrom, "Questions and Answers about Fun at Work," *Human Resource Planning* 26, no. 4 (2003): 18–33, at 22.

24. See, for example, D. Sgroi, "Happiness and Productivity: Understanding the Happy-Productive Worker," Social Market Foundation, October 2015, https://www.ciphr.com/wp-content/uploads/2016/11/Social-Market-Foundation-Publication-Briefing-CAGE-4-Are-happy-workers-more-productive-281015.pdf; B. Chignell, "Six Reasons Why Fun in the Office is the Future of Work," *CIPHR*, May 22, 2018, https://www.ciphr.com/advice/fun-in-the-office/; Greg Winteregg, *Fun at Work: More Time, Freedom, Profit and More of What You Love to Do* (Clearwater, FL: Matterhorn Business Development, 2019).

25. A. Gostick and S. Christopher, *The Levity Effect: Why It Pays to Lighten Up* (New York: Wiley, 2008).
26. R. Provine, *Laughter: A Scientific Investigation* (New York: Penguin, 2001). See also A. W. Gray, B. Parkinson, and R. I. Dunbar. "Laughter's Influence on the Intimacy of Self-Disclosure," *Motivation and Emotion* 31, no. 1 (2007): 28–43.
27. J. Aaker and N. Bagdonas, *Humor, Seriously: Why Humor Is a Secret Weapon in Business and Life* (New York: Random House, 2021): 51–55.
28. C. L. Porath, A. Gerbasi, and S. L. Schorch, "The Effects of Civility on Advice, Leadership, and Performance," *Journal of Applied Psychology* 100, no. 5 (2015): 1527–1541. See also C. L. Porath and A. Gerbasi, "Does Civility Pay?" *Organizational Dynamics* 44, no. 4 (2015): 281–286.
29. P. Cecchi-Dimeglio, "Why Sharing Good News Matters, *MIT Sloan Management Review*, June 17, 2020; https://sloanreview.mit.edu/article/why-sharing-good-news-matters/.
30. Deal and Key, *Corporate Celebration*, 28.
31. T. Kim, O. Sezer, J. Schroeder, J. Risen, F. Gino, and M. I. Norton, "Work Group Rituals Enhance the Meaning of Work," *Organizational Behavior and Human Decision Processes* 165, no. 4 (2021): 197–212.

Chapter 12
Treat Challenge as an Opportunity

1. For perspective and specific considerations on how leaders deal with adversity, see J. M. Kouzes and B. Z. Posner, *Turning Adversity into Opportunity* (Hoboken, NJ: Wiley, 2014).
2. For more information about these studies, see our website, http://www.leadershipchallenge.com/research/others-research.aspx, accessed February 28, 2022.
3. J. M. Kouzes and B. Z. Posner, *Everyday People, Extraordinary Leadership: How to Make a Difference Regardless of Your Title, Position or Authority* (Hoboken, NJ: Wiley, 2020).
4. B. Z. Posner, "When Learning How to Lead, An Exploratory Look at the Role Models," *Leadership & Organization Development Journal* 42, no. 5 (2021), 802–818.

5. Posner, ibid.
6. J. M. Kouzes and B. Z. Posner, "Learning to Lead," in L. Ukens (ed.), *What Smart Trainers Know* (San Francisco: Jossey-Bass, 2001), 339–351; B. Z. Posner, "A Longitudinal Study Examining Changes in Students' Leadership Behavior," *Journal of College Student Development* 50, no. 5 (2009), 551–563; R. J. Jones, S. A. Woods, and Yves R. R. Guillaume, "The Effectiveness of Workplace Coaching: A Meta-Analysis of Learning and Performance Outcomes from Coaching," *Journal of Occupational and Organizational Psychology* 89, no. 2 (June 2016): 249–277, https://doi.org/10.1111/joop.12119, accessed February 28, 2022.
7. L. M. Brown and B. Z. Posner, "Exploring the Relationship Between Learning and Leadership," *Leadership & Organization Development Journal* 22, no. 6 (2001), 274–280; B. Z. Posner, "Understanding the Learning Tactics of College Students and Their Relationship to Leadership," *Leadership & Organization Development Journal* 30, no. 4 (2009), 386–395; and S. Konuk and B. Z. Posner, "The Effectiveness of a Student Leadership Program in Turkey," *Journal of Leadership Education* 20, no. 1 (2021), 10.12806/V20/I1/R6.
8. J. Bersin, "New Research Shows 'Heavy Learners' More Confident, Successful, and Happy at Work," November 9, 2018, https://www.linkedin.com/pulse/want-happy-work-spend-time-learning-josh-bersin/, accessed February 26, 2022.
9. C. S. Dweck, *Mindset: The New Psychology of Success* (New York: Random House, 2006), 6–7. See also C. Dweck, "Carol Dweck Revisits the 'Growth Mindset,'" Education Week, September 22, 2016, http://www.edweek.org/ew/articles/2015/09/23/carol-dweck-revisits-the-growth-mindset.html, accessed February 26, 2022.
10. T. K. Kouzes and B. Z. Posner, "Influence of Mindset on Leadership Behavior," *Leadership & Organization Development Journal* 40, no. 8 (2019): 829–844.
11. Eric Partridge, *Origins: A Short Etymological Dictionary of Modern Language* (New York: Macmillan Publishing Co., 1977), 292–293, 299.
12. J. M. Kouzes and B. Z. Posner, *A Leader's Legacy* (San Francisco: Jossey-Bass, 2006).
13. For more on the importance of humility in leadership and organizational success, see J. Collins, *Good to Great: Why Some Companies Make the Leap . . . and Others Don't* (New York: Harper Business, 2001): 17–40; A. L. Delbecq, "The Spiritual Challenges of Power: Humility and Love as Offsets to Leadership Hubris," *Journal of Management, Spirituality*

& *Religion* 3, no. 1–2 (2006): 141–154; H. M. Kraemer, *From Values to Action: The Four Principles of Value-Based Leadership* (San Francisco: Jossey-Bass, 2011): 59–76; B. P. Owens and D. R. Hackman, "How Does Leader Humility Influence Team Performance? Exploring the Mechanisms of Contagion and Collective Promotion Focus," *Academy of Management Journal* 59, no. 3 (2016): 1088–1111; A. Y. Ou, D. A. Waldman, and S. J. Peterson, "Do Humble CEOs Matter? An Examination of CEO Humility and Firm Outcomes," *Journal of Management* 44, no. 3 (2015): 1147–1173; D. Brooks, *The Road to Character* (New York: Random House, 2015), 8–13; and E. H. Schein, *Humble Inquiry: The Gentle Art of Asking Instead of Telling* (Oakland, CA: Berrett-Koehler, 2018).

14. S. Chen, "Give Yourself a Break: The Power of Self-Compassion," *Harvard Business Review* 96, no. 5 (2018): 116–123.

15. J. G. Breines and S. Chen, "Self-Compassion Increases Self-Improvement Motivation," *Personality and Social Psychology Bulletin* 38, no. 9 (2012): 1133–1143.

16. S. Milne, S. Orbell, and P. Sheeran, "Combining Motivational and Volitional Interventions to Promote Exercise Participation: Protection Motivation Theory and Implementation Intentions," *British Journal of Health Psychology* 7 (May 2002): 163–184. E. Schultz and M. Schultz, *Not Today: The 9 Habits of Extreme Productivity* (Dallas, TX: Matt Holt, 2021).

领越®领导力研修·领越 LPI®

领越®领导力研修，是作者在本书"卓越领导五种习惯行为®"（The Five Practices of Exemplary Leadership®）基础上，为希望由本书开始走上提升领导力之旅的人士所研发的进修课程。领越 LPI®（Leadership Practices Inventory）是作者发明的 360 度领导力测评工具。自 1985 年领越 LPI®第一次被使用以来，参与评测者超过 500 万人。通过领越 LPI®的测试，自评者能够清楚地了解自己领导力的短板和长板，并以此为起点，走上自我发现、自我行为修正的领导力提升之路。

"领越®领导力研修"项目创立 30 多年以来，参与者来自世界各地的政府、企业、营利和非营利组织、学校、个人，成为目前世界上声誉最高的提升领导力研修的课程之一。

Q：从哪开始"领越®领导力研修"？

A：从学习认识"卓越领导五种习惯行为®"开始。

Q：如何测量领导力水平？

A：通过领越 LPI®来测评领导力行为中的短板和长板。

Q：如何塑造卓越的领导者？

A：如果想成为卓越的领导者，必须要进行领越®领导力研修，并要结合领越 LPI®评测工具来进行，以确保自己从此走上正确而有意义的领导力自我发现与提升之旅。

Q：领越®领导力研修的目的和内容是什么？

A：参加研修者在开始研修前，首先进行 360 度领导力自评与他评，获得测评反馈报告。然后在认证导师的带领下，进行为期 2~3 天的研修，深入解读领越 LPI®反馈报告的内容，了解自己领导力的长板与短板，理解"卓越领导五种习惯行为®"，学习提升领导力的工具方式，明确自己今后持续提升领导力的方向与目标。

Q：参与研修之后下一步做什么？

A：参加研修者将研修中学习的工具方法应用到实际中，不断地实践、培养自己的领导力习惯行为，"走上成为卓越领导者的旅程"。

研修课程相关资料*

领越®领导力研修：学员手册（第5版）
领越®领导力研修：实践手册

本书是工作坊学员教材，是领越®领导力研修2~3天工作坊的组成部分，用于学员在工作坊中学习。"卓越领导五种习惯行为®"练习可以效仿的领导力具体行动，了解提升领导力的各种方法，以及如何将五种习惯行为应用到实际工作中的工具。

实践手册帮助领导者每天实践"卓越领导五种习惯行为®"，改善领导技能。作为领越®领导力研修的贯彻实践工具，实践手册用于指导研修者如何在今后的日常生活与工作中开展领导力实践活动。本手册还提供了工作日程表和实用表格来填写实践活动。

价值卡

这是在领越®领导力研修中使用的一个非常重要的工具，共有52张卡片，每张卡片有一个反映价值观的单词。本工具可帮助学员明确自己的价值观，指导自己的行动与价值观保持一致。

---

* 研修课程相关资料专供参加研修的学员使用。授课导师均需获得领越®领导力导师认证。领越®、领越LPI®、卓越领导五种习惯行为®于2012年12月完成商标注册手续，正式启用。

领越®领导力研修：学员手册（精要版）

领越®领导力研修工作坊的组成部分，用于1~2天的领越®领导力工作坊。"卓越领导五种习惯行为®"练习可以效仿的领导力具体行动，了解提升领导力的各种方法，以及如何将五种习惯行为应用到实际工作中的工具。

领越 LPI®

领越 LPI®是全球非常畅销的，也是很值得信赖的领导力评测工具。目前最新版本为第4版。该工具的发明者詹姆斯·库泽斯和巴里·波斯纳在领越 LPI®第4版中进一步完善了领越 LPI®的全面性和实用性，并明确指出，领导力是可以测量、可以学习、可以教授的一系列具体行为。因此，领越 LPI®这一360度领导力评测工具是组织和个人在当前多变的市场环境中培养"卓越领导五种习惯行为®"极为实用的测量其领导力的工具。

领越 LPI®在线中文版（eLPI）有 LPI®360 和 LPI®360⁺两种形式，供评测者选用。

领越®LPI 反馈报告

根据自我评测及观察者评测数据，以几十年收集的全球领导者测评数据库为支撑，通过作者开发的测评软件，生成反馈报告，使参与者了解自己领导力方面的短板和长板，找到提升个人领导能力的方向和目标。

领越 LPI®导师手册

该手册为执导领越 LPI®的导师提供了丰富的培训、教练工具和资源。包括卓有成效的体验活动、分别针对不同时长领越 LPI®反馈或教练工作坊的内容安排和具体指导、不同时长工作坊的授课 PPT 等。本手册可供领越 LPI®导师、领越®领导力授权导师使用，也可以供其他领导力教练、咨询师、培训师参考。从本手册中，你可以很方便地找到各种样本资料，还可以在本手册指导下，根据需要和具体情况，为你的工作坊学员及教练对象量身定制合适的学习提升计划和活动安排，帮助他们成为一名拥有"卓越领导五种习惯行为®"的领导者。

领越 LPI®：领导力提升规划

作为领越 LPI®以及领越®领导力研修工具的一部分，本书回顾了卓越领导五种习惯行为®，描述了学做领导的最佳实践，并提供了100多种成为更优秀的领导者的具体提升方法。它可帮助你找到较佳的领导力提升途径，指导你制定适合自己的个性化规划，让你成为优秀的领导者。

领越®领导力研修：导师手册

本手册包含了创建并指导卓有成效的领导力研修项目的所有资料，经过几十年时间检验及研发团队不断更新完善，能帮助您指导研修参与者挖掘自身领导力的潜能，改变自己的行为习惯，成为高效的领导者。

本套资料包括：⊙开展研修课程的详细教学说明 ⊙不同学时的研修活动安排 ⊙可在研修课程中进行的游戏活动介绍 ⊙一套学员手册 ⊙1个U盘，包括研修课程所需要的表格样本、课程PPT、视频等。

参加领越®领导力研修的部分客户

使用领越 LPI®，参与领越®领导力研修，由此踏上培养、成就卓越领导者之路的部分政府、企业、组织、学校：（www.leadershipchallenge.com）

美国管理协会	Countrywide Financial（全美金融公司）
美国红十字会	Freddie Mac（联邦住房贷款抵押公司）
澳大利亚管理协会	卡特比勒公司
纽约州政府	波音公司
密歇根州政府	美国雀巢公司
美国财政部	Network Appliance
波士顿大学管理学院	SAS Institute 赛仕研究所有限公司
卡内基梅隆大学	Staubach Company（美洲首屈一指的房地产策略及服务公司）
华盛顿大学	

加利福尼亚州立大学	MCI（美国著名的通信公司）
亚利桑那州州立大学	德尔蒙食品公司
康乃尔大学	Northrop Grumman（美国诺斯罗普·格鲁曼）
清华大学	
University of Connecticut	University of Virginia
University of Nebraska	Vanderbilt University
University of Notre Dame	Wake Forest University
富国银行	培生教育出版集团
惠普公司	Unisys 系统公司
Frontier Airline（美国边界航空公司）	惠氏制药公司
联邦快递	美国 API 网络工具有限公司
英特尔公司	Kaiser Permanente（美国最大的医疗保健机构）
Harley-Davidson（哈雷-维森集团）	
宜家	USDA-Leadership Development Academy
三一重工	丰田公司
思科系统公司	迪士尼公司
中国戴尔	先正达
德勤公司	拜耳公司
Oracle 公司	和睦家医院
IBM 公司	摩托罗拉
强生公司	VISA 公司
默克公司	中国石化集团
罗仕制药	联合利华
西门子公司	招商银行
BENAA ALROWAD	加拿大阿尔伯塔大学
第一招商银行	爱荷华大学
首席执行官的全球网络	加拿大里贾纳大学
柯林斯社区信用合作社 Inova 集团	公共健康实验室联合会

Evolve（怡峰）	纽约家庭服务中心
Toromont 卡特彼勒	加拿大阿尔伯塔州政府
运动心理中心	休斯敦市法院
科罗拉多州立大学	美国国务院
Simmons 管理学院	美国陆军
罗格斯大学	海军计算机网络防御作战司令部
全美互惠保险公司	Bose（全美国最大的扬声器厂家）
AT&T	谷歌公司
美国艺电公司（Electronic Arts）	苹果公司
Applied Materials（全球最大的半导体供应商）	PayPal
	Monsanto 孟山都
澳大利要邮政	L.L.BEAN（美国著名的户外用品品牌）
美国大西洋里奇菲尔德公司	洛克希德·马丁公司
Consumers Energy 消费者能源公司	诺斯洛普·格鲁门公司（Northrop Grumman）
Clorox（高乐氏）	
Dow Chemical（陶氏化学）	Pixar（皮克斯公司）
美国基因工程技术公司	Orlando 环球影城
嘉信理财（Charles Schwab）	Jude 儿童研究医院
Bain Capital（贝恩资本）	Western Mining Corporation 西部矿业公司
美洲银行（BOA）	
Gymboree（金宝贝）	Westpac（澳大利亚西太平洋银行）
Chevron（雪佛兰）	Verizon（威瑞森电信）
诺华制药（Novartis）	Vodafone（沃达丰）
Nvidia	USAA 金融服务集团
3M 公司	Telstra（澳大利亚最大的电讯公司）
NetApp	美国国务院
劳伦斯利弗莫尔国家实验室	韩国管理协会

延伸阅读

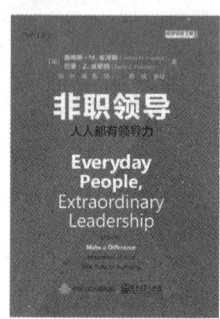

领导力（第7版）

本书是领导力领域全球销量突破 300 万册的经典权威著作，已被翻译成 20 余种语言。领导力是一种人与人之间的关系，领导力是带领大家迎接挑战走向卓越的能力。通过 30 多年的研究和对几千个领导者实践案例的分析，作者提炼出了卓越领导者的五种习惯行为和十大承诺，并给出了具体的行动指南。

学习领导力

领导力领域权威库泽斯和波斯纳在对全球 70 多个国家的数据和 30 多年研究的基础上，揭示了成为卓越领导者的五项基本原则——相信自己，追求卓越，挑战自我，寻求支持，刻意实践，并就如何增强和拓展领导能力提出了一系列方法。本书每章都讲述了一个成为卓越领导者的关键原则，提供了一种可操作的实践方法，通过这些易于理解与实践的自我教练行动，可以帮助你提升领导力软技能与硬技能，从而创造更大的成就。

激励人心——提升领导力的必要途径（典藏版）

20年潜心研究的结果，数千个领导力案例的剖析，资深咨询顾问及世界级畅销书作家为我们深入浅出地阐述了领导力的核心是对人的关心和激励，是心与心的沟通与互动，同时也提供了150种激励方法。

信誉（第2版）

信誉是领导者赢得其追随者信任的一种个人品质。领导者有信誉是追随者愿意向其贡献自己的情感、才智、体力和忠诚的先决条件。要想吸引追随者对共同目标的投入，领导者就必须有信誉。全球著名的领导力领域权威在这本经典力作中，不仅阐述了信誉对领导者、事业成功的重要性，而且给出了增强领导者信誉的原则和修炼方法、可以采取的行动、领导者要想达到其追随者的期望所面临的挑战。最终你将明白，信誉是领导力的基石。

留下你的印记——体现领导力的最高境界（钻石版）

库泽斯和波斯纳以他们独特而富有挑战性的视角，剖析并告诉领导者如何在自己的领导生涯中留下极具影响力的印记，同时阐述了领导者追求留下持久印记的过程就是一个人从成功走向卓越的过程。

领导力的真理

作者基于30年的研究和在领导力测评中得到的100多万份问卷数据，总结出了10个领导力的真理，这10个领导力真理经过时间检验，在任何时代背景和环境下都适用，是领导力的核心所在。领导者掌握了这10条领导力真理，就可以一种全新的视角，在瞬息万变和充满竞争的市场环境中，找到解决问题的根本，从容应对各种领导力难题，在组织内起到更高效和更有影响力的作用。

培养卓越领导者的教练指南（第2版）

成功、领导力与教练技术是紧密联系的：优秀的领导者指导人，优秀的教练领导人。本书为教练介绍了领越领导力模型、领越LPI®、"卓越领导五种习惯行为®"——以身作则、共启愿景、挑战现状、使众人行和激励人心，并提供了一张方便快捷的路线图，你可以利用这张图，将它们融入你的教练工具中去，从而：帮助领导者在"卓越领导五种习惯行为®"中培养关键技能，使高潜力领导者更高效，促使领导者在日常工作中践行"卓越领导五种习惯行为®"，帮助领导者适应新职位，定制课堂培训、在线或一对一教练过程，解决问题并帮助领导者寻找常见问题的解决方案。本书中，领导力专家詹姆斯·库泽斯、巴里·波斯纳和教练专家伊莱恩·碧柯展示了如何把畅销书《领导力》(*The Leadership Challenge*)中的经过实践检验的领导力开发原理融入教练实践或具体领导行为中，全面提升教练活动的效果。此外，本书还概述了优秀教练的能力，并列出了"教练六步骤"，有助于你利用"卓越领导五种习惯行为®"实现个人成长。

非职领导——人人都有领导力

本书是《领导力》(第6版)及"领越领导力工作坊"作者、领越LPI发明人、全球知名领导力专家库泽斯和波斯纳的又一力作。领导是一种人与人之间的关系，领导力是带领他人迎接挑战走向卓越的能力。两位作者通过应用他们标志性的"卓越领导者的五种习惯行"框架，以权威的数据、高瞻远瞩的洞见、普通人实现卓越的案例，令人信服地论证了每一个人，都可以在不依赖职位或权威的情况下，提升个人领导力，克服变革的阻力和惰性，推进愿景目标的实现。作者用真实生活中普通人展现领导力，实现个人愿景组织目标的例子，为学习者树立了榜样，并提供了切实可行的领导力发展路径与工具。本书既是为那些有职务的人写的，如主管、经理、CEO等，也是为具有岗位角色赋予一定权力的普通人，如一线员工、行政人员、研究人员、顾问、项目负责人、工程师，还包括社区工作者、志愿者、运动员、律师、教练、教师、父母等所有没有职位或头衔权威的领导者写的。

销售领导力——停止销售，开始领导

在注意力严重稀缺的年代，如果说讲好产品的故事是销售人员的事的话，那么讲好自己的故事就是每一个人的事。如果销售人员拥有领导力，销售将会怎样？这是销售人员的领导力故事，也是每一个人的领导力故事。本书的内容是将领导力理论应用于销售，以创造优秀业绩。具体包括销售人员以领导者的身份出现会如何、习惯行为1以身作则、习惯行为2共启愿景、习惯行为3挑战现状、习惯行为4：使众人行、习惯行为5激励人心。

如有关于领越®系列产品及课程相关咨询，请与我们联系：

电话：86-10-88254180　　　　电子邮件：cv@phei.com.cn
www.century-vision.com　　　www.leadershipchallenge.com